ADRIANO MOREIRA

UMA INTERVENÇÃO HUMANISTA

JOSÉ FILIPE PINTO

Doutor em Sociologia

ADRIANO MOREIRA

UMA INTERVENÇÃO HUMANISTA

Publicação apoiada por:

FUNDAÇÃO ORIENTE

ADRIANO MOREIRA
UMA INTERVENÇÃO HUMANISTA

AUTOR
JOSÉ FILIPE PINTO

EDITOR
EDIÇÕES ALMEDINA, SA
Avenida Fernão de Magalhães, n.º 584, 5.º Andar
3000-174 Coimbra
Tel.: 239 851 904
Fax: 239 851 901
www.almedina.net
editora@almedina.net

PRÉ-IMPRESSÃO • IMPRESSÃO • ACABAMENTO
G.C. – GRÁFICA DE COIMBRA, LDA.
Palheira – Assafarge
3001-453 Coimbra
producao@graficadecoimbra.pt

Setembro, 2007

DEPÓSITO LEGAL
263502/07

Os dados e as opiniões inseridos na presente publicação
são da exclusiva responsabilidade do(s) seu(s) autor(es).

Toda a reprodução desta obra, por fotocópia ou outro qualquer processo,
sem prévia autorização escrita do Editor,
é ilícita e passível de procedimento judicial contra o infractor.

*Àqueles que conseguem construir pontes
usando as pedras que a vida lhes atira*

Eu caminho pelas sendas da justiça
E ando pelas vias do direito

(Pr 9,20)

SUMÁRIO

Prefácio

Introdução

Capítulo   I: Contextualização

Capítulo II: O pensamento e a obra científica de Adriano Moreira

Capítulo III: A Acção Legislativa

Capítulo IV: Os Congressos das Comunidades de Cultura Portuguesa

Capítulo V: A Acção Pós-exílio

Nótula Final

Anexos

Bibliografia

PREFÁCIO

Uma Nação deve saber honrar os seus filhos maiores. Maiores são os filhos que, pela sua vida e obra, dignificaram e engrandeceram a Nação. Acima destes só os filhos magnos: aqueles que dignificaram, honraram e engrandeceram a Pátria. A Nação é uma entidade cujas raízes são, ainda, de ordem material. Acima se coloca a Pátria, entidade cuja substância é de ordem espiritual. A famosa definição de Pátria que nos deixou Fernando Pessoa coloca-nos de um golpe no hiper-mundo do espírito: "Minha Pátria é a Língua Portuguesa". Foi Fernando Pessoa, de toda a evidência, um português magno.

Cabe-me a honra de prefaciar este livro que o Doutor José Pinto em boa hora pensou e escreveu sobre um português maior, que foi também, e é – e sobretudo é –, um português magno: Adriano Moreira. Tem este livro a objectividade própria da ciência. Mas tem ele também a subjectividade própria da axiologia. A ciência olha e mira o que é. A axiologia olha, mira e admira o que é valioso, o que vale. Tudo é mirável, nem tudo é admirável. A admiração exprime não apenas o acto de ver o que é como é, mas acima disso o acto-movimento de aproximação ao que é visto e se apresenta como digno de admiração. Este livro dá-nos a ver Adriano Moreira no que tem sido uma vida prodigiosamente rica, inteligente e benevolente. Precisamente por isso, este livro conduz-nos para a própria pessoa do mirado, que afinal é *mirando*, que afinal se impõe à nossa admiração. Queremos estar perto dele, junto dele. Nós o *ad-miramos*.

Nascido dez anos depois do Professor Adriano Moreira, e sempre mais afastado do grande palco onde se foi representando o drama colectivo da Nação, pude ainda assim seguir com atenção o itinerário luminoso da sua vida. Nisso fui desde o início ajudado por conterrâneos transmontanos seus e colegas meus da Universidade de Lisboa, ao tempo em que foi Director do ISEU (Instituto Superior de Estudos Ultramarinos). Segui com ansiosa expectativa a sua passagem pelo Ministério do Ultramar, onde se jogava – como hoje é obsidiantemente evidente – o futuro de todos nós, os da CPLP. Fui ouvindo com crescente esperança e entusiasmo os seus discursos de Ministro, pelos quais perpassava e nos quais latejava uma visão diferente do problema ultramarino e da organização política do Estado, no sentido do paradigma da *sociedade aberta* teorizada por Karl Popper. Foi sempre fraterno, generoso, descomprimido e descompressor o pensamento de Adriano Moreira. E o discurso. E a prática.

E a prática. Este homem nunca foi um homem de palavras. De palavras vãs, quero dizer. Este homem foi sempre, é-o quotidianamente, um homem de palavra. Ora a palavra não se opõe à acção. A palavra é, ao invés, a acção primordial, a raiz da acção. E é por isso que ele é – foi sempre – um homem de acção. Melhor dizendo, um homem de acto. Personalista medular, aplica-se a Adriano Moreira o entendimento que Max Scheler nos deixou da pessoa: *A pessoa é centro de actos, ser pessoa é ser centro de actos*. De facto – e na linha do que André Malraux deixou escrito em *A Condição Humana* – a acção humana verdadeiramente à altura do estatuto ontológico do homem é o acto. A vida de Adriano Moreira coloca à nossa frente um areal imenso de acções, mas essa areia é de ouro fino, essas acções são actos. Adriano Moreira é o centro – a fonte latente – de onde esses actos emanam. Os homens maiores podem ter uma vida recheada de acções. Só os homens magnos fazem da sua vida um céu estrelado de actos. Essa é a vida de Adriano Moreira.

Político, académico, publicista, cidadão – cidadão português, cidadão lusófono, cidadão do mundo –, é o Professor Adriano Moreira para todos nós um exemplo, um estímulo, uma responsabilidade. Os exemplos são para seguir, não para citar. Os estímulos são para responder, não para pontuar o sono. As responsabilidades são para assumir, não para ornar moralitariamente os discursos. O autor deste livro segue o exemplo, responde ao estímulo, assume a responsabilidade representada por esta *laudatio*. A mesma é a postura das eminentes personalidades que douram a imagem já intrinsecamente áurea de Adriano Moreira.

Prefácio 13

O que eu sinto, nesta hora histórica adversa à Pátria, e perigosa para a Humanidade, é que constitui sem dúvida um sinal de esperança e um incentivo para o futuro que ainda haja seres humanos, e portugueses, de tão alto quilate. A eles estamos, e ao apelo solene que a sua pessoa nos faz – escrevo-o com todo o peso das palavras –, inapelavelmente *obrigados*.

PROF. DOUTOR MANUEL FERREIRA PATRÍCIO
Professor Catedrático e Reitor Aposentado da Universidade de Évora

INTRODUÇÃO

A epígrafe deste livro cria um ambiente favorável para a confissão sobre a forma como se processou o contacto inicial com uma das obras de Adriano Moreira que mais me interessou, não só pela clareza e rigor da exposição ou defesa, características que encontram justificação na formação jurídica do arguente e na certeza ou verdade dos argumentos, mas também pela conjuntura em que foi escrita, um tempo em que, em nome de uma pretensa liberdade, se coarctava o direito à mesma a todos aqueles que ousavam recusar a unicidade de um pensamento dito revolucionário.

Refiro-me a *Saneamento Nacional,* livro no qual o autor, na tradição de Frei Bartolomeu dos Mártires, pretendeu alumiar os que erravam e explicar que o aparelho político derivado do 25 de Abril de 1974 estava "necessitado de um eminentíssimo e reverendíssimo saneamento" (Moreira, 1976:23).

A aquisição dessa obra aconteceu num hipermercado, em época de férias, situação que, à partida, deveria ser encarada numa perspectiva duplamente positiva.

Por um lado, a circunstância temporal em que essa compra se verificou evidencia que o direito a férias pagas, criação da França e da Grã-Bretanha nos anos 30 do século passado, numa conjuntura em que as democracias ocidentais europeias davam os primeiros passos na formação da sua maior e mais justa criação dos tempos modernos, o modelo social europeu ainda se mantinha, apesar de alguns augúrios pouco auspiciosos que, nas décadas finais desse século, pareciam apontar para a dificuldade de manutenção do sistema.[1]

---

[1] O *Welfare State*, que esteve na base do Estado-Providência, começou a ser instituído na Grã-Bretanha em 1918, quando foram construídas casas individuais para os operários, mas o processo foi demorado e obrigou a muitas medidas legislativas. Na sequência

Por outro lado, o local de aquisição parece significar que os instrumentos da cultura, dos quais o livro representa um bom exemplo, se tornaram quase bens de primeira necessidade e objecto de consumo das massas, situação que, pese o facto de a cultura estar longe de poder ser reduzida ao conteúdo dos livros, não deixa de ser passível de conotações positivas.

Se, no entanto, acrescentar que o livro fazia parte de um vasto acervo considerado *fora de colecção* e estava a ser vendido a preço de saldo, como se fosse um produto descartável ou sazonal, a questão toma necessariamente contornos menos positivos, pois aponta para a forma como a sociedade actual encara as questões culturais.

De facto, esta constatação permite inferir que na sociedade de consumo, criada pela mundialização, segundo a tradição francesa, ou pela globalização, de acordo com a designação anglo-saxónica, os elementos materiais conquistaram primazia sobre os culturais, prova evidente de que a ligação espiritual da Humanidade se revela mais difícil do que a material, até porque o culto do efémero ou passageiro põe, frequentemente, em causa o respeito pelo património colectivo construído ao longo das gerações[2].

Esta sociedade, que Marcuse julgou ver nas sociedades ricas e que, na conjuntura actual, se pode observar também nas sociedades pobres, é uma sociedade dominada pelo mercado e que, em vez de procurar a satisfação das necessidades básicas, inventa necessidades para a sustentação do mercado e acaba por criar o homem unidimensional.

Aliás, como Adriano Moreira alertou em 1989 na Assembleia da República, "a nossa geração [...] no que toca aos tais valores ocidentais [...] foi bastante vítima de um enquadramento simultaneamente positivista, relativista e psicanalista. Isso estabeleceu naturalmente uma atmosfera propícia a este desencontro que se verifica dramaticamente entre a

---

de uma delas, o *Holidays with Pay Act,* já havia, em 1938, nove milhões de trabalhadores com direito a uma semana de férias pagas. Em França, com a vitória da Frente Popular em 1936, os trabalhadores passaram a ter direito a quinze dias de férias pagas por ano.

[2] Sobre esta temática da mundialização e da globalização não deixa de ser interessante constatar que Teilhard de Chardin já falava da planetização quando se referia à expansão da Humanidade e da actividade humana a toda a terra. (Cf. Manuel Patrício e Luís Miguel Sebastião, 2004, *Conhecimento do Mundo Social e da Vida – passos para uma pedagogia da sageza,* Lisboa, Universidade Aberta, p. 53).

Introdução 17

ética que se atrasou e a ciência e a técnica que se adiantaram sem limites valorativos"[3].

Por isso, a circunstância de o Homem se encontrar num patamar de grande crise da própria Humanidade, aliada ao facto de as sucessivas reuniões dos representantes dos povos não encontrarem resposta para a maior parte dos problemas do mundo, ficando-se quase sempre pela declaração de intenções cuja efectiva realização o futuro se encarrega de desmentir ou de protelar, sugere a pertinência de uma verdadeira reflexão sobre a problemática dos valores na relação entre o progresso e a ética.

De facto, na conjuntura actual, a mudança não pode ser, como aconteceu várias vezes na História, apenas superficial ou semântica.

Obviamente, com esse apelo à reflexão ou ponderação não se pretende, bem pelo contrário, defender o imobilismo ou a resistência à mudança, em nome de uma reprodução social que se encarregue de assegurar a manutenção de relações que estão longe de corresponder a situações de justiça social, dado que, infelizmente, continua a fazer parte da conjuntura actual, pois o manto da verdadeira democracia ainda se revela demasiado curto para cobrir toda a Terra.

Procura-se, isso sim, que a mudança seja fundamental mas não fundamentalista, isto é, tenha sentido e seja feita no respeito por uma pirâmide axiológica depurada de preconceitos.

Na verdade, por mais difíceis e imprevisíveis que as conjunturas se revelem, há valores, como o direito à vida e o respeito pela pessoa, que terão obrigatoriamente de desempenhar a função de eixo da roda da mudança.

De facto, se numa época em que o príncipe procurava centralizar em si o poder Maquiavel fez do poder o único valor e justificou os meios em função dos fins pretendidos, ou seja, a manutenção do Estado, é urgente que, numa conjuntura de planetização, a Humanidade compreenda que toda a mudança deve ser feita no sentido da valorização do ente individual, a pessoa, e do desenvolvimento do ser colectivo, os povos.

Na realidade, quem não respeita a pessoa não pode ser justo no tratamento dos povos, pois, como Adriano Moreira afirmou, "sinto-me sempre incomodado quando é afectada a dignidade de uma pessoa porque sei que

---

[3] Cf. *Diário da Assembleia da República*, n.° 008, 1.ª série, 2 de Novembro de 1989, p. 258.

o toque na dignidade de uma pessoa é o toque na dignidade de todas as pessoas!"[4]

Convém, no entanto, referir que este problema da mudança, sem deixar de ser actual, é tão antigo que parece intemporal e derivar ou ser inerente à natureza humana, pois, aquando da primeira globalização, já Camões revelava espanto pelo facto de a própria mudança não se estar a processar como *soía*.

Esta constatação prova que o homem, mesmo quando aceita ou preconiza a necessidade da mudança, não deixa de sentir algum desconforto ou insegurança perante a mesma, sobretudo porque, como na obra inicialmente citada, a celeridade acrítica da mudança pode conduzir a um saneamento, nem sempre justo e necessário, e à destruição das tecnoestruturas dirigentes da sociedade civil, com o consequente "esbanjar desse capital técnico e científico em que a Nação investiu recursos e sacrifícios" (Moreira, 2001:10).

Assim, na conjuntura actual e face à celeridade da mudança e à substituição incessante de paradigmas, a necessidade de reflexão sobre a nova ordem mundial ganhou uma acuidade premente.

Ora, como a temática das relações internacionais nas diferentes conjunturas tem constituído um dos centros de interesse de Adriano Moreira, parece-me que é chegado o tempo de passar para o papel todo o manancial de vivências que as conversas, sempre vivas e enriquecedoras, com o próprio, o estudo da sua obra, a análise da produção legislativa da sua responsabilidade, o estudo da sua acção cívica e da intervenção política pós--Estado Novo e a constatação das reacções que a sua forma de estar na vida tem suscitado nos vários quadrantes da opinião pública, me têm propiciado.

Assim, o presente livro representa um produto de vários anos de investigação sobre uma personalidade que, pela devoção às causas públicas e à defesa da valorização da pessoa, foi figura marcante, admirada ou contestada, mas nunca indiferente, tanto antes como depois do 25 de Abril de 1974.

Como Neves (2004) afirmou, tudo é político, sobretudo aquilo ou aqueles que pretendem não sê-lo. Por isso mesmo, este livro terá, sem qualquer margem de dúvida, uma carga política que, no entanto, não pode ser conotada partidariamente, até porque não aceito a posição defendida

---

[4] Cf. *Diário da Assembleia da República*, n.º 002, 1.ª série, de 21 de Outubro de 1994, p. 0051.

Introdução 19

pelo filósofo Alain de considerar de direita todos aqueles que afirmam não ser nem de direita nem de esquerda.

Aliás, na senda de Patrício[5], considero que a dicotomia partidária esquerda-direita, mesmo que intersectada por um centro cada vez mais amplo e de matriz ideológica nem sempre bem definida, já não faz sentido na actualidade, pois nenhum destes pólos pode exigir o direito ao exclusivo de certos valores. Por isso, a dicotomia ainda existente deveria dar lugar à oposição *alto-baixo*, colocando na parte superior as personalidades que constroem laços ou pontes e, na inferior, aqueles que parecem apostados em erguer muros para dificultar a comunicação e compreensão entre a Humanidade.

Nessa perspectiva e na certeza de que, apesar dos compromissos emocionais, este livro recusa ser apologético, não parecem restar dúvidas de que uma existência vivida com princípios e dedicada à comunidade garante a Adriano Moreira o direito a ocupar o vértice superior, o lugar destinado àqueles que acreditam que cada ser humano é um fenómeno único e, por isso, lutam pela valorização ou dignificação da pessoa e, por abrangência, dos povos.

Tal como um dos criadores da nova Europa, Jean Monnet, que defendia que "convencer os homens a falar uns com os outros é o máximo que se pode fazer pela paz"[6], também Adriano Moreira, ao longo do seu percurso, tem privilegiado o diálogo e o conhecimento recíproco como factores de aproximação dos homens e dos povos.

De facto, em toda a sua obra, Adriano Moreira nunca recorre a formas estereotipadas ou modelos preconceituosos para explicar o relacionamento entre os povos[7], pois defende "um valor que é português: o de que não são as raças que têm a vocação da eternidade mas as culturas"[8].

---

[5] Esta posição de Manuel Ferreira Patrício talvez encontre justificação no estudo que fez da obra e da vida de Leonardo Coimbra.

[6] Cf. *Diário da Assembleia da República*, n.° 018, 1.ª série, de 10 de Dezembro de 1992, p. 0630.

[7] Para Adriano Moreira não têm cabal sentido proposições teóricas como as de Kagan, o pensador do afastamento ou da incompatibilidade entre os americanos, originários de Marte, e os europeus, filhos de Vénus, pois as mesmas assentam em preconceitos ou premissas duvidosas, no caso presente, a aceitação que a proveniência atribuída aos europeus os condena *a priori* à condição de debilidade política e militar.

[8] Cf. *Diário da Assembleia da República*, n.° 097, 1.ª série, 19 de Setembro de 1981, p. 4168.

Assim, como todos os povos têm a sua cultura própria, nunca considera qualquer povo como dispensável.

Aliás, ainda no que diz respeito às relações internacionais[9], se Kagan (1995:331) considerava que "quem analisar as origens de guerras específicas deve também ficar impressionado por sentir que muitas delas foram desnecessárias", Adriano Moreira, que privilegia o eixo polemológico, aprofunda a análise do fenómeno, explica que a Carta das Nações Unidas prevê a guerra como política supranacional de cooperação para manter ou restabelecer a paz e a segurança internacionais e que, durante o período da *guerra fria*, "a guerra evoluiu de instrumento de políticas nacionais para instrumento de política supranacional" (Moreira, 2005:58).

Por isso se questiona, inquieto, até pelo exemplo recente da guerra no Iraque, sobre a evolução que será determinada pelo fim do regime bipolar, numa conjuntura marcada pelo unilateralismo, mas em que já é possível vislumbrar a emergência de futuras superpotências, situação que implicará alterações na Balança Mundial dos Poderes.

Aliás, na sua qualidade de deputado na Assembleia da República, Adriano Moreira, referindo-se à questão da defesa nacional, teria a preocupação de afirmar que a opinião pública estava alarmada com o agravamento dos ambientes externo e interno, em parte dominados por variáveis que excediam ou a capacidade ou a competência legal do governo. Por isso, a ênfase posta nos problemas da defesa ia ao encontro dessas circunstâncias, pois não correspondia à realidade acreditar que Portugal não tinha inimigos, já que decorria da história que todos os povos eram candidatos a vítimas dos projectos estratégicos de outros.

Na sua opinião, toda a formação militar foi, durante décadas, orientada pelo conceito de Clausewitz de que a guerra era a continuação da política por outros meios. Porém, como faz questão de alertar, a partir da II Guerra Mundial verificou-se uma inversão do conceito, porque os factos observáveis na cena internacional mostraram que a política internacional passou a ser a continuação da guerra por outros meios, dando auto-

---

[9] De acordo com o General Abel Cabral Couto, no que respeita às Relações Internacionais as abordagens, tendo em vista uma teorização geral, desenvolveram-se segundo três grandes eixos: o normativista, centrado na problemática da Ordem Internacional e da governação mundial; o economicista, essencialmente preocupado com o desenvolvimento económico e social; e o polemológico, que privilegia o problema da guerra e da paz e do choque de poderes. (Cf. Depoimento em anexo).

Introdução 21

nomia à estratégia indirecta e transformando a política internacional no mais amoral dos campos da política.

No entanto, e embora reconhecendo a utopia da paz eterna, muito por força do adjectivo, Adriano Moreira defende que a guerra, a subida aos extremos, deve ser evitada em nome da segurança do mundo e privilegia o poder do verbo em detrimento da força, pois só o diálogo pode servir de ponte para aproximar a Humanidade e de cimento aglutinador para um projecto, que só o será, se for comum.

Assim, como referiu a respeito de Silva Dias, Adriano Moreira continua a manter-se "fiel à convicção de que no princípio era o Verbo e de que o Verbo é sempre capaz de reorganizar o caos",[10] muito embora se recuse a cair no utopismo normativista de acreditar que os problemas ficam resolvidos pela simples elaboração das leis.

Daí o seu apelo ao diálogo e à acção construtiva, pois, como Paulo VI afirmou na sua última mensagem, a paz "pode ser uma realidade, uma realidade dinâmica que deve ser criada em cada patamar da civilização, como o pão de que vivemos, o fruto da terra e da divina Providência, mas também produto do trabalho humano"[11].

O presente livro, que considero surgir na hora cairologicamente certa para a afirmação da lusofonia e dos seus valores, e, por inerência, dos seus pensadores, não representa um estudo de homenagem, até porque uma experiência anterior nesse sentido, apesar de promovida por uma instituição que muito beneficiou da acção de Adriano Moreira[12] e de ter contado com os contributos de eminentes analistas sociais, se revelou aquém, sobretudo pela notória falta de unidade do conjunto, dos merecimentos do homenageado.

Esta obra pretende ser uma viagem sociológica pela vida e pelo pensamento ou doutrina de Adriano Moreira, tendo, frequentemente, como pano de fundo a sua acção académica, já que o próprio reconhece sentir-se re-

---

[10] Cf. *Diário da Assembleia da República*, n.º 018, 1.ª série, 26 de Novembro de 1994, p. 670.

[11] Cf. *Simpósio Internacional Sociedade Cosmopolita, Segurança e Direitos Humanos em Sociedades Pluralistas e Pacíficas*, p. 43.

[12] A instituição em causa é o ISCSP, Instituto a que Adriano Moreira dedicou a obra *Ciência Política*, afirmando que o mesmo tinha sido "destruído pelos que descuidadamente protegeu e amado pelos que ali aprenderam a olhar em frente e para cima". As palavras *frente* e *cima* parecem consentâneas com a nova dicotomia proposta nesta obra para o espectro político.

compensado pelo investimento que fez na educação e atribui ao mesmo a visibilidade social que, quase envergonhadamente e com indisfarçável relutância, admite ser-lhe atribuída, pois como afirmou "a grande tradição portuguesa é que a ascensão social em Portugal se faz pelo saber"[13].

Aliás, a modéstia, a auto-crítica e o civismo são constantes da vida de Adriano Moreira, pois, como referiu numa sessão da Assembleia da República, ao longo da vida tem procurado evitar um defeito da vida pública portuguesa que consiste em utilizar o pronome pessoal "eu" com tanta frequência e também não se recordava de "alguma vez ter usado a palavra ou a caneta para atacar pessoalmente fosse quem fosse. Tenho certamente muitos pecados, e disso estou consciente, mas desse, creio, ninguém me poderá acusar"[14].

De facto, Adriano Moreira assumiu, ao longo de toda a vida, uma atitude de modéstia, que não gosta de ver confundida com humildade, e recusou sempre protagonismos para os quais não se considerava habilitado, pois, como o próprio afirmou publicamente, "sinto-me sempre com dificuldades quando alguém me fala em nome de uma geração, porque parece-me um mandato tão pesado que dificilmente vejo quem seja capaz de o assumir"[15].

Nesta viagem os portos são necessariamente diferentes, pois uma das características mais marcantes de Adriano Moreira é a sua contínua actualização, já que demonstra ser uma personagem que, até pela importância que deu ao tempo, me atrevo a classificar como *personalidade intemporal* e *do tempo certo,* ou como Inês Dentinho afirma, "o Professor soube captar, de cada momento, a oportunidade para melhor estudar os fenómenos da política com um distanciamento de observação quase estranho em relação a um objecto de estudo mutante e demasiado próximo do seu percurso pessoal"[16].

Na realidade, Adriano Moreira mantém-se, permanentemente, atento aos sinais dos tempos e aos problemas, sempre novos, que as diferentes

---

[13] Cf. *Diário da Assembleia da República,* n.º 049, 1.ª série, 7 de Março de 1990, p. 1737.

[14] Cf. *Diário da Assembleia da República,* n.º 078, 1.ª série, 24 de Fevereiro de 1984, p. 3480.

[15] Cf. *Diário da Assembleia da República,* n.º 082, 1.ª série, 6 de Junho de 1990, p. 2742.

[16] Cf. Depoimento de Inês Dentinho.

conjunturas suscitam, como fica demonstrado nos seus mais recentes trabalhos e artigos de opinião sobre as questões tornadas pertinentes na actualidade, como o terrorismo, os fundamentalismos, a crise do estado soberano e a Nova Ordem Mundial.

Aliás, outro dos seus antigos alunos, o Almirante Vieira Matias[17], fez questão de referir que no Instituto Superior Naval de Guerra os intervalos das aulas eram trocados pela actualização junto do Mestre.

Retomando a questão dos portos desta viagem sociológica, parece justo, pela importância de que se revestem para compreender a doutrina de Adriano Moreira, a paragem, certamente limitativa, em apenas cinco deles: a vida académica, o acervo bibliográfico, a acção legislativa, os Congressos das Comunidades de Cultura Portuguesa e o contributo para a consolidação do regime democrático em Portugal.

Quanto à metodologia, e embora não se tratando de um trabalho académico, o livro, fruto mais de investigação do que de depoimentos, não deixa de revelar as influências das técnicas de investigação das Ciências Sociais.

De facto, ao contrário do Presidente do Conselho criador do Estado Novo que, absorto pela governação do país, não tinha tempo para a leitura e, por isso, citava os testemunhos orais recebidos como se de livros se tratassem, considera-se que a pesquisa bibliográfica constitui uma fonte essencial de informação.

Assim, para a elaboração da presente obra, recorreu-se a uma metodologia que abrangeu três técnicas de investigação:

- técnica documental ou pesquisa bibliográfica;
- entrevistas semi-estruturadas ou, segundo Ferrarotti, entrevistas livres do subtipo não-directivas e tendo como único interlocutor Adriano Moreira;
- depoimentos de especialistas lusófonos que contactaram com Adriano Moreira em diferentes fases da sua acção.

Combinaram-se, assim, as fontes documentais indirectas, "a imprensa e ainda os anuários e boletins que se ocupam da matéria" e documentos directos, ou seja, todos aqueles que "são emitidos por intervenientes no processo" (Moreira, 2001:126).

---

[17] Cf. Depoimento do Almirante Vieira Matias.

Do primeiro tipo de fontes fazem parte vários jornais, como *O Século, Diário de Notícias, Diário Popular, República* e *Diário de Lisboa* e publicações que analisam algumas das problemáticas em estudo, como *Villa da Feira.*

Relativamente aos documentos directos, foram analisados vários manuscritos de conferências proferidas por Adriano Moreira, bem como o acervo por si publicado ou ainda em fase de gestação e destinado a publicação futura.

Procedeu-se igualmente à consulta de elementos legislativos ou normativos como o *Diário do Governo,* o *Diário da Assembleia da República* e as *Providências Legislativas Ministeriais.*

No que se refere à tripulação[18] que aceitou participar nesta viagem, a experiência e a sapiência nos vários domínios a que Adriano Moreira dedicou o melhor do seu esforço: a educação, a lusofonia, a estratégia e as relações internacionais, foram os critérios que presidiram à sua selecção, forma segura de limitar o risco da *mundanal afeição* teorizada por Fernão Lopes, embora, no caso presente e a exemplo do reconto feito por Gama ao rei de Melinde na epopeia do activo da gesta lusitana, tenha consciência de que, por muito que diga, mais ficará por dizer.

Aliás, várias dessas individualidades reconheceram a dificuldade em sistematizar ou sintetizar em tão reduzido número de páginas todas as ideias relativas a Adriano Moreira, prova que a caracterização do seu pensamento doutrinário se revela uma tarefa complexa. Como Santos Silva admitiu "esquivar-me-ei a escrever um depoimento sobre a obra e o pensamento do Professor Adriano Moreira, pois se a primeira é extraordinariamente fecunda, também o segundo é extenso e englobante"[19].

---

[18] Muitos dos elementos da "tripulação" contactaram com Adriano Moreira sobretudo enquanto docente. Estão nesta situação Manuel Chantre, ex-Ministro dos Negócios Estrangeiros de Cabo Verde, o Almirante Vieira Matias e a jornalista Inês Dentinho, que foram seus alunos, Manuel Santos Silva e José Carlos Venâncio, respectivamente Reitor e Pró-Reitor da Universidade da Beira Interior, instituição pela qual Adriano Moreira é Doutor *Honoris Causa.* Quanto aos restantes elementos, Barbosa de Melo foi Presidente da Assembleia da República durante alguns mandatos de Adriano Moreira, Ives Gandra Martins esteve presente como congressista no I Congresso das Comunidades de Cultura Portuguesa e o General Cabral Couto, ex-Director do Instituto da Defesa Nacional, é considerado o maior doutrinador português de Estratégia. Parece pertinente referir que estas três personalidades também mantêm ou mantiveram um vínculo ao ensino.

[19] Cf. Depoimento de Santos Silva.

Introdução

Além disso, também foram referidas situações em que os autores dos depoimentos sentiram necessidade de ouvir outros estudiosos que acompanharam a acção de Adriano Moreira, numa tentativa de sistematizar toda a complexidade de pensamento e acção de uma personalidade tão multifacetada[20].

Se é um facto que "a memória que se distancia no tempo vai apenas guardando registos selectivos, piedosa no embelezar das lembranças",[21] não é menos verdade que a intensidade que releva dos depoimentos aponta, de uma forma inequívoca, para o valor das marcas que Adriano Moreira deixou nas várias gerações que com ele contactaram, embora se possa afirmar que nunca teve a preocupação de formar uma ou mais gerações, facto que "explica a diversidade do «colectivo» dos seus alunos que não saíam da Universidade formatados nem mesmo formados mas, como dizia, «licenciados, ou seja, com licença para estudarem sozinhos». Não há, por isso, uma escola de Adriano Moreira mensurável na homogeneidade dos frutos. Haverá, talvez, "uma sequência de gerações beneficiada pela partilha de uma raiz comum que lhes permite frutificar diferentemente na consciência do que permanece válido e de que todo o poder é relação"[22].

De igual modo, parece perfeitamente compreensível a importância atribuída ao contributo do próprio, pois, ao longo das várias reuniões, revelou total disponibilidade para abordar todas as questões que lhe foram propostas e forneceu elementos de consulta, nomeadamente, a produção legislativa efectuada nas suas deslocações às Províncias Ultramarinas, elemento imprescindível para a compreensão das suas ideias políticas sobre a forma de encerrar a fase do Império e abrir o caminho à lusofonia.

Convirá, no entanto, referir que ao longo das várias conversas Adriano Moreira, talvez como forma de relativizar o peso das mesmas, chamou a atenção para o facto de nas suas palavras poder surgir uma terceira vertente do discurso, ou seja, a justificação do exercício.

A análise da sua obra, nomeadamente da acção legislativa, encarrega-se de dispensar essa justificação posterior, pois as medidas tomadas já

---

[20] Esta situação foi reconhecida por Inês Dentinho e por Vieira Matias nos respectivos depoimentos.

[21] Cf. "Nordeste", conferência efectuada na Casa de Trás-os-Montes em 12 de Maio de 2006.

[22] Cf. Depoimento de Inês Dentinho.

continham explicitamente a justificação ou a marca da pertinência, situação que também pode ser constatada a partir do reconhecimento da sua acção no "alinhamento da Universidade com os padrões dos países mais modernos no domínio das Relações Internacionais, da Segurança e da Defesa"[23].

Por tudo o que foi afirmado e face aos valiosos e gratificantes contributos recebidos, espera-se que o livro faça justiça aos mesmos e contribua para uma melhor compreensão da doutrina que Adriano Moreira continua a criar.

---

[23] Afirmação constante do depoimento do General Abel Cabral Couto.

CAPÍTULO I
Contextualização

1.1. **Dados biográficos**

Adriano José Alves Moreira nasceu em Grijó de Vale Benfeito, Macedo de Cavaleiros, em 6 de Setembro de 1922,[24] filho de António José Moreira e de Leopoldina do Céu Alves.

Com dois ou três anos, ou ainda ao colo como faz questão de afirmar, acompanhou os pais para Lisboa, a cidade grande que veria nascer a sua única irmã, Olívia, nove anos mais nova e educada, como ele, no gosto e no respeito pelas tradições e valores do meio de proveniência do agregado familiar.

Na aldeia deixava os avós maternos, Olívia e Valentim, a grande referência da sua meninice[25], a tia Maria, que o ensinara a ler pela *Cartilha Maternal* de João de Deus, os tios paternos e outros membros da comunidade que o tempo, muito por força das frequentes idas à aldeia, não conseguiria apagar das suas vivências: a Maria Boleira, que sempre lhe reservava a bôla de azeite, o Manuel Fiscal e os seus votos ou de saúde ou dinheiro porque Deus não podia dar tudo, o primo Alexandre, com quem emparceirava para carregar o andor na procissão da festa do Senhor do Calvário....

Quanto aos avós paternos, que nunca chegou a conhecer, a sua memória continua a ser lembrada pelo moinho onde o avô exerceu o seu mister de moleiro.

Em Lisboa, apesar das dificuldades económicas do agregado familiar, apenas amenizadas pelo prolongado esforço diário da mãe na máquina

---

[24] Alguns autores referem o dia 15 de Setembro como data de nascimento, mas, conforme informação do próprio, a data real não coincide com os registos e, como é óbvio, acredita mais na palavra da mãe do que nos registos.

[25] Em intervenção recente, a 12 de Maio de 2006, na Casa de Trás-os-Montes, Adriano Moreira referiu que o que mais seguramente lhe vinha à lembrança era o avô Valentim sentado na pedra que, na aldeia, lhe servia de banco para ler o jornal.

de costura,[26] pois o vencimento de um polícia, profissão do pai, dificilmente assegurava os encargos familiares assumidos para tentar possibilitar aos filhos um futuro materialmente mais desanuviado, licenciar-se-ia em Ciências Histórico-Jurídicas na Faculdade de Direito de Lisboa em Junho de 1944[27].

A sua entrada no mundo do trabalho deu-se logo em Julho de 1944 como chefe da Secção do Arquivo Geral do Registo Criminal e Policial do Arquivo de Identificação, funções em que se manteve até Janeiro de 1947, altura em que, como já estava inscrito na Ordem dos Advogados desde 20 de Junho de 1946, passou a fazer parte do contencioso da Standard Eléctrica, empresa à qual esteve vinculado até ser saneado na sequência do 25 de Abril de 1974.

Aliás, foi na Standard Eléctrica que teve o primeiro contacto com Salazar, por ocasião da visita do Presidente do Conselho aquando da inauguração das instalações da firma na Avenida 24 de Julho[28].

Como advogado, foi o responsável pela petição do primeiro *Habeas Corpus* em Portugal, situação que se verificou quando o seu chefe, António Ribeiro, lhe confiou um processo político[29] envolvendo o General Godinho, o Almirante Cabeçadas e outros militares.

Adriano Moreira solicitou o *Habeas Corpus*, pois, tratando-se de militares, não podiam estar detidos, como efectivamente acontecia no Hospital Júlio de Matos à ordem da Polícia Política.

Na sequência desse processo pagou um preço elevado, pois, e apesar de negar peremptoriamente as torturas que alguns elementos da oposição

---

[26] Este auxiliar precioso descansa, agora, na casa do primogénito de Adriano Moreira.

[27] Adriano Moreira licenciou-se com 17 valores e apresentou a dissertação *Da habitualidade*. Quanto à irmã, licenciou-se em Medicina.

[28] Adriano Moreira, que não estava a acompanhar a visita, foi chamado para responder às questões levantadas por Salazar sobre as multinacionais, nomeadamente que mercado teriam em Portugal, as transferências de tecnologias que faziam e se representavam algum aumento das vantagens sociais para os trabalhadores em relação à lei portuguesa.

[29] Este processo será descrito pormenorizadamente por Adriano Moreira nas suas *Memórias*. Nessa narração constam as razões do processo que moveu contra o Ministro Santos Costa por homicídio, a prisão da viúva do General Godinho, a dispensa do segredo de justiça autorizada pelo Vice-Presidente da Ordem dos Advogados, as intervenções de Marcello Caetano e de Salazar e a tentativa fracassada do Partido Socialista para que Adriano Moreira substabelecesse o processo no advogado Lima Alves.

ao Estado Novo afirmam ter sofrido, esteve quase dois meses preso no Aljube, situação que só seria resolvida depois de a Ordem dos Advogados o dispensar do segredo de justiça.

Foi ainda em Lisboa – cidade que apenas deixou forçado pela circunstância revolucionária que resolveu sanear as instituições da sociedade civil (embora numa fase de desilusão com a falta de rumo da política portuguesa ainda tivesse ponderado a hipótese de aceitar a cátedra na Universidade Complutense e se estabelecer em Madrid) – que casou com Isabel Mónica, em 31 de Agosto de 1968.

Fruto desse casamento nasceriam seis filhos: António, Mónica, Nuno, Isabel, João e Teresa, três dos quais já constituíram os seus próprios agregados familiares e já lhe deram, até ao momento actual, onze netos.

No que respeita à actividade académica, foi professor, desde 27 de Setembro de 1950[30], na Escola Superior Colonial, que passaria a ser designada como Instituto Superior de Estudos Ultramarinos (ISEU) em 1954 e, posteriormente, como Instituto Superior de Ciências Sociais e Política Ultramarina[31], antes de conhecer a designação actual de Instituto Superior de Ciências Sociais e Políticas da Universidade Técnica de Lisboa.

Neste Instituto regeu, desde 1950-51, a cadeira de *Direito Privado e Prática Judiciária,* do 3.º ano do Curso de Administração Colonial, e teve a seu cargo as aulas práticas de duas cadeiras: *Administração Colonial* e *Prática Judiciária.* No ano lectivo de 1953-54, como reconhecimento pelo mérito da actividade docente e das publicações[32], foi nomeado professor auxiliar efectivo e passou a reger também a cadeira de *Princípios Gerais do Direito,* do 1.º ano do Curso de Administração Colonial. No ano lectivo de 1955-56, e sem abandonar as regências anteriormente referidas, começou a reger a disciplina de *Política Colonial,* mais tarde designada como *Política Ultramarina,* do 2.º ano do Curso de Altos Estudos.

Ainda nessa instituição, Adriano Moreira concorreu para professor ordinário do 1.º Grupo e prestou provas nos dias 8, 11 e 13 de Outubro de

---

[30] Adriano Moreira foi contratado como professor auxiliar do 1.º Grupo (Ciências Jurídicas e Administrativas) e a publicação do contrato verificou-se na II Série do *Diário do Governo* de 12 de Outubro de 1950.

[31] Esta designação resultou da Portaria n.º 19 521 de 24 de Novembro de 1962.

[32] Esta nomeação, feita por Portaria de 18 de Setembro de 1952 e publicada na II série do *Diário do Governo* de 23 de Outubro de 1952, foi proposta unanimemente pelo Conselho Escolar

1954, tendo sido aprovado por unanimidade por um júri que integrava Marcello Caetano, Silva Cunha e Santa Rita. A sua dissertação, discutida no primeiro dia, teve por título *O Problema Prisional do Ultramar* e viria a receber o prémio Abílio Lopes do Rego da Academia das Ciências.

Mais tarde, por portaria de 14 de Julho de 1958, publicada no *Diário do Governo*, II Série, de 17 de Julho, Adriano Moreira foi nomeado director do Instituto, pois o anterior director, Mendes Corrêa, atingira o limite de idade em Abril de 1958.

No exercício desse cargo, Adriano Moreira modernizou o plano de estudos do Instituto e convidou personalidades com créditos científicos formados para integrarem o corpo docente do mesmo.

Mais tarde, enquanto Ministro do Ultramar, publicou o Decreto-Lei n.º 43 858, em conjunto com o Ministério da Educação Nacional, que integrou na Universidade Técnica de Lisboa o Instituto Superior de Estudos Ultramarinos, sendo que o mesmo dependeria pedagogicamente do Ministério da Educação Nacional.

Terminada a sua participação governativa, voltou ao Instituto, onde teve a cargo, logo em 1962-63, a disciplina de *História das Teorias Políticas e Sociais*, do 1.º ano do Curso Complementar de Estudos Ultramarinos, cadeira a que foi acrescentando, nos anos lectivos seguintes, novos temas, que suscitaram a publicação de artigos doutrinários.

Além disso, Adriano Moreira reafirmou a importância de o Instituto continuar a apostar na valorização do seu corpo docente. Não admira, por isso, que desse corpo docente tivessem feito parte nomes como Jorge Dias, Silva Rego, o futuro Cardeal António Ribeiro, João Ameal, Raquel Soeiro de Brito, Francisco Tenreiro, Sedas Nunes, Pereira de Moura, Narana Coissoró, Óscar Barata, Pereira Neto, Reboredo Seara, Luís Forjaz Trigueiros, Almerindo Lessa e muitos outros, a quem aconselhava que tivessem sempre presentes as seguintes preocupações pedagógicas: "«Os alunos são o centro»; «É importante estar sempre disponível»; «É preciso conhecer os alunos um por um»"[33].

Apostou, igualmente, no enriquecimento do plano de estudos, na vinda de conferencistas exteriores, nomeadamente Gilberto Freyre, Vitorino Nemésio, Orlando Ribeiro e Josué de Castro, e na necessidade de a Revista, que entretanto se passara a designar *Estudos Políticos e Sociais,* abordar questões de actualidade, como as novas correntes sociais.

---

[33] Cf. Depoimento de Inês Dentinho.

Por isso, como Manuel Chantre afirmou no seu depoimento, "ninguém como Adriano Moreira marcou tão profundamente a instituição, como dirigente e como Professor. As suas aulas, fossem da cadeira de Princípios Gerais do Direito do 1.º ano, de Política Ultramarina ou de Relações Internacionais, pode dizer-se que constituíam, de facto, o centro de gravidade de toda a actividade académica no Instituto"[34].

Foi também por sua proposta que o Instituto passou a organizar uma série de cursos de extensão universitária sobre as províncias ultramarinas e sobre o Brasil.

Além disso, elevou o Serviço Social ao nível universitário, criando, a título de experiência pedagógica, o Curso Superior de Serviço Social em 1964 e o Curso Complementar de Serviço Social, que já era considerado como licenciatura, em 1967.

Esta mudança não foi bem aceite pelo meio académico, um universo muito conservador, como se comprova pela oposição manifestada por Marcello Caetano, então reitor da Universidade Clássica de Lisboa. Por isso, não admirou que José Hermano Saraiva, que substituíra Inocêncio Galvão Telles no Ministério da Educação, tivesse mandado suspender as matrículas no 1.º ano de ambos os cursos no ano lectivo de 1969/70.

Como Adriano Moreira se solidarizou com os alunos e assumiu publicamente a sua discordância com esta medida, foi demitido em 22 de Julho de 1969 do cargo de Director do ISCSPU, demissão que, no entanto, não o levou a abandonar o Instituto, pois manteve-se como docente do mesmo até ao saneamento provocado pelo 25 de Abril de 1974.

O seu regresso ao Instituto, então já designado como ISCSP, aconteceria em 1980, quando foi reintegrado, embora já tivesse vindo a acompanhar o processo de aprovação do novo plano de estudos do Instituto.

Aliás, durante a 1.ª sessão legislativa da II Legislatura, em reunião plenária de 20 de Novembro de 1980, a Assembleia autorizou Adriano Moreira, então deputado do CDS, a leccionar no Instituto Superior de Ciências Sociais e Políticas, em regime de gratuitidade e sem prejuízo dos trabalhos da Assembleia da República.

Nessa fase, foi eleito Presidente do Conselho Científico, criou a Licenciatura em Relações Internacionais e os Mestrados em Ciência Polí-

---

[34] Manuel Chantre, antigo Ministro dos Negócios Estrangeiros de Cabo Verde, frequentou o Instituto Superior de Ciências Sociais e Política Ultramarina entre 1965 e 1970, quando Adriano Moreira era o director.

tica, Relações Internacionais e "num acto audacioso e altamente original e inovador, impulsiona a criação de um mestrado em Estratégia, sem licenciatura específica a montante, numa clara visão da sua natureza multidisciplinar"[35].

No âmbito do ISCSP, criou também o Instituto de Relações Internacionais, em 1984, e o Instituto do Oriente, em 1989, e retomou a Direcção da Revista do Instituto desde 1981 até 1992, ano em que se jubilou.

Ainda sobre a actividade docente, convirá referir que Adriano Moreira foi também docente, durante cerca de trinta anos, no Instituto Superior Naval de Guerra, onde regeu, desde 1967-68, a disciplina de *Política Internacional* e, ainda antes da reintegração na função pública, colaborou na Universidade Livre, onde criou o Departamento de Ciências Sociais e as pós-graduações em Relações Internacionais, Sociologia e Ciência Política.

No que se refere ao Instituto Superior Naval de Guerra, e segundo o depoimento do Almirante Vieira Matias, houve uma longa ligação "iniciada em 1958, através de uma estreita colaboração com o Instituto, primeiro na qualidade de conferencista e, depois, como professor do seu Corpo Docente, no qual é formalmente integrado a partir de 4 de Janeiro de 1968".

Aliás, em carta endereçada ao Almirante Chefe do Estado-Maior da Armada, aquando da extinção do Instituto, no dia 29 de Setembro de 2005, Adriano Moreira confirmou a sua presença nas cerimónias de extinção e solicitou que fosse dada por finda a sua função de Professor na mesma data, porque o confortava "simbolicamente o sentimento de ter acompanhado a minha Escola até ao último dia"[36].

Como docente no Instituto Superior Naval de Guerra e no ISCSP, Adriano Moreira deu um notável contributo para, como o General Cabral Couto referiu, "o derrube das tradicionais barreiras entre os universos civil e militar e, por outro lado, para a permeabilização do mundo civil aos modelos e à terminologia próprios da esfera militar"[37].

Ainda no que respeita à vida académica, Adriano Moreira é doutorado em Direito pela Universidade Complutense de Madrid, onde defendeu a tese A *Europa em Formação*, e *Doutor Honoris Causa* pelas Uni-

---

[35] Cf. Depoimento do General Abel Cabral Couto.
[36] Cf. Depoimento do Almirante Vieira Matias.
[37] Cf. Depoimento do General Abel Cabral Couto.

versidades Aberta, Manaus, Brasília, S. Paulo, Baia, Rio de Janeiro e Beira Interior, Universidade "com a qual colabora desde 1993, na qualidade de membro do Conselho Científico"[38]

Na Universidade Católica do Rio de Janeiro, durante a fase que se seguiu ao saneamento de que foi vítima na sequência do processo n.º 114/ /CMSR/75 da Comissão Ministerial de Saneamento e Reclassificação do Ministério da Educação e Cultura[39], organizou o Instituto de Relações Internacionais e Direito Comparado (IRICO) e um Mestrado que era todo sobre a mudança: o Direito Internacional em mudança, os regimes políticos em mudança, a economia em mudança...

Aliás, foi para esse Mestrado que Adriano Moreira publicou a obra *A Comunidade Internacional em Mudança*.

Durante o exílio foi também docente nas Escola dos Comandos e Estado-Maior e Escola Naval de Guerra do Brasil e procurou combater o quase exclusivismo da influência da escola norte-americana nas ciências jurídicas, procedendo à introdução da corrente europeísta e dos críticos europeus do fenómeno político.

Depois de jubilado, Adriano Moreira continuou ligado ao ensino como docente da Universidade Católica, no Curso de Relações Internacionais, e como Presidente do Conselho Nacional de Avaliação do Ensino Superior, cargo de que se demitiu no final de 2006.

A sua acção no desempenho deste cargo foi reconhecida por Santos Silva e Barbosa de Melo.

O primeiro afirmou que "como Presidente do Conselho Nacional de Avaliação do Ensino Superior (CNAVES), cargo que ocupou [...] com a mesma competência que põe em tudo quanto faz, prestou um enorme contributo na dinamização da avaliação do ensino superior público e privado e na consequente melhoria do sistema de ensino superior em Portugal"[40].

---

[38] Afirmação feita pelo Reitor da UBI, Manuel José Santos Silva, no depoimento que consta em anexo.

[39] Deste processo, assinado por C. Torres de Assunção, Presidente da Comissão, constavam dez acusações e era concedido um prazo de oito dias para o acusado proceder, se assim o entendesse, à defesa. Adriano Moreira, em 20 de Janeiro, respondeu à acusação e, ao longo de doze pontos, rebateu todas as acusações, fez várias precisões e assumiu integralmente a responsabilidade de todas as medidas que tomou no exercício das diferentes funções.

[40] Cf. Depoimento de Santos Silva.

O segundo referiu "os seus trabalhos sobre a avaliação nacional do sistema do ensino superior e suas instituições e os passos iniciais que deu para uma sua avaliação internacional, afinal frustrada por decisão, ou indecisão, do poder político; a sua insistência na necessidade de revisão e reforma do mesmo sistema de ensino à luz e em harmonia com a estratégia europeia indiciada pela "Declaração de Bolonha" (1999) e, depois, alargada ao campo da economia pela "Declaração de Lisboa" (2000); as suas frequentes e sábias reflexões acerca de uma ideia de Universidade ajustada ao nosso tempo e ao complexo contexto das Sociedades, dos Estados"[41].

Além das funções anteriormente referidas, Adriano Moreira foi curador da Fundação Oriente e da Universidade Cândido Mendes do Rio de Janeiro e é membro da Academia Brasileira de Letras, da Academia das Ciências de Lisboa, da Academia de Marinha, da Academia de Ciencias Morales y Politicas de Madrid e da Academia Portuguesa da História.

No que se refere à actividade governativa, Adriano Moreira foi nomeado em 18 de Março de 1960 Subsecretário de Estado da Administração Ultramarina, cargo que ocupou durante pouco mais de um ano, antes de ascender a Ministro. De facto, na sequência do *putsch* frustrado de Botelho Moniz[42], Salazar entregou-lhe a pasta de Ministro do Ultramar, em 13 de Abril de 1961.

O pouco tempo em que chefiou o Ministério, numa conjuntura interna marcada pelo início da guerra colonial e numa fase em que importava corrigir sucessivos erros para garantir credibilidade internacional à política ultramarina portuguesa, ficou assinalado por um importante conjunto de acções jurídicas, diplomáticas e de aprofundamento cultural e social, tudo em nome de uma política de verdade ou de autenticidade, para que o articulado da lei tivesse uma correspondência prática na realidade.

A imagem positiva que obteve em largas camadas da população sofreu, no entanto, contestação de alas mais conservadoras do regime

---

[41] Cf. Depoimento de Barbosa de Melo.

[42] Adriano Moreira considera que se esteve perante um golpe constitucional, porque Botelho Moniz apenas queria que o Presidente da República demitisse o Presidente do Conselho e o nomeasse a ele para esse cargo, para depois fazer as modificações necessárias no Governo. Se Botelho Moniz tivesse querido usar a força, como tinha a concordância de quase todos os comandos militares, o golpe de Estado dificilmente deixaria de ter sucesso.

e do aparelho militar, até porque Adriano Moreira se relacionou com o bispo da Beira, D. Sebastião Soares de Resende, considerado opositor ao regime.

Assim, instado por Salazar a mudar de política, até como forma de o próprio se manter como Presidente do Conselho, apresentou a demissão, pedido que foi aceite, e na remodelação ministerial de 4 de Dezembro de 1962 saiu do Governo, substituído por Peixoto Correia.

Três linhas, tantas como os anos em que detivera funções governativas nos cargos de Subsecretário de Estado da Administração Ultramarina e de Ministro do Ultramar, foram suficientes para se despedir da Pasta e assumir a responsabilidade por todas as medidas tomadas.

Adriano Moreira, tal como Cuénot (1967:10) afirmou relativamente a Teilhard de Chardin, "fué *incondicional* y de una inflexible lealtad hacia sí mesmo. Jamás se le hubiera hecho firmar una proposta contraria a sus ideas profundas; no se hubiera traicionado así mesmo jamás".

Regressado ao ensino, presidiu desde 1964 à Sociedade de Geografia de Lisboa e foi sob a sua presidência que foram organizados o I e o II Congressos das Comunidades de Cultura Portuguesa.

De facto, a exemplo do *Pai da Europa,* Jean Monnet, que nunca foi detentor de poder político e só contou com o poder do verbo para aproveitar as circunstâncias, sempre que as mesmas se lhe deparavam, para aproximar os homens e construir pontes ou laços de união, também Adriano Moreira nunca invocou, ou sequer aceitou, a predestinação messiânica ou um destino excepcional, mas, ciente de que o seu papel social não dependia ou não estava condicionado pela presença no governo, quando foi forçado a interromper as funções governativas devotou o melhor da sua atenção à construção e defesa do ideal da lusofonia e atingiu um estatuto que lhe permitiu ser *alguém* sem pretender ou lutar para sê-lo.

De facto, não era para si, mas para a cultura agora designada como lusófona, que procurava uma afirmação, consciente de que quem não se respeita a si não pode exigir o respeito dos outros.

O reverso da medalha, o afastamento compulsivo, ocorreu por força dos momentos tormentosos que se seguiram ao 25 de Abril, pois, como afirmou Pinheiro de Azevedo,[43] tratou-se de "uma época de perplexida-

---

[43] Conforme testemunho de Adriano Moreira, foi graças a Pinheiro de Azevedo que a sua esposa e os três filhos mais velhos, os únicos que o casal tinha nessa altura, se

des, confusão e até paranóia explicável pelo facto de a transição não ter sido controlada a partir de cima, mas por sectores adeptos da revolução social" (1979:14).

Nessa conjuntura, por ter exercido cargos governamentais no Estado Novo e por ter sido acusado de ser doutrinador do regime deposto, Adriano Moreira viu, num primeiro momento, os seus direitos políticos suspensos por decreto em 1974 e, mais tarde, em 1975, foi demitido da Standard Eléctrica e da função pública, razão que o obrigou a exilar-se no Brasil, embora Montello defenda que antes de ir para o Brasil já Adriano Moreira estava exilado em Portugal "parte, por vontade própria; parte, por imposição das circunstâncias"[44].

A ordem do COPCON para prender Adriano Moreira, e que apareceu afixada em Sintra, localidade onde a família tinha casa, surgiu quando este estava no Brasil a tratar da venda da Standard Eléctrica no Brasil ao governo brasileiro.[45]

Na sequência desse mandado de prisão e do saneamento de todas as suas funções, Adriano Moreira viu-se abandonado até pelos americanos da Standard Eléctrica e viveu momentos difíceis antes de ser convidado pelo Professor Alexandre Bugalho, catedrático da Universidade Católica do Rio de Janeiro, para integrar o corpo docente dessa Universidade.

Após três anos de exílio, tempo necessário para cumprir o contrato relativo à organização do Mestrado[46], regressou à política activa e foi eleito deputado por todas as legislaturas à Assembleia da República até 1995, ano em que, na sessão de 22 de Junho, decidiu terminar a actividade parlamentar.

---

juntaram a Adriano Moreira no Brasil. De facto, este Conselheiro da Revolução avisou Carvalho Fernandes, administrador da Standard Eléctrica, de que, face às perseguições que se verificavam em Portugal, Adriano Moreira deveria permanecer no Brasil, pois Pinheiro de Azevedo assumia a responsabilidade de fazer chegar a sua família ao Brasil.

[44] Cf. Josué Montello "Um Intérprete da Crise Europeia", *in* Adriano Moreira, *A Europa em Formação, 4.ª edição*, p. 43.

[45] Esta venda surgiu porque saiu uma lei no Brasil que dizia que as empresas de várias áreas, incluindo as telecomunicações, para terem contrato com o governo brasileiro era preciso que, pelo menos, metade do capital fosse brasileiro. Como a Standard Eléctrica não aceitava esta posição, Adriano Moreira foi enviado a Nova Iorque, onde estudou os dossiers durante 15 dias, e depois foi para o Rio de Janeiro para tratar da venda.

[46] Adriano Moreira regressou a Portugal um pouco antes do final do contrato mas voltou ao Brasil devido aos exames do Mestrado.

Nesta fase, foi Presidente do Centro Democrático Social (CDS), de 13 de Abril de 1986 a 1988, Vice-Presidente da Assembleia da Republica de 1991 a 1995 e Vice-Presidente da UEDC (União Europeia das Democracias Cristãs).

Em 9 de Fevereiro de 2004, o Governo português decidiu prestar-lhe pública homenagem pelo inestimável trabalho de uma vida dedicada às causas da Cultura e o Ministro da Cultura, Pedro Roseta, entregou-lhe a Medalha de Mérito Cultural, na sessão solene do aniversário da Academia Internacional da Cultura Portuguesa que decorreu na Sociedade de Geografia de Lisboa.

1.2. Dados bibliográficos

No que se refere ao acervo publicado por Adriano Moreira, o mesmo é de tal forma extenso, até porque muitas obras foram objecto de várias reimpressões e edições, que só uma organização cronológica permite uma cabal aproximação à sua compreensão.

Como Cabral Couto afirmou "esta acção, de dimensão quase ciclópica, tem sido desenvolvida ao longo de centenas de conferências nos mais variados "fora", civis e militares, e através da publicação de centenas de artigos, não só em revistas especializadas, mas também na imprensa diária, e de entrevistas noutros meios de comunicação social, acção que, com uma regularidade impressionante, resiste, ainda hoje e felizmente, ao que poderiam ser os constrangimentos da idade"[47].

A lista, que consta em anexo, não parece deixar dúvidas sobre esta afirmação[48], embora se tenha consciência de que a mesma será sempre incompleta e a necessitar de permanente actualização, sobretudo se for tido em conta que Adriano Moreira continua a descodificar as novas con-

---

[47] Cf. Depoimento do General Abel Cabral Couto.

[48] Esta lista tem como base o levantamento exaustivo realizado por Óscar Soares Barata e publicado nos *Estudos em Homenagem ao Professor Adriano Moreira*, Vol. I, pp. 97-120, ISCSP, 1995. Esse estudo foi feito recorrendo aos ficheiros das bibliotecas do ISCSP, da SGL, do Palácio Galveias e Biblioteca Nacional e às revistas em que se sabia que Adriano Moreira tinha colaborado. A presente lista actualizada resultou de uma pesquisa junto das editoras e da consulta do acervo disponível na Biblioteca Nacional.

junturas e geoestratégias, através da colaboração em múltiplos órgãos de imprensa, no *Boletim da Academia Internacional da Cultura Portuguesa*, no jornal *Roteiros* do Instituto D. João de Castro, de que foi fundador e, além disso, não deixa de responder afirmativamente a todas as instituições culturais que solicitam a sua participação.

A análise desse acervo, tendo em conta a temática dominante, permite dividi-lo, na minha opinião, em cinco fases ou períodos: a fase jurídica, o período de reflexão sobre o Ultramar, a fase da reflexão sobre os problemas universais, o período de análise da conjuntura pós-25 de Abril e a fase actual, sem dúvida a mais profunda e abrangente, de reflexão sobre o homem, as instituições, as relações internacionais e os novos problemas universais.

Convirá, no entanto, perceber que a divisão proposta é algo artificial, pois há temas que percorrem transversalmente quase todas as fases, embora sendo visível o aprofundamento dos seus conteúdos ao longo das mesmas, demonstração de que Adriano Moreira vai enriquecendo a sua reflexão com novos elementos de acordo com as conjunturas, sem preconceitos, ou melhor, no respeito pelos valores que defende. Aliás, a nível axiológico, a obra revela uma coerência perfeita, facto que aponta para a perenidade dos valores, independentemente das conjunturas.

Assim, na primeira fase, iniciada em 1943 e que se estendeu até 1953, as publicações, ou seja, as anotações e as notas críticas, incidiram apenas sobre questões jurídicas, como se prova pelo facto de terem surgido no *Jornal do Foro*, em *O Direito*, na *Revista de Direito e de Estudos Sociais*, na *Vida Judiciária*, na *Revista da Ordem dos Advogados*, nos *Estudos Coloniais* e na *Revista do Gabinete de Estudos Ultramarinos*.

Em 1953, segundo dados da Dom Quixote[49], publicou a obra *O Problema Prisional do Ultramar*, livro que recebeu o prémio Abílio Lopes do Rego, da Academia das Ciências de Lisboa, e que pode ser considerado como o início da segunda fase do pensamento de Adriano Moreira, a reflexão sobre o Ultramar e os problemas ultramarinos, embora já em 1951, ainda na vigência da fase anterior, já houvesse publicações em que o Ultramar surgia como objecto de estudo, como se verificou, por exemplo, em "A Estrita Legalidade nas Colónias" *in Estudos Coloniais* e "A Revogação do Acto Colonial" *in Revista do Gabinete de Estudos Ultramarinos*.

---

[49] De acordo com a lista referida na nota anterior, *O Problema Prisional do Ultramar* foi editado em 1954 pela Coimbra Editores.

Convém, no entanto, explicitar que o problema ultramarino, com o seu consequente reflexo na vida portuguesa, não foi analisado numa perspectiva restrita, mas integrado na conjuntura internacional, fruto da participação de Adriano Moreira na delegação portuguesa à Organização das Nações Unidas, de 1957 a 1959.

Por isso, a esta fase pertencem obras como *Portugal e o Artigo 73 da Carta das Nações Unidas*, de 1957 e *A Jurisdição Interna e o Problema do Voto na ONU*, de 1958, antecedidas de *Imperialismo e Colonialismo da União Indiana*, de 1955 e seguidas de *A Batalha da Esperança*, de 1962, bem como os discursos ou conferências que efectuou enquanto Subsecretário de Estado da Administração Ultramarina: "A Unidade Política e o Estatuto das Populações", "Problemas Sociais do Ultramar", "O Pensamento do Infante D. Henrique e a Actual Política Ultramarina de Portugal", "Actualidade das Missões", "Competição Missionária" e "Provocação e Resposta".

Afastado, pelo respeito que nutre pela autenticidade, das lides governamentais, os seus livros passaram a evidenciar a abertura de um novo ciclo, "a pneumatologia política: reflexões dos problemas universais e de conjuntura segundo uma leitura ético-política, com acentos de uma quase anterioridade religiosa"[50].

Dessa fase, destacam-se as obras: *Ensaios,* Lisboa, 1964; *Ideologias Políticas*, Lisboa, 1964; *O Tempo dos Outros*, Lisboa, 1971; e vários discursos, como "Internacionalização da Vida Privada", "O Homem Novo", "Para uma Convergência Luso-Brasileira", "Os Fins do Estado", "O Sentido do Anticolonialismo Moderno", "Emigração Portuguesa", "A Marcha para a Unidade do Mundo: Internacionalização e Nacionalismo", "Novos Direitos do Homem", "Acção Missionária" e "Variáveis do Espaço Ibero--Americano".

Neste período, importa ainda referir, embora por motivos diferentes, duas publicações. A primeira, uma colectânea recolhida por um dos alunos dos apontamentos de um capítulo da cadeira de História das Teorias Políticas e Sociais, 1967-68, e denominada "Sistemas Políticos da Conjuntura", pois constitui uma prova da aceitação e do prestígio académico e pessoal de que Adriano Moreira desfrutava entre os seus alunos para os quais conseguia ser "o Pai/próximo e o sabedor/distante"[51]. A segunda,

---

[50] Cf. Home Page 2000, Braganc@Net.

[51] Cf. Depoimento de Inês Dentinho.

Tempo de Vésperas: A Agonia do Regime, um livro feito de crónicas e sobre cujo estilo Natércia Freire referiu que valia a pena meditar, devido ao aspecto premonitório que encerrava e que, aliás, tinha levado a polícia política a proibir a colaboração de Adriano Moreira no *Diário de Moçambique*.

Este ciclo foi interrompido pelo 25 de Abril de 1974, na sequência imediata do qual as suas obras não encontraram editor, como se comprova pelo facto de, em dois anos, 1974 e 1975, apenas haver quatro publicações, todas no *Boletim da Sociedade de Geografia de Lisboa* e respeitantes a intervenções anteriores à circunstância revolucionária que se vivia.

Durante o exílio no Brasil Adriano Moreira continuou atento às questões portuguesas, pois também ele se sentia membro forçado da nação peregrina em terra alheia.

De facto, as obras desta fase, sobretudo *Saneamento Nacional*, editado em Lisboa no ano de 1976, e *O Novíssimo Príncipe*, publicado também em Lisboa no ano seguinte, reflectiam a análise então possível da vida portuguesa.

Nessa análise, quase sem marcas de ressentimento pessoal em relação à ruptura provocada pelo 25 de Abril, apesar da carta *Nunca Tantos Governaram Tão Pouco,* prevalecia uma quase iluminada conciliação entre razão e humanismo, realismo e idealismo.

Nesse período, e no que se refere à produção efectuada no Brasil, a mesma assumiu uma forma essencialmente académica, pois, como o próprio revelou, "o método de ensino ali corrente recorre frequentemente à publicação de colecções de textos didácticos, sobretudo nos Cursos de Mestrado" (Moreira, 2001:9). Foi o que aconteceu, por exemplo, com o conjunto de textos que foi compilado no livro *Legado Político do Ocidente*.

Regressado a Portugal, inicia-se a fase actual, que se tem revelado muito profícua, prova de que, estabilizada a democracia, processo para o qual, aliás, deu um contributo meritório, Adriano Moreira voltou a receber o reconhecimento público dos seus méritos.

Nesta fase, parece possível estabelecer, na obra de Adriano Moreira, dois períodos, separados pela implosão do bloco de leste, com o consequente fim da política de blocos, pois este acontecimento alterou completamente os dados relativos às relações internacionais, situação que conduziu ou implicou uma reformulação de conceitos e estratégias.

Contextualização

No período inicial, Adriano Moreira publicou vários livros e artigos sobre a conjuntura então vivida e, à luz dessa realidade, escreveu novos prefácios para várias reedições, como aconteceu com *Saneamento Nacional* e *O Novíssimo Príncipe.*

Assim, poder-se-á afirmar que o autor se devotou à análise das questões internas da vida portuguesa e das questões internacionais, procurando sempre que a separação entre ambas fosse feita através de uma linha ténue, pois, face à nova realidade portuguesa derivada do encerramento do ciclo imperial e da opção europeia, já que o iberismo não demonstrou força para discutir a primazia, a dicotomia nacional-internacional perdeu sentido.

Por isso mesmo, embora alertando para o perigo do heterocentramento, Adriano Moreira reconheceu que não fazia sentido, até por uma questão de impossibilidade real, que Portugal quisesse viver *orgulhosamente só.*

Além disso, voltou a debruçar-se sobre o lusotropicalismo, em "Metodologia Gilbertiana" e *Condicionamentos Internacionais da Área Luso- -Tropical,* e sobre outros aspectos teóricos e das relações entre o poder, a sociedade civil e a Igreja, nomeadamente, em *Ciência Política,* "Apaziguamento Ideológico", "Conceitos Operacionais", "A Pedagogia de Raymond Aron", "Os Cristãos e a Política", "Poder Funcional – Poder Errático", "Estado, Igreja e Sociedade Civil", "Poder Militar – Poder Civil", "Moderador (Poder)", "Nação", "Neutralismo" e "Ocidente", Razão de Estado", "Acção Política", "Regime Político", "Imperialismo", "Instituição" e "Legitimação", "Teoria Política", "Notas sobre o Segredo de Estado", "Totalitarismo" e "1988 – Crise Cultural e Revolução Cultural".

No caso das questões internas, parecem dignos de citação "Factores de Coesão e de Dissociação da Nação Portuguesa","Para uma Nova Estratégia Nacional", "Portugal e as Relações Internacionais", artigos nos quais procurava traçar um rumo que assegurasse a afirmação de Portugal no Mundo, e, no âmbito da sua assumida condição de transmontano, "Os Transmontanos no Mundo – Luciano Cordeiro – Sarmento Rodrigues", dois comprovincianos que encarnavam a importância da sociedade civil e a devoção aos valores e símbolos da Pátria.

Quanto às questões internacionais, merecem referência *Legado Político do Ocidente (O Homem e o Estado),* "Estratégias e Áreas Culturais", "A Comunidade Internacional em Mudança", "O Poder Cultural", "O Papel das Pequenas Potências", "O Franciscanismo e o Pacifismo Moderno", "Política Internacional das Minorias e Comunidades", "Hierarquia das Potências: Dependência e Alienação", "O Pacifismo", "De Bandung aos Problemas Norte-Sul", "Comunicação" no Colóquio sobre o Acto Único Europeu, "Relações entre as Grandes Potências", "Uma Viragem Histórica" e "Relações Internacionais".

O segundo período, marcado pelo fim do bipolarismo, pela construção de uma nova ordem cujo paradigma ainda não é universalmente aceite e com a chegada de novos actores à cena mundial, de que o terrorismo representa apenas o elemento mais recente, revela um autor que, face à rapidez, inevitabilidade e amplitude da mudança, procura, com a lucidez aconselhada, descodificar a pilotagem da nova ordem social e política.

Este período foi também aproveitado para clarificar aspectos da História de Portugal, como aconteceu em *Notas Sobre o Último Plenário do Conselho Ultramarino* e em "Do Estado Corporativo ao Estado de Segurança Nacional" e para retomar a problemática gilbertiana em "O Futuro da População de Expressão Portuguesa (O Lusotropicalismo Hoje)", "Reflexos sobre a Comunidade Luso-Brasileira" e *Luso-tropicalismo, uma Teoria Social em Questão.*

No que se refere às grandes questões internacionais, merecem referência *Política Internacional,* "Perspectivas Actuais da Evolução da Conjuntura Europeia: Reflexos para Portugal", "Os Poderes dos Pequenos Estados em Tempo de Paz", "A Dependência da Estrutura Internacional Violenta", "Nota Prévia – A nova Ordem: O Governo da Globalidade", "A Ordem do Atlântico aos Urais", "A nova Europa", "União Política da Europa", "A Nova Ordem Internacional", "Horizontes da Europa", *Estudos da Conjuntura Internacional* e *Terrorismo.*

No que concerne à problemática da última obra referida, Adriano Moreira tem alertado para o perigo de se entregar à natureza das coisas ou aos esforços exclusivos dos outros a responsabilidade pela contenção e eliminação dos factores de anarquia global que o terrorismo, em nome de uma religião que está longe de representar, pretende implantar, sobretudo, nas sociedades ocidentais.

Segundo ele, a falta de estratégia ou de política também representa uma estratégia, só que de resultados presumivelmente pouco animadores. Por isso mesmo, a Europa não pode responder às intervenções do unilateralismo da única superpotência com um multilateralismo de abstenções, porque a rejeição de responsabilidades activas tem no horizonte a resposta de uma participação passiva nos efeitos colaterais.

Assim, esta fase do ciclo representa a oportunidade para Adriano Moreira transmitir as dúvidas ou incertezas que sente face ao futuro de Portugal, do Mundo Lusófono, da Europa e da Humanidade, mas também para apontar ou sugerir rumos que deverão ser trilhados, sempre no respeito pela individualidade de cada pessoa e povo, porque estamos numa conjuntura em que, como Monnet afirmou nas circunstâncias difíceis da criação da CEE, não importa coligar Estados mas unir os homens.

De facto, apesar das dificuldades conjunturais, que parecem apostadas em demorar a reconhecer-lhe razão, Adriano Moreira continua a pensar que "ainda é possível viver sem medo, viver com dignidade, viver numa sociedade internacional de confiança"[52] e a lembrar que o paradigma global, pese todo o passivo que carrega, também é responsável por um activo, como as intervenções orientadas por valores morais, e não apenas conveniências estratégicas, de que as respostas solidárias a catástrofes naturais e humanas constituem exemplos elucidativos.

É a constatação dessa solidariedade que leva Adriano Moreira, tal como Barbara Ward, a acreditar que com visão, santidade e sabedoria se poderá manter vivo o sentido da unidade dos homens e garantir uma segurança humana global[53].

---

[52] Cf. Prefácio de *Teoria das Relações Internacionais*, 5.ª edição, 2005, p. 6.
[53] Cf. Barbara Ward, 1962, *The Rich Nations and the Poor Nations*, New York.

CAPÍTULO II

O pensamento e a obra científica de Adriano Moreira

2.1. As Características

O acervo produzido por Adriano Moreira, praticamente todo ele susceptível de ser considerado como científico[54], abrange e estabelece pontes interdisciplinares entre diferentes áreas das Ciências Sociais e Humanas como o Direito, a Ciência Política, as Relações Internacionais e a Estratégia.

Aliás, esta interdisciplinaridade encontra sentido, como Adriano Moreira (2005:33) referiu, na circunstância de "o problema da autonomia disciplinar das relações internacionais ser um aspecto do problema da autonomia disciplinar da ciência política", pois esta definiu-se por um facto social, o poder político soberano, enquanto as relações internacionais se autonomizaram graças ao facto social consequente, ou seja, que a "pluralidade de poderes políticos soberanos implica relações de perfil específico, o qual encontrou uma primeira expressão no conceito recuperado de estado de natureza".

Assim, ainda segundo Moreira (2005:40), na sociedade internacional, que ainda não corresponde a uma comunidade integrada, "a ciência política do Estado começa pelo contexto para depois se ocupar das relações abrangidas dentro dele; as relações internacionais começam por estudar as entidades básicas para depois examinar as conexões exteriores". No entanto, apesar deste início diferente, os pontos de contacto no objecto de estudo são frequentes, embora as perspectivas não sejam necessariamente as mesmas.

Ora, como Adriano Moreira foi um inovador ou autonomizador destes ramos científicos, convém referir que a emancipação ou autonomiza-

---

[54] As excepções a esta regra são raras e talvez encontrem o melhor exemplo em *Tempo de Vésperas: a Agonia do Regime*, onde, segundo o autor, usou um estilo que não voltou a utilizar, uma vez que o livro resultou de uma compilação de crónicas para um jornal moçambicano, *Diário de Moçambique*.

ção de uma ciência é sempre feita "talhando o seu domínio privativo cortando campos que pertenciam ou são ainda reivindicados por outras disciplinas, mais antigas no tempo" (Moreira, 2001:70). Por isso, as conexões ou inter-relações aparecem tão assiduamente.

Aliás, como o General Cabral Couto historiou no seu depoimento, "a autonomização das Relações Internacionais como área de estudos específica, ao nível universitário, para além dos tradicionais Direito Internacional e História Diplomática, (que, em certa medida, passavam a subsidiários), inicia-se em Inglaterra, nos finais da 1.ª Guerra Mundial. De afirmação e expansão inicialmente lentas (e objecto de reservas académicas de vários sectores), a novel área de estudos e de investigação conheceu um desenvolvimento e expansão acelerados no final da 2.ª Guerra Mundial, em consequência do extraordinário desenvolvimento da Sociedade Internacional"[55]. Foi, aliás, esse desenvolvimento e os problemas dele derivados que estiveram na base da emancipação da Estratégia.

Na verdade, até ao final da I Guerra Mundial, a Estratégia apenas contemplava uma dimensão militar e só acabou por justificar a autonomia quando se verificaram "fenómenos variados, entre os quais avultam a evolução dos vectores, o desenvolvimento de meios de comunicação de massa, o sucesso de movimentos revolucionários inicialmente desprovidos de capacidade militar significativa e a criação de armas de destruição maciça capazes de porem em causa toda a Humanidade"[56].

De facto, perante a possibilidade de uma guerra nuclear, "as Grandes Potências apelaram às suas elites intelectuais nos mais variados domínios, desde as ciências exactas à economia, psicologia e sociologia. A breve trecho, assistiu-se à proliferação de centros de estudos estratégicos, de prospectiva, de estudos de segurança e de defesa, de investigação da paz"[57] e o conceito de Estratégia adquiriu uma importância vital.

Também Inês Dentinho referiu o papel pioneiro de Adriano Moreira neste campo, ao afirmar que se tratava de "alguém que construiu em Portugal uma Ciência Política de base anglo-saxónica, finalmente autónoma do Direito. Desde o início que os seus textos fogem ao academismo português que anteriormente ligava estas matérias ao Direito

---

[55] Cf. Depoimento do General Cabral Couto.
[56] Cf. Depoimento do General Cabral Couto.
[57] Cf. Depoimento do General Cabral Couto.

Constitucional. Neles são determinantes o conceito de poder; da sede do poder; a relevância das relações internacionais e a percepção da evolução histórica"[58].

Por isso, esta antiga aluna atribuía a Adriano Moreira o papel de "autor fundacional no nosso País de uma escola de Ciência Política autónoma das ciências jurídicas que, mais tarde, se traduz na autonomia também do estudo das Relações Internacionais"[59].

Voltando ao pensamento de Adriano Moreira, há ainda um aspecto que deve ser referido, pois poderia revelar-se susceptível de condicionar a sua análise das conjunturas: a formação inicial na área do Direito, com as consequências de rigor normativo que tal tipo de formação acarreta. Porém, tal situação não impediu Adriano Moreira de reconhecer a existência e a utilidade daquilo que os ingleses designam como *Direito mole*, facto que se revelou fundamental para a compreensão do funcionamento e da forma de relacionamento das instituições nas diferentes conjunturas.

Por isso, como o Reitor da UBI referiu no seu depoimento, "é surpreendente a capacidade do Professor Adriano Moreira de observar as questões sob diferentes pontos de vista, recorrendo ora à perspectiva histórica, ora à razão sociológica ou aos motivos políticos, num articular ilimitado de referências que espelham a sua paixão de pensar, de compreender a sociedade contemporânea à luz de toda uma conjuntura".

A estas considerações, deverá ser acrescentada uma outra relativa ao estudioso das Ciências Sociais, e que aponta que ninguém pode estudar essas ciências sem uma dependência pessoal de uma teoria de interrogações que excedem a ciência e cujas respostas terão de ser procuradas noutros domínios.

De facto, o analista social deverá ter consciência da necessidade de "se analisar a si próprio antes de empreender a difícil caminhada que é tentar chegar a tudo compreender, sem amor nem ódio, e sem prescindir das suas próprias opções valorativas" (Moreira, 2001:11).

---

[58] Esta concepção é notória na obra *Ciência Política*, estruturada em cinco capítulos: Introdução (contemplando os pressupostos da Ciência Política e as Matrizes Teóricas), os Métodos da Ciência Política, a Forma do Poder, a Sede do Poder e as Ideologias.

[59] Cf. Depoimento de Inês Dentinho.

Além disso, o analista social tem de superar o complexo de Savonarola[60], pois o mesmo foi responsável pelo atraso no desenvolvimento das ciências sociais. De facto, um analista social que cumpra estritamente as regras do poder político fica condenado a não alcançar o estatuto de analista social.

A constatação de que a análise da obra científica constitui a melhor estratégia para a tentativa de captar ou surpreender o pensamento conduz à necessidade de identificar nos vários trabalhos de Adriano Moreira os conceitos que são sua criação ou aos quais acrescentou novo sentido.

Como Cabral Couto referiu, a influência de Adriano Moreira, derivada da actividade docente, "respeita ao campo da teoria pura ou epistemológico, influência essa mais profunda, naturalmente, na área das Relações Internacionais. Mas conceitos – escolhidos a título de exemplo – como "sistema de pactos militares", "tempo tríbulo", "logística do império" e "soberania funcional" têm, ou uma raiz estratégica, ou forte ressonância na teoria estratégica"[61].

Não se trata, evidentemente, apenas de um enriquecimento lexical da língua portuguesa, mas, sobretudo, da criação de expressões que traduzem ideias identificadoras de conjunturas e assumem um valor de uma ordem de grandeza tal, que sintetizam, fotografam e dão sentido ou compreensão a essas conjunturas.

De facto, quando Churchill inventou a designação *Cortina de Ferro*, Alfred Sawy *o Terceiro Mundo* e Toynbee *a Era Gâmica*, essas expressões passaram a constituir imagens de tal forma fundamentais, que a sua simples nomeação transmitia uma ideia de contextualidade transmissora de segurança cognitiva, pois a multiplicidade factual adquiria unidade.

Da mesma forma, falar de Adriano Moreira é pensar, por exemplo, no *Euromundo*, na *Internacionalização da Vida Privada*, no *Tempo Tríbulo*, nos *Estados-Párias*, em *Soberania de Serviço*, no *Estado Gendarme*, no *Poder Funcional e Poder Errático*, em *Povos Mudos ou Dispensáveis*, no *País de Articulação e Fronteira*, no *Oceano Moreno*, na *Nação Pere-*

---

[60] O frade Savonarola foi advertido para não falar de futuríveis porque, embora uma das actividades que as ciências sociais têm seja a de analisar o Estado, o poder político e a previsão da evolução social, o poder político pretende que a mudança seja feita de acordo com os seus critérios e tenta evitar todos os anúncios, exteriores à sua autoridade, de mudança.

[61] Cf. Depoimento do General Abel Cabral Couto.

grina em Terra Alheia, na *Crise do Estado Soberano, Política Binária*, nas *Guerras por Procuração* e na *Congregação das Comunidades de Cultura Portuguesa*[62].

Na realidade, são estes conceitos que nos dão uma dimensão da doutrina de Adriano Moreira e da sua mundividência e, por isso, importa explicar os sentidos ou significados que lhes estão associados e a forma como os mesmos se interligam.

Comecemos pelo Euromundo, designação criada por Adriano Moreira para definir o sistema iniciado com as descobertas, mais concretamente com o Tratado de Tordesilhas de 1494, consumado com a Conferência de Berlim, em 1885, e cujo epílogo ocorreu após a II Guerra Mundial.

Este sistema teve na Bíblia, embora com leituras diferentes, o seu livro de referência e durante a sua vigência, houve, segundo Moreira (2005:574), "a submissão da regência do mundo inteiro a poderes europeus", pois no vértice da direcção plural da comunidade internacional estavam apenas os Estados europeus da vertente ocidental atlântica.

Aliás, convém referir que, do ponto de vista dos colonizados, os povos europeus eram identificados como um todo e não separados de acordo com as respectivas nacionalidades.

Foram esses Estados que se deitaram ao longe, na fase dos descobrimentos marítimos, e estabeleceram as regras para a partilha e ocupação de África, quando este continente se tornou vital para o crescimento, mais do que desenvolvimento, europeu.

Embora, politicamente, o Euromundo tivesse definido uma comunidade internacional que não concedia o estatuto de igualdade aos povos encontrados ou conquistados, qualquer que fosse o seu estado de desenvolvimento, Adriano Moreira considera que a antevisão deste sistema podia ser vista *n'Os Lusíadas*, quando Camões prometeu que Lisboa, a nova Roma, daria leis melhores ao mundo.

Por isso, na sua perspectiva, o Euromundo era responsável por um passivo, mas também por um activo.

O passivo assentava nas desigualdades derivadas da exploração colonial, pois se os colonizadores não inventaram a escravatura e até reclamam a responsabilidade pela erradicação ou proibição da sua prática, não é me-

---

[62] A estes exemplos deverão ser acrescentados, conforme consta no depoimento do Almirante Vieira Matias, os conceitos de *"revolta dos passivos"*, *"comunidades transfronteiriças"*, *"colónias interiores"*.

nos verdade que se aproveitaram da mesma nas suas várias formas, de que o trabalho forçado e as culturas obrigatórias constituem bons exemplos.

A separação entre a metrópole e as colónias era mais do que física, pois até as potências colonizadoras cujos regimes políticos nas metrópoles eram de natureza democrática, como acontecia na Inglaterra, na França e na Holanda, não transpuseram a democracia interna para as colónias

Além disso, também a existência de povos mudos ou dispensáveis como "os timorenses, vítimas de dois genocídios na mesma geração e sempre pelos interesse de potências estranhas" (Moreira, 1999:171) representa um passivo do Euromundo, apesar dessa realidade não se esgotar com o fim do sistema de dominância europeia.

Quanto ao activo, o lusotropicalismo de Freyre, ainda que a necessitar de revisão, ou a constatação feita por Siegfred de que era necessário "não esquecer, no outro prato da balança, a beleza moral de tantos homens da nossa raça que, seja nas missões, seja na administração colonial, no exército ou mesmo na simples colonização, não se deixaram conduzir senão pela nobre ambição de tornar a Humanidade mais civilizada, isto é, no seu pensamento, melhor"[63] representam dois bons exemplos de que a colonização não se resume ao colonialismo.

De facto, querer reduzir o fenómeno expansionista europeu a uma exploração feita no proveito exclusivo das metrópoles parece claramente redutor.

Aliás, no caso de Freyre, aponta-se mesmo para a necessidade de tomar em conta que o comportamento ou atitude dos colonizadores face aos colonizados esteve longe de poder ser considerada homogénea, pois o povo português, também ele uma mistura caldeada ao longo de séculos, mostrou uma predisposição para a miscigenação com os povos dos trópicos que não estava ao alcance ou na vontade de outros povos senhores de impérios coloniais.

Por isso, a constatação de que algo, por vezes mais fácil de sentir do que de definir, liga Portugal às suas antigas colónias esteve na base do reassumir das continuidades lusófonas, de que a CPLP representa a institucionalização ainda que intermitente ou incipiente.

De facto, Portugal não revela inclinação, que seria de difícil materialização, devido ao seu atraso sistémico e à existência de uma burguesia portuguesa que nunca alcançou a fase capitalista, para medidas ou políti-

---

[63] Cf. André Siegfried, 1935, *La crise de l'Europe*, Paris.

cas neocoloniais, ao contrário de outras antigas potências coloniais que não dispensam uma função de *gendarmerie* em relação às suas antigas colónias, sem que, nesses casos, se ouça a voz de condenação da comunidade internacional, apesar da dificuldade em integrar essa acção nos modelos ou normas do direito internacional. Trata-se, como Neves (1975:370) defendeu, de "descolonizações neo-colonialistas das «independências africanas» à De Gaule".

Aliás, neste ponto, urge referir que Amílcar Cabral justificava a dificuldade de Portugal proceder à descolonização pela "sua debilidade económica, a qual não lhe dava condições para, à semelhança dos outros países da Europa, estabelecer neocolónias"[64].

Convirá, no entanto, não esquecer que a política de blocos, que tomou o lugar do Euromundo, foi a criadora de um fenómeno ideológico novo, as guerras por procuração que, em vez de contribuírem para o fim do *terceiro mundo*, empurraram uma parte considerável dos novos países para as fronteiras de um *quarto mundo*.

Importa, também, atentar que a *gendarmerie*, embora de âmbito mundial, também é exercida, sempre que a opinião interna aponta nesse sentido[65], pela superpotência resultante da queda do sistema que substituiu o Euromundo, o mundo bipolar e a política de blocos ou esferas de influência.

O Euromundo está também relacionado com o tempo tríbulo, pois, como Moreira (2005:532) alerta, não pode "ignorar-se esta questão decorrente do tempo tríbulo em que inevitavelmente vivem as gerações que coincidem sobre os territórios de cada país europeu com passado imperial", pois é em nome do tempo tríbulo que, quando as debilidades individuais são ultrapassadas pela agregação, "esses grandes espaços tantas vezes ressuscitarem, no processo de formação, os apelos à grandeza, a uma espécie de patriotismo do colectivo" (Moreira, 2005.385).

---

64 Cf. Fernando Neves, 1975, *Negritude, Independência, Revolução,* Paris, Edições etc, p. 370.

65 Como Moreira (2005:187-188) constatou, depois do fim da *guerra fria,* quando a opinião pública americana está mais confiante no poder americano, a tendência é para optar pelo isolacionismo, agora designado como unilateralismo. De acordo com essa posição, os Estados Unidos consideram que a maior parte dos conflitos mundiais não afectam os seus interesses e, no caso de afrontarem esses interesses, os Estados Unidos dispõem da capacidade de os resolver sem o apoio de aliados. Na conjuntura actual, a doutrina Bush da prevenção pelo ataque representa o melhor exemplo desse unilateralismo.

O fim do Euromundo e, no caso português, o encerrar, ainda que serôdio, do ciclo imperial, exigiram a formulação de um novo Conceito Estratégico Nacional[66], face à nova realidade portuguesa que apontava para outros conceitos criados por Adriano Moreira, como soberania de serviço, país exógeno ou periférico, país de articulação e fronteira e estado pária.

Para Adriano Moreira (2005:639), a soberania de serviço "tem por valor principal a defesa da identidade, manter uma voz participante no processo decisório e assegurar o reconhecimento internacional da legitimidade de exercício pela participação responsável no funcionamento do sistema em formação, no qual se torna progressivamente dominante a gama dos factores exógenos".

Assim, Portugal, para não se constituir como um país exógeno ou periférico, tem de assumir uma soberania de serviço à comunidade internacional.

De facto, se já não existe o mundo da "política binária: duas Europas, duas Alemanhas, duas cidades de Berlim, duas Coreias, dois Vietnames, dois Iémenes, uma doutrina de traições bivalentes que tornava inimigas as famílias políticas e os homens que tinham sobrevivido aos combates, finalmente duas ideologias irreconciliáveis e dois blocos militares habilitados a destruir o Planeta"[67], a nova ordem mundial resultante da implosão do bloco de leste e do papel que o terrorismo e os fundamentalismos reivindicam exigem que Portugal assuma um papel, que parece perfeitamente exequível, e sem o desempenho do qual corre o risco de se tornar Estado exíguo.

De facto, a importância de Portugal no século XX prendia-se com o facto de, desde o início desse século, o triângulo estratégico português, formado pelas posições marítimas de Lisboa, Madeira, Açores e Cabo Verde, se revelar fundamental para a segurança do Atlântico, pois era nele que se fazia a fronteira de articulação entre o pilar europeu e o pilar americano da Aliança Atlântica.

---

[66] Na linha de pensamento de Adriano Moreira, que prova que o Conceito Estratégico Nacional não se reduz aos conceitos estratégicos de governo, demonstrei na tese de doutoramento que Portugal ainda não elaborou esse Conceito Estratégico Nacional, pois como o poder político saído do 25 de Abril tem uma visão restrita da defesa, que reduz ao vector militar, considera suficiente a existência de um Conceito Estratégico de Defesa Nacional. Na mesma obra defendi que o Conceito não podia ser obra apenas de um Governo, mas de um povo.

[67] Cf. *Diário da Assembleia da República*, n.° 073, 1.ª série, 5 de Junho de 1992, p. 2394.

Ora, na actualidade, esse triângulo estratégico desempenha cada vez mais a função de fronteira de articulação, a nível do Atlântico Sul, pois o Atlântico Sul representa o Oceano Moreno, em cujas margens se situam muitos países que foram fruto ou resultado de processos de descolonização, entre os quais vários países lusófonos.

Hoje, apesar de Cabo Verde já não integrar o território português, e não sendo objecto deste estudo analisar se uma possível forma de adjacência para além de recolocar um dos vértices do triângulo e aumentar a dimensão do mesmo não serviria melhor os interesses desse país, essa importância mantém-se, até porque, desde a Conferência de Barcelona de 1995, a responsabilidade da NATO estende-se também ao Norte de África, uma zona sensível e que ganhou ainda mais importância com o advento do fundamentalismo, com o seu cortejo de horrores e de reféns.

De facto, como Adriano Moreira tem vindo a denunciar, "não há proporção entre os custos dos agressores, mesmo dos que assumem o exercício de terrorismo global, e os custos da resposta ou da contenção que as sociedades agredidas ou ameaçadas são depois obrigadas a desenvolver".

Por isso, como referiu, e ainda que o futuro nunca seja totalmente previsível, "os factos mostram que não dispensará a intervenção [de Portugal] na Nova Ordem, nos dois Atlânticos, na Europa e na Euráfrica" (Moreira, 2005:194).

Só que, para que tal desiderato se materialize, é forçoso que as forças partidárias existentes em Portugal aceitem que há aspectos que, por serem susceptíveis de colocar em causa os interesses nacionais, são suprapartidários e exigem uma discussão ampla, com a participação empenhada de toda a sociedade civil, para construção de um elemento colectivo imprescindível para definir a missão de Portugal no Mundo, o Conceito Estratégico Nacional.

A não construção desse Conceito Estratégico Nacional, apesar da integração em grandes espaços que constituem as novas fronteiras portuguesas – a União Europeia, fronteira económica, a NATO, fronteira de segurança e a CPLP, fronteira cultural – conduzirá, inevitavelmente, Portugal a assumir uma posição de Estado exíguo, mais do que país periférico.

De facto, estes conceitos não são sinónimos, pois país periférico é uma designação que advém apenas da perspectiva económica, ou talvez economicista, e significa que o país não faz parte do centro, ou seja, do conjunto tornado decisório pela importância económica que representa.

Que Portugal, mesmo quando ligou materialmente a Humanidade e foi senhor de um império, não fez parte do centro, ocupando, quanto muito, uma semi-periferia, foi tese já provada[68].

Que Portugal esteja condenado à condição de país exíguo parece situação, ainda, embora não perpetuamente, possível de alterar.

Na realidade, numa classificação ou hierarquia, que não encontra enquadramento jurídico, mas releva da capacidade estratégica e militar, os estados podem ser superpotências, grandes, médias ou pequenas potências, estados exíguos e micro-estados.

Ora, de acordo com essa hierarquia, estados exíguos são aqueles que não têm "capacidade para responder às funções básicas do modelo, porque são excessivamente limitados para resistirem aos factores exógenos do ambiente mundializado" (Moreira, 2005:22).

Por isso, a falta de um Conceito Estratégico Nacional e a demissão do assumir das suas responsabilidades na comunidade internacional conduzirão a uma perda de visibilidade ou, em condições extremas, ao desaparecimento, a exemplo do que "aconteceu no passado não muito longínquo com velhos reinos e principados europeus rapidamente esquecidos" (Moreira, 2005:194).

Aliás, e apesar de agora Portugal se ver reduzido *grosso modo* às fronteiras geográficas da reconquista, esse elemento não pode servir para justificar uma possível exiguidade, pois, voltando ao exemplo anterior, não foram apenas os países pequenos que se viram absorvidos por entidades mais vastas.

De facto, essa absorção aconteceu sempre que os países não fizeram prova de identidade e vontade, tal como já tinha acontecido na antiguidade com as cidades-estado gregas que, cada uma delas orgulhosa do seu isolamento e ciosa da supremacia do seu modelo civilizacional, não souberam ou não quiseram encontrar essas características e se viram subjugadas pela invasão persa.

Esta questão prende-se com outra das inquietações de Adriano Moreira no que concerne ao futuro e à missão de Portugal: a conciliação das opções europeia e lusófona.

De facto, ao contrário de outros que consideraram que esgotado o ciclo imperial o futuro de Portugal passaria apenas pela Europa, Adriano

---

[68] Cf. *Do Império Colonial à Comunidade dos Países de Língua Portuguesa: Continuidades e Descontinuidades,* 2005, Lisboa, Instituto Diplomático.

O pensamento e a obra científica de Adriano Moreira

Moreira, tal como Neves (2000), acredita que não existe incompatibilidade mas complementaridade entre estas opções, pois Portugal só pode representar uma mais-valia para a Europa enquanto lusófono e, por outro lado, a integração europeia de Portugal poderá aproveitar ao mundo lusófono.

Por isso, enquanto Neves alerta para a *europeíte aguda* e para o provincianismo do heterocentramento, Moreira reforça a importância para Portugal de uma janela atlântica de liberdade.

Aliás, no caso de Adriano Moreira, a questão ainda poderia ter uma terceira via, o iberismo.

De facto, segundo ele, os países ibéricos só teriam a ganhar se soubessem ou quisessem rentabilizar em conjunto, sem que isso significasse uma tentativa de neocolonialismo ou o desrespeito pelas integrações regionais a que os países que foram suas antigas colónias pertencem, as heranças culturais que deixaram no Atlântico Sul ou no Oceano Moreno.

Na falta de discussão desta opção, Adriano Moreira, ainda antes do fim do Império, lançou e concretizou a ideia de uma congregação das comunidades filiadas na cultura portuguesa, e viu nessa união o laço que possibilitaria a Portugal e aos países lusófonos constituírem-se como uma voz ouvida e respeitada nas organizações internacionais.

No entanto, não se tratava de uma questão apenas de língua, até porque havia casos em que a comunicação não era feita em português, como ficou provado pelo facto de dois dos congressistas presentes no I Congresso das Comunidades terem discursado em papiá cristão e outros congressistas terem usado o inglês como língua de comunicação[69].

Para Adriano Moreira (1999), a questão ia além da língua, para adquirir uma dimensão cultural, pois concebia o ecumenismo lusófono como um sonho possível ou realizável se as comunidades filiadas na língua portuguesa, mas cuja língua matricial era outra, continuassem a desenvolver a herança cultural lusófona, mesmo usando uma língua diferente.

Esta forma de ver a portugalidade e a lusofonia conduz-nos a uma questão pertinente e que pode ser enunciada nos seguintes termos:

– Se Adriano Moreira, mais do que analista social e um estudioso do direito, da ciência política e das relações internacionais for criador de doutrina, como designar essa teoria ou doutrina?

---

[69] As comunicações ao Congresso, tanto ao Plenário como nas Secções, serão referidas aquando da análise dos Congressos.

Na minha opinião, a veracidade da primeira parte da questão não levanta dúvidas.

De facto, na linha de Patrício (1996:17) que defende que "Pascoaes, Pessoa e Almada-Negreiros são porventura os criadores, no nosso século, de uma disciplina do pensamento a que nos apraz chamar – cremos que por boas e sólidas razões – Ontologia de Portugal", também advogo que Adriano Moreira conquistou, através de um trabalho aturado e permanente, o direito a ser considerado um doutrinador.

Se aceitarmos a posição de Maquiavel (2000:122), que defendia a existência de "cérebros de três espécies, os que compreendem as coisas por si próprios, os que as compreendem quando lhas ensinam e os que nem por si mesmos nem por ensinamentos doutrem compreendem nada", não parece abusivo incluir Adriano Moreira no primeiro destes grupos e aceitar a sua importância para o segundo.

Na realidade, Adriano Moreira foi realmente um criador de doutrina que influenciou várias gerações de analistas sociais, como se prova pelo facto de alguns dos seus discípulos terem desenvolvido trabalho autónomo no qual é perfeitamente identificável, pelo menos nos projectos iniciais, o espírito ou influência do mestre, embora, como Inês Dentinho referiu no seu depoimento, não se deva falar de uma escola de Adriano Moreira mensurável na homogeneidade dos frutos, mas de uma sequência de gerações beneficiada pela partilha de uma raiz comum.

Aliás, neste ponto, importa alertar que, como os homens não são apenas filhos do céu, mas dividem essa ascendência com a terra, as contingências da vida podem levar à destruição da colheita ou a que a mesma não se revele consentânea com o empenho da sementeira.

É minha convicção que Adriano Moreira bebeu muita da sua inspiração doutrinária no lusotropicalismo, embora, tal como Venâncio, tivesse consciência de que o mesmo não representava uma teoria, mas um conjunto de proposições teóricas, com as quais Freyre não teve tempo de organizar ou construir integralmente uma teoria. Por isso o trabalho, que coordenaram em conjunto, sobre o lusotropicalismo revisitado.

Aliás, em Portugal, o lusotropicalismo interessou a personalidades de vários ramos do saber e que "acompanharam" Adriano Moreira na acção de estudo e verificação do mesmo, realizando estudos de caso e produções teóricas, como foram os casos do antropólogo Jorge Dias, do geógrafo Orlando Ribeiro, do agrónomo Henrique de Barros e do etólogo humano Almerindo Lessa.

Quanto à segunda parte da questão, quer-me parecer que uma proposta do tipo ecumenismo lusófono será a mais adequada.

Ecumenismo no sentido apontado por Guedes (2005:15) – "para os Cristãos, a propensão para desenfatizar diferenças religiosas é apelidado de ecumenismo" – e por um grande teólogo do Concílio Vaticano II, Hans Küng, referido por Neves, e que defende que o trajecto circular desse ecumenismo tem de passar do cristão para o religioso e deste para o humano.

Lusófono, porque Adriano Moreira analisou a evolução histórica das realidades lusófonas não apenas para as compreender na conjuntura mundial, mas sobretudo como forma de perspectivar as estratégias que possibilitarão a ligação espiritual da Humanidade.

De facto, como Agostinho da Silva (1992:25) referiu nos quinze princípios portugueses, que bem podem ser igualmente lusófonos, "talvez, no fim das contas, não sejamos uma nação de músicos especialistas, já as há bastantes, mas de condutores de orquestras".

Por isso, na minha análise, toda a produção e acção de Adriano Moreira apontam no sentido de cumprir esse ecumenismo, simbolizado no *Quinto Império.*

Só que para esse Império deixar de ser uma utopia urge cumprir a *Mensagem* de Pessoa, que, na visão de Agostinho da Silva, aponta para a acção, pois "só atingirão homem seu inteiro ser quando o pensar e o contemplar se exprimirem agindo"[70].

Quando Adriano Moreira afirma que são os actos e não as palavras que rezam por nós, está a apontar o caminho para a construção do ecumenismo do *Quinto Império.*

As personalidades convidadas a prestarem depoimentos sobre o pensamento e a influência de Adriano Moreira na vida lusófona parecem corroborar a tese que defendo.

Assim, de acordo com Ives Gandra Martins, Adriano Moreira pontifica como uma das mais elevadas expressões do mundo lusíada do século XX e do início do século XXI, pelo arrojo de suas ideias e pela visualização correcta do futuro, pois "Adriano, quase profeticamente, expôs o que necessariamente aconteceria no concerto das grandes nações e nas suas relações com os países emergentes, num mundo de extrema competitividade e de convivência obrigatória entre os mais variados regimes políti-

---

[70] Cf. "Mensagem", *Notícia*, n.º 682, 12 de Setembro de 1970.

cos, formações culturais e estágios de desenvolvimento social. Vislumbrou, com clareza, a crise da virada do século e propugnou por um diálogo entre os povos, como forma de reposição da estabilidade e tolerância das maneiras de ser diversas dos povos e das nações"[71].

Ives Gandra Martins realçou também o arrojo das ideias de Adriano Moreira e, se bem que o considere "como aqueles profetas bíblicos que prevêem o futuro e alertam sobre os obstáculos dos caminhos para torná-los menos árduos para a Humanidade"[72], não deixa de explicar que as suas "profecias" são decorrentes do uso fantástico da razão, da lógica e de sua cultura enciclopédica. É esta razão que lhe permite uma leitura ou visualização correcta das conjunturas, única forma de limitar, já que eliminar totalmente parece fora de causa, os erros de previsão.

Não parece abusivo concluir que a designação que proponho para a doutrina de Adriano Moreira se coaduna perfeitamente com o espírito deste depoimento. Aliás, o próprio Ives Martins faz questão de salientar que Adriano Moreira é admirado tanto em Portugal como fora do seu país, elemento que aponta para uma perspectiva ecuménica.

Quanto ao Almirante Vieira Matias, o seu depoimento faz questão de salientar a "inquestionável dívida de gratidão, estima e respeito pela excelência do académico, a integridade do servidor público e a estatura intelectual e cultural do cidadão" que a Marinha sente para com Adriano Moreira.

Na suas palavras, enquanto docente do Instituto Superior Naval de Guerra, Adriano Moreira conseguiu que o mesmo não desmerecesse em relação ao ensino ministrado em instituições internacionais de reconhecidos méritos, pois "a sua acção didáctica foi mais envolvente e contribuiu para suprir lacunas dos alunos nos conceitos essenciais da ciência política, enquanto lhes alargava os horizontes da cidadania e os estimulava a raciocinar com isenção".

No que se refere à designação que proponho para a doutrina de Adriano Moreira, quando Vieira Matias levanta a questão "quem não espera que do seu apostolado em prol dessas bases resulte reforçado o elo transatlântico e seja reinventada a comunidade lusófona do "Mar Moreno" com que alcunhou o Atlântico que fala português?", ou quando refere que "assume a dimensão de Portugal, carente de uma estratégia nacional,

---

[71] Cf. Depoimento de Ives Gandra Martins.
[72] Cf. Depoimento de Ives Gandra Martins.

assente nos nossos valiosos atributos da "maritimidade", do "atlantismo" e da "lusofonia", pilares estruturantes de um conceito que de tanta cogitação impregna os textos e os discursos do Professor", está a corroborar a designação que tenho a ousadia de propor.

Convém referir que, ainda segundo Vieira Matias, os conceitos criados por Adriano Moreira, e nos quais residia grande parte do fascínio que absorvia a atenção dos alunos, eram "construções densas, mas simples e facilitadoras no enquadramento e descodificação de cenários geopolíticos e geoestratégicos que o exercício de funções militares não dispensa".

Ora, como há sempre um toque de alvorada que se segue a uma noite escura, o encerramento do Instituto Superior Naval de Guerra não representa o fim da relação entre Adriano Moreira e a Marinha, pois, "para a claridade, a Marinha pede a continuação do apoio do Professor".

Parece curioso que no depoimento de Manuel Chantre muitas das características referidas voltem a ser salientadas, prova de que Adriano Moreira é um "homem de pensamento e de acção como poucos, a sua vasta obra continua a suscitar a admiração de todos pelo vigor do seu intelecto e longevidade da sua presença no panorama intelectual do mundo que se expressa em língua portuguesa e não só".

Nesse depoimento, se bem que centrado na acção docente, Manuel Chantre valoriza Adriano Moreira também como político e como pessoa.

No que se refere à acção docente de Adriano Moreira, Chantre pôs a tónica na sua "ética pedagógica irrepreensível [pois] jamais faltava a uma aula, sem uma muito boa razão, apesar da hora matinal que preferia para as suas lições. Preenchia o tempo, do primeiro ao último minuto, reservando o último quarto de hora para discussão aberta e livre de temas e opiniões".

Este período, que encontra paralelo nos "intervalos" anteriormente referidos, era o mais desejado pelos alunos.

Aliás, a receptividade e simpatia que tinha junto dos alunos era demonstrada pelo facto de a sala estar "sempre apinhada, o absentismo era fenómeno desconhecido, até porque as lições escritas, sempre disponíveis, se tornavam de mais difícil abordagem a quem não tivesse assistido à exposição oral nas aulas".

Manuel Chantre realça ainda a visão prospectiva que Adriano Moreira tinha do fenómeno educativo, nomeadamente da necessidade de modernização ou actualização do Ensino Superior em Portugal, através de "graduação em dois ciclos, cursos hoje ditos de *banda larga*, educação para a vida, a extensão universitária, a cooperação interinstitucional e internacional, o ensino ligado à investigação, tudo a antecipar de quarenta anos a moderníssima Declaração de Bolonha!'".

Foi esta visão, avançada para a mentalidade reinante no meio académico português, mas ajustada à realidade do ensino europeu, que o levou a "criar no ISCSPU, os seminários pedagógicos, designação minimalista como convinha, para um processo extremamente inovador e fecundo – uma espécie de revolução permanente – de reflexão participada envolvendo estudantes, professores, autoridades académicas e, até, funcionários, caso único na Universidade portuguesa de então, pois punha em discussão e análise os temas que são hoje objecto de preocupação do Ensino Superior".

No que se refere ao aspecto político, e tal como Vieira Matias referiu, Chantre considera que Adriano Moreira "como cientista político e mestre pensador previu e ensinou sobre os grandes acontecimentos nacionais e mundiais que haviam de vir, do desfecho da guerra colonial e suas consequências, às vulnerabilidades do colosso soviético, designadamente, devido à questão das nacionalidades, dos problemas com a cintura islâmica do planeta, da precariedade da organização política dos Balcãs e da emergência da China como superpotência, às alterações na Balança Mundial dos Poderes".

Finalmente, o seu humanismo pode ser evidenciado pela constatação de Chantre de que Adriano Moreira "ocupando as elevadas posições que ocupou e ocupa, sempre encontrou forma de demonstrar o seu horror à injustiça, atendendo com grande humanidade a problemas e situações concretas, afectando a vida das pessoas, sendo inúmeros os casos que mereceram a sua atenção, discretamente como manda a virtude cristã que pratica".

Que melhor frase para sintetizar o meu conceito de ecumenismo?

Aliás, a exemplo destas personalidades, também Santos Silva referiu no seu depoimento que na obra de Adriano Moreira "sobressai uma visão humanista extraordinariamente ampla, própria de um homem cuja natureza reflectida o desvia de questiúnculas inúteis, permitindo-lhe manter o espírito disponível para a arte de pensar e aberto à análise de problemas fundamentais que, apesar do já longo percurso como pensador e investigador, permanecem absolutamente actuais".

Quanto à caracterização desse ecumenismo como lusófono, também Santos Silva afirma que "quem assume a investigação como razão de ser do homem, em si e em comunidade, e quem aprendeu todo o valor e riqueza da participação na melhoria da sociedade, espalhando a luz do progresso sem se perder dos caminhos do saber, conquista uma envergadura humana que faz dele, homem português, um cidadão do mundo"[73].

Ainda nesse depoimento, a faceta académica de Adriano Moreira voltou a ser enaltecida quando Santos Silva referiu que "o seu prestígio como professor universitário e as suas qualidades de pensamento estratégico conduziram ao estabelecimento de sólidas relações de cooperação com diversas universidades nacionais e estrangeiras, entre as quais a Universidade da Beira Interior, com a qual colabora desde 1993, na qualidade de membro do Conselho Científico".

A disponibilidade que Adriano Moreira reconheceu em Rocha Saraiva foi também referida por Santos Silva em relação a Adriano Moreira, pois "a sua experiência de mais de 50 anos como professor e a acção determinante que assumiu na vida pública não o impediram de responder com a maior disponibilidade e empenho às diversas solicitações que lhe têm sido feitas pela Universidade da Beira Interior, à qual vem dando uma inestimável colaboração para o seu desenvolvimento pedagógico e científico, fruto do seu grande domínio sobre assuntos de natureza científica, pedagógica e organizacional"[74].

No que se refere ao General Abel Cabral Couto, a análise do seu depoimento permite constatar que também ele reconhece que Adriano Moreira "dotado de uma capacidade de iniciativa e de realização excepcionais, pertence ao grupo restrito dos *criadores,* dos que deixam marcas e marcos duradouros por onde passam"[75].

Também no que diz respeito à doutrina criada, a posição de Cabral Couto não se afasta muito daquela que proponho, embora se revele menos abrangente, pois, segundo ele, "a grande questão que está por detrás do diversificado e imenso labor do Professor Adriano Moreira como Homem, como Intelectual e como Político tem sido eminentemente estratégica: *Como assegurar a sobrevivência de Portugal e com dignidade?"*.

De facto, tal como Maquiavel (2000:21) aconselhou aos príncipes sensatos, o importante era "pensar nas desordens futuras, e não só nas pre-

---

[73] Cf. Depoimento de Santos Silva.

[74] Cf. Depoimento de Santos Silva.

[75] Para esta citação e seguintes confronte-se o depoimento do General Cabral Couto.

sentes, e servir-se de toda a habilidade para as evitar, pois certo é que prevendo-as à distância mais facilmente se remedeiam".

No que concerne às influências no pensamento de Adriano Moreira, elemento de estudo que se segue, Cabral Couto indica Raymond Aron, mas faz questão de frisar que, enquanto "Aron nunca foi um político activo e, por outro lado, viveu num meio intelectual rico de grandes personalidades e de ideias, pelo que foi partícipe de grandes debates de ideias e, consequentemente, contestado e contestável. Em Portugal, o Professor Adriano Moreira emerge solitário, Mestre incontestado e incontestável e naturalmente reconhecido, pelo grande público, como um *sage*".

Cabral Couto referiu ainda quatro dimensões da influência de Adriano Moreira na cultura estratégica em Portugal: uma de natureza institucional, criando os instrumentos adequados à sua afirmação e desenvolvimento, abertos a civis e militares, que se tornaram semente que acabou por se multiplicar através de outras iniciativas afins, ao longo do País, e de natureza pública ou privada; uma segunda dimensão, derivada da actividade docente, e que respeita ao campo epistemológico ou da teoria pura, influência mais profunda na área das Relações Internacionais; uma terceira dimensão, como analista e comentador atento, sensível, arguto e permanentemente actualizado dos grandes problemas político-estratégicos do seu tempo, nacionais e internacionais e uma quarta dimensão como político.

Nesta quarta dimensão, Cabral Couto refere duas conjunturas separadas por vinte anos, ou seja, as fases em que Adriano Moreira desempenhou os cargos de Ministro do Ultramar e de deputado da Assembleia da República, e realça a sua determinação e visão estratégica em ambas.

Quanto ao depoimento de Inês Dentinho, feito na qualidade de aluna de Adriano Moreira, refere que "o ensino de Adriano Moreira revela-se através das grandes linhas do seu pensamento e, também, de pormenores que fazem única a sua pedagogia"[76].

A sua pedagogia era única porque "sistematizava três aspectos que Adriano Moreira administrava magistralmente nas aulas: «*a sistematização, a sedução e a motivação*»"[77].

A análise do depoimento desta antiga aluna permite também abrir caminho para as influências no pensamento de Adriano Moreira ao identi-

---

[76] Cf. Depoimento de Inês Dentinho.
[77] Cf. Depoimento de Inês Dentinho.

O pensamento e a obra científica de Adriano Moreira

ficar os elementos bibliográficos e os documentos fundamentais que o mesmo considerava de leitura obrigatória para uma compreensão do Mundo.

No primeiro caso "lê-se, à cabeça, o ensaio do antropólogo Jorge Dias sobre «*O que é ser português*», seguindo-se obras de Políbio, Simonne Weill ou Theillard de Chardin. Destaque ainda para «*O Príncipe*», de Maquiavel; «*A revolta das Salamandras*», de Karel Capek; «*L'Homme unidimensionel*», de Herbert Marcuse; «*A Utopia*», de Thomas More; «*Os nervos do Governo*», de Karl Deustsch e, já no final, o «*Legado Político do Ocidente*», da autoria de Alexandre Bugalho, Celso Albuquerque e Adriano Moreira entre várias revistas e dicionários de política"[78].

No segundo caso, importava conhecer "o Tratado de Tordesilhas, a Magna Carta, o «*Bill of Rights*», a Declaração de Independência dos Estados Unidos da América, a Conferência de Bandung, do Movimento dos Não Alinhados; o Discurso da Sala do Risco, de Oliveira Salazar; ou o Estatuto de Westminster (1931)"[79].

No que se refere ao testemunho de José Carlos Venâncio, personalidade que tem colaborado com Adriano Moreira em vários projectos de investigação, o mesmo começa por enaltecer um valor que é grato a Adriano Moreira – a amizade.

Depois, ao historiar a construção dessa amizade, Venâncio demonstrou que as diferenças nas histórias de vida e nos percursos políticos de ambos não implicavam que, no que respeitava aos colonialismos europeus e à presença nos trópicos, os pontos de vista não coincidissem na especificidade.

Venâncio colocou também em evidência o papel de inovador ou de doutrinador de Adriano Moreira ao dar testemunho da perplexidade sentida durante uma brilhante conferência realizada por Adriano Moreira na UBI sobre a problemática da globalização e do multiculturalismo, pois tratou-se de uma antecipação, já que essa matéria ou temática ainda tinha, na altura, pouca importância no mundo académico português, mas Adriano Moreira já a tratava com um envolvimento teórico bastante completo.

As marcas que Adriano Moreira deixava nos seus alunos voltaram a ser referidas, pois Venâncio afirmou que as primeiras referências que tivera sobre Adriano Moreira tinham sido provenientes de professores que o tinham tido como Mestre, nomeadamente Luís Polanah.

---

[78] Cf. Depoimento de Inês Dentinho.
[79] Cf. Depoimento de Inês Dentinho.

Outro aspecto curioso do depoimento prende-se com o facto de o Professor Joaquim Barradas de Carvalho, homem convictamente de esquerda, reconhecer, por antecipação, no Professor Adriano Moreira a dimensão política e intelectual que uma parte da sociedade portuguesa demorou a reconhecer-lhe.

Na parte final do depoimento, Venâncio aborda um tema pertinente – a lusofonia –, para destacar o trabalho de Adriano Moreira no sentido de contribuir para um entendimento mais completo da presença portuguesa nos trópicos e, consequentemente, contribuir para um melhor entendimento entre os povos do antigo Império português.

As suas palavras corroboram a minha proposta de denominar a doutrina de Adriano Moreira como ecumenismo lusófono, pois Venâncio também defende que, no que diz respeito à lusofonia, Adriano Moreira tem estado em contra-ciclo com as elites pensantes e os decisores políticos, que se ficam por uma enunciação "difusa, senão confusa, predizendo, nessas circunstâncias, uma ineficácia eventualmente premeditada, de que a inoperância da CPLP (Comunidade dos Países de Língua Portuguesa) é exemplo cabal"[80].

Aliás, segundo Venâncio, foi "o sentido ecuménico que perpassa o seu pensamento político (no qual o pensamento do Padre António Vieira desempenha um papel de realce)"[81] que o levou à realização dos dois Congressos das Comunidades da Cultura Portuguesa e à co-fundação da Academia Internacional da Cultura Portuguesa, instituição única no género, cujo dinamismo muito tem contribuído para o esclarecimento e fortalecimento da lusofonia.

Parece digno de registo que Venâncio tenha utilizado a palavra "ecuménico"e tenha referido a influência do padre António Vieira no pensamento de Adriano Moreira, para além de mencionar a sua acção na realização dos Congressos das Comunidades de Cultura Portuguesa e na criação da Academia Internacional da Cultura Portuguesa, pois tais referências cimentam a proposta que tenho a ousadia de cometer, até porque um último elemento deste depoimento aponta para o contributo de Adriano Moreira "dentro dos limites da pós-colonialidade, para que uma outra atenção seja dedicada a problemas e a espaços que, sendo

---

[80] Cf. Depoimento de José Carlos Venâncio para esta referência e para as duas seguintes.

[81] ?????

prioritários para Portugal em termos estratégicos, continuam a carecer, para bem de todos, de uma maior atenção por quem de direito".

Venâncio, a exemplo do que foi referido noutros depoimentos, tem consciência que Adriano Moreira tem sempre o olhar posto no futuro.

No que se refere ao depoimento de Barbosa de Melo, o mesmo faz justiça ao contributo de Adriano Moreira para a consolidação do regime democrático em Portugal, pois "marcou a vida parlamentar pela eloquência, clareza e vigor do seu discurso, pela oportunidade e elegância das suas intervenções, pela mestria e frontalidade no exame e observância dos deveres e exigências decorrentes do imperativo do bem comum, pelo apurado sentido de Estado, pela atitude serena e firme de filósofo e cientista, mantida, mesmo, no debate e discussão das mais árduas, complexas e apaixonantes matérias"[82].

Por isso, Barbosa de Melo salientou o brilhantismo com que Adriano Moreira foi Vice-Presidente da Assembleia da República, pois "tinha sempre tempo para corresponder às colaborações que lhe pedia, fosse para dirigir os trabalhos do Plenário, fosse para participar nas recepções, mais ou menos formais, a personalidades que visitavam oficialmente o Parlamento ou as acompanhar a um ou outro ponto do território nacional, fosse para integrar delegações da Assembleia ou do Presidente em visita oficial a parlamentos de países amigos... E tudo isto sem esquecer, ao mesmo tempo, as tarefas de Deputado"[83].

Aliás, Barbosa de Melo também fez questão de referir que até no acto de despedida da actividade parlamentar, Adriano Moreira se preocupou com o prestígio do Parlamento, "uma instituição que convém ao País prestigiar. E uma instituição que interessa à comunidade internacional, à segurança da Europa, à participação de responsabilidades que temos nas várias assembleias parlamentares do mundo"[84].

Salientou igualmente que "após a saída do Parlamento, o Professor Adriano Moreira prosseguiu sem interrupções o seu serviço à democracia portuguesa e às instituições fundamentais do País"[85], prova de que, a exemplo do que acontecera quando se afastara do Ministério do Ultramar, Adriano Moreira considera que a sociedade civil desempenha um papel

---

[82] Cf. Depoimento de Barbosa de Melo.
[83] Cf. Depoimento de Barbosa de Melo.
[84] Cf. Depoimento de Barbosa de Melo.
[85] Cf. Depoimento de Barbosa de Melo.

fundamental na definição do Conceito Estratégico ou da missão de Portugal no Mundo.

Aliás, o papel da sociedade civil era um dos três pilares para a evolução da *res lusitana,* pois, para Adriano Moreira "(1) seria impossível construir uma unidade política duradoura entre a Metrópole e as Províncias Ultramarinas, se e enquanto esquecêssemos que a nossa expansão se fizera sob o signo da igualdade do género humano, da evangelização dos povos e em apelo permanente ao respeito pela dignidade de todos eles; (2) o futuro de Portugal passaria por uma cada vez mais intensa congregação das comunidades portuguesas espalhadas pelo mundo; (3) a sociedade civil teria de assumir um papel próprio, autónomo do poder político, na preservação do património moral e cultural dos portugueses"[86].

Por isso, e do ponto de vista da conjuntura internacional, "o seu esforço de mobilização da opinião pública para o combate, decidido mas inteligente e justo, ao novo terrorismo internacional, organizado em redes inextricáveis, com graus de violência inesperados, e que já não procura infligir *baixas* ao adversário, antes tem em vista a *liquidação de inocentes* para destruir a relação de confiança da sociedade civil para com o Estado que falha na sua função protectora"[87].

No depoimento deste antigo Presidente da Assembleia da República é também referida a constante actualização de Adriano Moreira, "a sua acutilante e reiterada crítica ao unilateralismo da política americana, sobretudo em relação ao Iraque e a todo o Médio Oriente; o seu insistente apelo ao retorno ao multilateralismo e ao papel regulador da ONU na área da segurança e no apoio ao desenvolvimento dos povos e regiões do Mundo mais carecidos, do ponto de vista económico, social e cultural, ou na resolução dos conflitos internacionais mais quentes"[88].

Finalmente, e a exemplo dos outros depoimentos, também Barbosa de Melo salientou "a dimensão ética, intelectual e política do Homem"[89].

Para concluir o estudo desta problemática julgo fundamental reflectir ainda sobre vários elementos, nomeadamente sobre as influências que o próprio Adriano Moreira reconhece ou identifica na construção do seu

---

[86] Cf. Depoimento de Barbosa de Melo.

[87] Cf. Depoimento de Barbosa de Melo.

[88] Cf. Depoimento de Barbosa de Melo.

[89] Cf. Depoimento de Barbosa de Melo.

pensamento, sobre a sua acção legislativa e sobre a sua acção na sociedade civil, uma vez interrompida a sua participação governativa, bem como o seu papel para a consolidação da democracia parlamentar em Portugal.

2.2. **As Influências no Pensamento de Adriano Moreira**

2.2.1. *Os Mestres Portugueses*

Como Neves (1992:15) alertou no volume que inaugurou as Edições Universitárias Lusófonas "qualquer disciplina científica que não seja, teoricamente e institucionalmente, pluri-inter-trans-meta-disciplinar não passará de nula, pseudo ou contra-ciência".

Esta afirmação ganha ainda mais sentido quando se fala das ciências sociais e humanas, pois um fenómeno social só pode ser cabalmente compreendido se forem contempladas todas as perspectivas ou ângulos de visão e de análise.

No caso presente, e como Canas Mendes (1995:781) constatou, Adriano Moreira "não sendo historiador por formação, o conjunto da sua obra constitui um valioso ponto de referência para todos aqueles que se iniciam ou desejam aprofundar os seus conhecimentos relativos à presença dos Europeus no mundo".

Ora, esta afirmação, se cruzada com as referências biográficas apresentadas, aponta claramente para um pensamento doutrinário que percorre transversalmente as várias ciências sociais.

Torna-se, por isso, pertinente compreender a génese e a evolução desse pensamento, ou seja, os elementos que serviram de alicerces de uma construção que, segundo o próprio, nunca se pode considerar concluída ou definitiva, embora as matrizes permaneçam.

Na abordagem deste assunto valoriza-se, prioritariamente, os testemunhos transmitidos de viva voz por Adriano Moreira[90], embora também se proceda a um levantamento a partir da sua obra, nomeadamente da análise dos autores que Adriano Moreira cita com mais frequência e os

---

[90] De facto, muitas das informações constantes neste capítulo foram-me fornecidas pelo Professor Adriano Moreira em depoimentos gravados em 8 de Março, 30 de Junho, 19 de Julho e 1 de Setembro de 2006 no CNAVES.

aspectos doutrinários que considera mais importantes a respeito dos vários objectos de estudo.

Por uma questão de clareza de exposição, resolveu-se separar as influências portuguesas das influências estrangeiras, critério que não pressupõe qualquer tipo de hierarquia, nem sequer temporal.

Das reuniões mantidas, pode concluir-se que Adriano Moreira considera que as influências de âmbito nacional que contribuíram para a formação do seu pensamento político vieram sobretudo de professores universitários, situação explicável pela simples constatação de que esses docentes representavam os elementos culturalmente mais actualizados da sociedade portuguesa.

Assim, e na posição de maior destaque, Adriano Moreira coloca Rocha Saraiva que, apesar de não ter deixado uma grande obra,[91] foi uma figura marcante para a geração de estudantes que o teve como mestre.

Este professor, que na sequência do 28 de Maio foi afastado da regência do Direito Constitucional e "deslocado" para o Direito Internacional porque não condescendia com o regime político instaurado por esse golpe militar e a sua intervenção seria muito crítica em relação à Constituição, tinha uma atitude para com os estudantes que contrastava muito com o padrão daquele tempo em que o ensino era bastante dogmático e os professores eram rígidos na preservação dos usos e costumes.

Em primeiro lugar estava sempre disponível para conversar com os alunos, fosse num café então existente em frente do Teatro Monumental no Saldanha, ou na Biblioteca da Universidade, situação que se revelou muito proveitosa para Adriano Moreira, assíduo frequentador dessa biblioteca.

Por outro lado, transmitia um exemplo de modéstia intelectual porque dava sempre a ideia de que tudo o que dizia não representava uma verdade absoluta e, como tal, podia e devia ser contestado.

Por isso, ainda segundo Adriano Moreira, não admira que o funeral deste mestre tivesse constituído uma enorme manifestação de sentida homenagem, apesar de Rocha Saraiva ter sido alguém que, durante a vida, apenas dispusera de uma capacidade ou possibilidade de oferta: o seu saber[92].

---

[91] Rocha Saraiva foi autor de dois volumes sobre a construção jurídica do Estado ainda na vigência da Constituição de 1911.

[92] Adriano Moreira, na sessão legislativa de 7 de Junho de 1988, referiu-se a Rocha Saraiva dizendo que todos "aqueles que foram beneficiados com o seu ensino, e não ape-

Outra figura que também influenciou Adriano Moreira, apesar da sua memória não ter permanecido muito viva na Faculdade de Direito, foi Fezas Vital, antigo lugar-tenente do rei D. Manuel II.

Este docente introduziu no ensino do Direito a Filosofia dos Valores e, dessa forma, a inquietação ou meditação sobre os valores passou a ser fundamental para a geração que o tinha como docente. Por isso, este mestre se revelou muito importante para essa geração que, ao longo da vida, sempre teve aquela referência.

Além disso, Fezas Vital, que também transportou para a Faculdade o institucionalismo integral, trouxe igualmente outras inovações relacionadas com as correntes de pensamento, como o realismo ou a escola de Viena e, embora estas referências nem sempre se revelassem fáceis de harmonizar, provocavam em Adriano Moreira interesse, inquietação e vontade de investigar aquelas áreas.

Embora com outras características, Paulo Cunha, entusiasta a falar e grande sistematizador, embora não criador de doutrina, também influenciou Adriano Moreira, que considera que algumas das características de que eventualmente faz prova, como o raciocínio, a exactidão e rigor lógico, foram elementos herdados de Paulo Cunha.

Aliás, Paulo Cunha acabou por exercer uma outra influência em Adriano Moreira, pois, quando exerceu o cargo de Ministro dos Negócios Estrangeiros, escolheu Adriano Moreira para integrar a missão portuguesa junto da ONU.

Ora, o facto de ser membro da delegação portuguesa levou Adriano Moreira a uma queda no Mundo de dimensão semelhante às que dera quando visitara, pela primeira vez, o Ultramar e o Brasil.

De facto, enquanto delegado junto da ONU, Adriano Moreira compreendeu que os povos de todos os continentes já falavam pela sua própria voz e que essa voz, materializada em votos, não tardaria a fazer-se ouvir contra a política ultramarina portuguesa.

Também Marcello Caetano, que com Paulo Cunha constituíam as colunas da Universidade na época de Adriano Moreira, consta entre os professores que exerceram influência no seu pensamento político.

---

nas com o seu saber mas também com a sua sabedoria, sabem que ficaram para sempre diferentes com a sua intervenção". Também na sessão de 11 de Junho de 1992, se referiu a "Rocha Saraiva, este último a exigir que também se ponha termo ao esquecimento a que tem sido votado".

Este futuro Chefe de Governo,[93] que regeu uma grande série de cadeiras: Direito Criminal, de que não foi professor de Adriano Moreira, Direito Colonial, Direito Corporativo, Direito Administrativo, Direito Penal e História do Direito Português, exerceu uma intervenção dominante e que teria de deixar marcas nos alunos.

Além disso, "Marcello Caetano tinha uma prática específica que era de seleccionar, a seu critério, os alunos que lhe mereciam especial atenção"[94] para, à volta de uma grande mesa em forma de ferradura no edifício do Campo de Santana, discutirem temas escolhidos por si.

Neste ponto, importa referir, embora de uma forma necessariamente superficial, que Adriano Moreira, apesar dos confrontos com Marcello Caetano, soube fazer a destrinça entre o mestre de outrora e o político magoado pelo afastamento político e atormentado pelos problemas de saúde e que se encontrava na terceira vertente do discurso, ou seja, na justificação do exercício.

Aliás, desde a época em que Marcello Caetano desempenhou o cargo de Reitor da Universidade de Lisboa que a relação entre ambos se vinha a deteriorar, pois Marcello Caetano excluiu Adriano Moreira do Conselho de Redacção da Revista *O Direito* ao tentar evitar que o Instituto Superior de Estudos Ultramarinos, que era uma Escola de Quadros, fosse integrado na Universidade e "passasse a estar protegido na sua actividade científica e pedagógica, pelas independência e ética universitárias" (Moreira, 1985:51), acção que pretendia atingir não só a instituição, mas também, ou sobretudo, o seu director.

Além disso, as medidas de Adriano Moreira, enquanto Ministro do Ultramar, sobretudo a Revogação do Regime do Indigenato, o Código do Trabalho Rural e a criação dos Estudos Gerais Universitários, também desagradaram a Marcello Caetano, que "mesmo nas aulas, criticou com energia, e por vezes com espírito"[95] estas reformas.

---

[93] Quando Adriano Moreira entrou na Universidade, em 1939, os colegas mais velhos, ou como Adriano Moreira diz "a voz corrente da escola", logo lhe indicaram Marcelo Caetano, professor de grande prestígio no meio académico, como sucessor "natural" de Salazar.

[94] Transcrição feita a partir do manuscrito, gentilmente cedido pelo autor, "Sobre o Último Presidente do Conselho da Constituição Portuguesa de 1933", comunicação feita em Mérida por Adriano Moreira, em Outubro de 2006, no âmbito da Universidade à Distância de Madrid.

[95] Transcrição feita do documento referido na citação anterior.

O pensamento e a obra científica de Adriano Moreira 75

Voltando à questão central, também houve outros professores, que não pertenciam à Universidade de Lisboa mas à de Coimbra, que exerceram influência em Adriano Moreira, como foi o caso de Cabral de Moncada, a quem se deve o interesse pela Filosofia do Direito.

Na realidade, essa matéria não constava dos currículos, mas os seus livros e traduções deixaram marcas em Adriano Moreira e na sua geração, pois sentiam que havia alguma lacuna no ensino que era preenchida pela intervenção de Cabral de Moncada.

Da Coimbra desse tempo, também Beleza dos Santos, especialista em Direito Criminal, teve muita importância para Adriano Moreira, devido ao interesse que tinha por essa temática, como se comprova pela sua tese para professor efectivo.

Ainda no plano interno, e se bem que duma forma diferente até porque já estava formado, Adriano Moreira reconhece a influência de Sarmento Rodrigues.

O contacto com Sarmento Rodrigues, então já Ministro, aconteceu através do Professor Raúl Ventura, jovem professor na Faculdade de Direito e, segundo Adriano Moreira, uma das inteligências mais rápidas que alguma vez conheceu.

A apresentação ficou a dever-se ao facto de Sarmento Rodrigues pretender fazer a reforma do sistema prisional do Ultramar, matéria a que Adriano Moreira se dedicava pela já referida influência de Beleza dos Santos. Assim, Adriano Moreira foi convidado a realizar essa missão, desafio que, apesar de considerar talvez excessivo, aceitou.

A partir daí nunca mais perdeu o contacto com Sarmento Rodrigues,[96] personalidade que, na opinião não necessariamente apenas de Adriano Moreira, deveria ter sido escolhida para Presidente da República porque parecia capaz de dar resposta à tensão a que o país estava submetido com a evolução da situação internacional.

De facto, segundo Adriano Moreira, Sarmento Rodrigues dispunha de uma enorme cultura da História Portuguesa e tinha um conjunto de valores muito comuns da Marinha, instituição com características e personalidade muito próprias, e que eram os valores da Pátria, das

---

[96] Ainda recentemente Adriano Moreira esteve presente na cerimónia da entrega da farda de honra do Almirante Sarmento Rodrigues à Reserva Naval, a exemplo do que acontecera na cerimónia da inauguração do monumento em sua honra em Freixo, cerimónia em que Adriano Moreira discursou.

virtudes e a devoção ao serviço público, com especial dedicação ao Ultramar.

Além disso, Sarmento Rodrigues tinha uma enorme abertura para aceitar o direito à diferença, era muito conciliador e deixou intervenções notáveis, não só como Governador da Guiné, onde criou o Centro de Estudos da Guiné, mas também a fundação da actual Academia da Marinha e a gestão no Ministério do Ultramar.

Um aspecto que demonstra a humildade extraordinária de Sarmento Rodrigues foi o facto de, numa fase posterior, aceitar ser nomeado por Adriano Moreira, então Ministro do Ultramar, para o cargo de Governador-Geral de Moçambique.

Ainda entre os Mestres portugueses, Adriano Moreira referiu numa sessão da Assembleia da República o nome de Silva Dias, "um tipo de académico que conseguiu atravessar uma das épocas mais agitadas da vida portuguesa – o período que vai de 1930 até 1994, em que nos encontramos – sendo sempre inteiramente fiel à vocação universitária e sem nunca consentir que a evolução desafiante dessa conjuntura, que foi tão cheia de conflitos, perturbasse a serenidade e a independência académica e científica a que sempre prestou homenagem"[97].

Nessa ocasião, voltou a referir Cabral de Moncada e Troyol Serra, um professor que tinha vindo da Universidade Complutense preencher lacunas na Universidade de Lisboa.

Considero que Silva Dias influenciou Adriano Moreira por dois motivos. Em primeiro lugar, também ele soube "implantar e propagar junto de todos os seus discípulos a importância das ideias"[98], a independência perante as pressões do meio exterior e a liberdade de julgamento. Por outro lado porque, a exemplo do que se viria a passar com a acção académica de Adriano Moreira, demonstrou "uma capacidade de organização institucional com poucos precedentes, em vista da enorme contribuição que deu para a fundação, o desenvolvimento e o fortalecimento de uma das jovens universidades que hoje tem maior capacidade demonstrada, a Universidade Nova de Lisboa"[99].

---

[97] Cf. *Diário da Assembleia da República*, n.° 018, 1.ª série, 26 de Novembro de 1994, p. 670.

[98] Cf. *Diário da Assembleia da República*, n.° 018, 1.ª série, 26 de Novembro de 1994, p. 670.

[99] Cf. *Diário da Assembleia da República*, n.° 018, 1.ª série, 26 de Novembro de 1994, p. 670.

Referidas as personalidades portuguesas que Adriano Moreira identifica como seus mestres, atrevo-me, com base na análise da sua obra, a propor ou acrescentar outros nomes a essa lista. Não se trata, evidentemente, de personalidades ligadas à fase inicial ou de formação do pensamento de Adriano Moreira, mas de pensadores com os quais manteve contactos de que resultaram influências que não parece abusivo classificar como recíprocas.

Em primeiro lugar, Agostinho da Silva, pensador de quem Adriano Moreira confessa ter sido muito amigo, embora ressalvando que, na actualidade, se revela fácil reivindicar essa condição[100].

De facto, em viagem ao Brasil, na década de sessenta, Adriano Moreira visitou Agostinho da Silva, então acampado no *campus universitário* onde deveriam ficar as instalações do Centro de Estudos de Cultura Portuguesa, que ele pretendia que fosse construído no estilo de um monte alentejano, numa tenda "com capacidade para 10 pessoas ou 1000 Kilos" e teve oportunidade de contactar com a utopia, pois Agostinho da Silva também era um sonhador do *Quinto Império* porque, senão, como confessou, "o acto de viver era inútil"[101], pois "Portugal só será quando for o mundo inteiro e o mundo inteiro o for"[102].

Agostinho da Silva, na senda de Vieira e de Pessoa, atribuía esse império a Portugal, pois os portugueses tinham realizado parte do sonho ao ligarem materialmente a Humanidade, porque como o próprio reconhece, "muitas pontes levantou Portugal e a grande parte o tempo as destruiu ou por elas passaram cargas de ódio que não poderiam suportar"[103].

A última parte da citação remete para a situação verificada com o passar do tempo, quando o império se desvirtuou, pois não era uma empresa "realizada pelos anjos e estava sujeita a todas as tentações humanas, nomeadamente à do enriquecimento fácil, à do comando por um ou poucos" (Agostinho da Silva, 2001:90).

---

[100] Adriano Moreira dedicou a sua obra *A Europa em Formação (A Crise do Atlântico)* a Luís Garcia Arias, Luís Recasens Sichez, José Maria Cordero Torres, José Luís Fernandez-Flores, Manuel Fraga Iribarne e Agostinho da Silva

[101] Cf. Luís Machado, 2001, *A Última Conversa com Agostinho da Silva,* 8.ª Edição, Lisboa, Notícias Editora, p. 99.

[102] Afirmação constante da comunicação "Identificação de um País…chamado Portugal", p. 23.

[103] Cf. "Identificação de um País… chamado Portugal", p. 33.

Só que este desviar do rumo não seria definitivo, pois "a Nação Portuguesa teria como sua razão de vida construir a Paz, a paz económica, a paz social, a paz religiosa, a paz cultural, pregando-a e sobretudo praticando-a"[104].

Ora, este é também o ideal do ecumenismo de Adriano Moreira!

Outra analogia nas doutrinas destes pensadores pode ser encontrada a nível da importância que atribuem às relações luso-brasileiras para a afirmação da lusofonia e do Oceano Moreno.

De facto, Agostinho da Silva (2001:90) não aceitava a crítica brasileira de que Portugal tinha feito tudo para impedir o desenvolvimento da sua colónia do Brasil e defendia que "a Nação Portuguesa deveria juntar à sua volta, no amor, no desejo e na vivência da Paz, instaurando-a primeiro consigo própria e logo acolhendo os povos que quisessem colaborar nessa imensa tarefa de pacificar o mundo".

Assim, a língua e uma parte da História em comum encarregavam-se de aproximar os povos português e brasileiro nessa missão.

Um último elemento em que parece possível encontrar alguma identidade de posições diz respeito ao papel da Universidade, pois se Adriano Moreira defendeu a necessidade de preparar os jovens para desenvolverem a sua actividade num mundo que nunca será aquele que lhes foi ensinado, Agostinho da Silva também alertava para a necessidade de a Universidade despertar do seu sono de séculos, como forma de a educação ser "total como deveria ter sido, desde as escolas que ensinem o povo a ler até as adivinhações que só os séculos futuros entenderão"[105].

Também o padre António Vieira, por ser um defensor do *Quinto Império,* aliado à luta que travou pela dignificação dos índios do Brasil, merece ser considerado como uma influência humanista no pensamento de Adriano Moreira.

Aliás, o próprio Adriano Moreira reconheceu, enquanto deputado, essa influência, pois afirmou que "como ensinou o padre António Vieira, o poder tudo não está em fazer tudo o que se quer, está em poder fazer o que se deve e em não poder fazer o que se não deve. Com a palavra, e sem força, o nosso intuito é, como no passado, tentar ajudar o Governo e o Par-

---

[104] Cf. Agostinho da Silva, "Um Prefácio Geral", *in Ensaios sobre Cultura e Literatura Portuguesa e Brasileira II,* p. 248.

[105] Cf. "Identificação de um País chamado Portugal", p. 30.

lamento a fazerem o que devem, e a não fazerem o que não devem, para benefício comum dos Portugueses"[106].

Além disso, os elementos alegóricos de Vieira, nomeadamente no Sermão de Santo António aos peixes, pregado em S. Luís do Maranhão, três dias antes de embarcar ocultamente para Portugal, onde vinha procurar apoio real para os índios do Brasil, mantinham actualidade na circunstância temporal em que Adriano Moreira exerceu funções governativas, situação que, aliás, se pode constatar em todas as conjunturas.

Na verdade, se na colonização portuguesa não deixava de haver um activo, como o peixe de Tobias, também havia um passivo feito de roncadores, pegadores, voadores e, suprema traição, de polvos, posteriormente transformados, por Adriano Moreira, em gatos.

Aliás, o próprio Agostinho da Silva (2001:369) descobriu uma continuidade entre Vieira e Adriano Moreira.

De facto, segundo ele, "é com esta capacidade política de simultâneo atendimento às exigências do pensar e do agir [...] que Adriano Moreira identifica o verdadeiro sebastianismo, aquele que tem, primeiro, raízes largas em toda a Humanidade [...] sebastianismo que é menos o passado que o futuro, e assim o viu Vieira".

Por isso, e sem desprezar a acção e os dotes oratórios de Vieira, Agostinho da Silva acreditava que a grande obra de Vieira seria aquela que este não chegou a escrever, mas apenas esboçou, *A História do Futuro*.

Uma última personalidade que julgo ter influenciado Adriano Moreira foi o bispo da Beira, D. Sebastião de Resende.

Aliás o próprio Adriano Moreira (1985:54) se referiu a D. Sebastião de Resende como "o patriota mal entendido que tanto me influenciou".

Este bispo, bem como D. António, bispo do Porto, foram duas das vozes mais conscientes na denúncia e na crítica de situações que se verificavam durante o Estado Novo.

Para Adriano Moreira, D. Sebastião foi "um Bartolomeu de Las Casas implantado nas margens do Índico em meados deste século"[107], pois também ele entrou em polémica com as autoridades em mais do que uma situação, nomeadamente quando serviu de voz aos indígenas ou quando

---

[106] Cf. *Diário da Assembleia da República*, n.º 065, 1.ª série, 4 de Abril de 1987, p. 2591.

[107] Cf. *Diário da Assembleia da República*, n.º 011, 1.ª série, 14 de Novembro de 1990, p. 304.

reclamou liberdade de expressão para o seu jornal, o *Diário de Moçambique*, acto que valeu a suspensão do jornal, durante um mês, ordenada pelo Governador-Geral.

Aliás, a sua acção também teve direito a uma controvérsia só que em vez de acontecer em Valladolid passou-se em Lisboa, quando Salazar o mandou chamar para uma conversa.

De facto, o contacto com a realidade do povo que constituía o seu rebanho levou-o a escrever no seu *Diário Íntimo*, "impera a escravatura na Beira! Não há maneira de se convencerem de que os pretos são pessoas humanas".

Esta constatação levou-o a assumir uma atitude crítica sobre a colonização portuguesa de que a Pastoral de 1946 constitui um bom exemplo.

Nessa Pastoral, D. Sebastião Soares de Resende condenou o trabalho compelido dos indígenas e, perante as condições de trabalho que observava em Moçambique, chegou a afirmar que se via obrigado a reconhecer que "não somos cristãos nem humanos".

Além disso, reconheceu em várias ocasiões o direito dos indígenas à plena propriedade das terras e, na Pastoral *Moçambique na Encruzilhada,* datada de 1959 e apreendida pela PIDE, ousou equacionar o futuro político de Moçambique.

Como Inês Dentinho referiu, nas aulas "Adriano Moreira contava a forma como a Santa Sé preparara a transição da Igreja para a era pós-colonial através do protagonismo eloquente do bispo de Beira, D. Sebastião de Resende"[108].

Por isso, quando posteriormente ocupou o cargo de Ministro do Ultramar, Adriano Moreira reconheceu a justeza das críticas de D. Sebastião de Resende, corrigiu as situações apontadas ou denunciadas e, também ele, considerou que era chegada a hora de tomar medidas prospectivas que tivessem em conta a conjuntura então vivida.

Outro aspecto comum entre Adriano Moreira e D. Sebastião verifica-se na valorização da pessoa e no pouco apego ao poder.

Assim, segundo testemunho vivencial de um dos padres de Macuti, quando algum negro o procurava, D. Sebastião ouvia-o com toda a atenção e, no fim, acompanhava-o até à porta da casa episcopal, mesmo que o negro tivesse ido descalço, pois fazia do seu episcopado um serviço e nunca um cargo gerador de uma aura de poder.

---

[108] Cf. Depoimento de Inês Dentinho.

Também o interesse pela educação era comum às duas personalidades, pois o lançamento do Ensino Secundário na Beira, começando pela Fundação do Instituto Liceal D. Gonçalo da Silveira e posteriormente os Colégios de Vila Pery e de Tete foi obra de D. Sebastião, que sempre defendeu que "é retrógrada e absurda a tese de que a instrução só serve para fazer mal ao indígena".

Segundo ele, essa ideia só fazia sentido por aqueles que não viam o indígena como pessoa.

Não admira, por isso, que Adriano Moreira, também ele criador de vários estabelecimentos de ensino no Ultramar, não tenha encontrado melhor local para anunciar a criação dos Estudos Gerais em Moçambique do que a cidade onde se localizava a sé do episcopado de D. Sebastião de Resende.

Como curiosidade refira-se que o espólio de D. Sebastião Soares de Resende[109] foi depositado na Biblioteca do Centro de Estudos Africanos da Faculdade de Letras da Universidade do Porto pelo seu sobrinho, Dr. José Soares Martins, mais conhecido como o historiador José Capela, e que, como veremos adiante, não comunga da admiração que o seu tio demonstrou pela obra de Adriano Moreira.

2.2.2. *Os Mestres Estrangeiros*

No que se refere às personalidades estrangeiras que influenciaram o seu pensamento político, Adriano Moreira, na resposta ao já referido processo de saneamento que lhe foi instaurado, referiu que, enquanto jovem, e na conjuntura particularmente difícil e cheia de incertezas saída do segundo conflito mundial, "os homens que escutávamos, chamavam-se por exemplo, Winston Churchill, George Marshall, Attlee, Madariaga, Ortega" (Moreira, 1976:55).

De igual forma, enquanto deputado, não teria relutância em afirmar que, sobre a ideia da Europa, "o meu mestre nestas matéria se chamou

---

[109] Esse espólio consta de quatro secções: uma caixa com quatro Pastas do Diário; uma caixa com quatro Pastas contendo Diário, Viagem à América Latina, Palestras Quaresmais, Colaboração em Periódicos e Crónicas; uma Pasta com agendas de 1957 a 1965, embora faltando a de 1962 (por coincidência ano em que Adriano Moreira tomou muitas das suas medidas legislativas); e uma secção com maços e pastas contendo documentos vários.

Coudenhove-Kalergi – o pensamento dele está vigente em instituições que o sustentam"[110].

Parecendo clara a existência de uma relação entre as vozes escutadas e o período conjuntural em questão, importa referir as personalidades que Adriano Moreira, ao longo das várias conversas, considerou como as referências construtivas do seu pensamento.

Assim, e sem que a ordem tenha qualquer valor hierárquico, Adriano Moreira referiu como personalidade de referência Arnold Toynbee, o criador da *era gâmica*, como se comprova pelas muitas citações que faz das suas obras, principalmente *A Study of History*, na qual é feita uma análise da guerra nos tempos modernos.

Convirá, no entanto, salientar que a influência de Toynbee não obrigou a que Adriano Moreira (2005:503) concordasse com todas as suas posições, ou se coibisse de apontar as divergências, como ficou demonstrado na visão da Europa, "uma rede de poderes de vocação expansionista identificada com o dedo apontado pelo resto do mundo, mais de uma vez impelida pelo ataque exterior, que Toynbee omitiu teorizar ao caracterizá-la como a agressora dos tempos modernos".

Aliás, Adriano Moreira não esteve sozinho nesta crítica, pois Gilberto Freyre, personalidade que será referida neste capítulo, também se manifestou crítico em relação à visão, que considerava eivada de parcialidade, de Toynbee.

Outra personalidade que se revelou importante para a formação do pensamento político de Adriano Moreira foi Bertrand Russell, devido às meditações sobre a evolução do mundo e a história das ideias.

Russell, a exemplo de Schweitzer, defendia que "existem circunstâncias variadas em que o Estado, não podendo ou não lhe convindo agir por intermédio dos seus órgãos oficiais, tem de fiar-se da acção privada ou de fazer face a essa acção privada" (Moreira, 2005:88).

Ora, este elemento revelou-se importante para a criação, feita por Adriano Moreira, do conceito que caracteriza a realidade pós-IIGuerra Mundial, ou seja, a *internacionalização da vida privada*, com a consequente valorização da acção e iniciativa privadas, elemento que marcará o pensamento de Adriano Moreira.

---

[110] Cf. *Diário da Assembleia da República*, n.º 002, 1.ª série, 21 de Outubro de 1994, p. 0051.

No entanto, sobre o ponto de vista das relações internacionais, a principal influência veio de Raymond Aron, o grande mestre, ou nas palavras de Adriano Moreira (2005:36), "o cronista por excelência do século XX", numa altura em que não havia tradição nas universidades portuguesas destas matérias.

Como Moreira (2005:62) reconheceu, muito se deve a Aron "no sentido de esclarecer o equívoco estatístico do behaviorismo, ao invocar a necessidade de distinguir as perspectivas filosóficas, históricas e jurídicas que se debruçaram sobre as relações internacionais, das relações internacionais como ciência social, tributária de um pluralismo metodológico, não absorvido pelas técnicas estatísticas e quantitativas".

Além disso, foi com Aron que Adriano Moreira (2005:325) tomou consciência "das limitações da nossa capacidade de racionalizar as conjunturas, [pois] não é possível chegar à formulação de regras gerais de funcionamento dos sistemas".

Aliás, as "desconfianças" de Adriano Moreira relativamente à Europa parecem encontrar algum fundamento em Aron, que "advertia que a Europa é um lugar, uma ideia, mas não uma unidade" (Moreira, 2005:550).

As recentes tomadas de posição de países europeus, mesmo que aliados, sobre questões como a Guerra do Golfo, não deixam dúvidas sobre a veracidade desta constatação.

Também no período da *guerra fria*, a corrente do pensamento europeu realista e moderada representada por Aron e que teve o maior expoente no seu livro *Paz e Guerra entre as Nações*[111], exerceu uma enorme influência sobre todos os politólogos e, evidentemente, em Adriano Moreira.

Por isso, ao contrário de Paul Hazard, que na obra de 1935 *La Crise de la Conscience Européene*, referindo-se ao período de 1680 a 1715, mostrou de uma forma optimista que a Europa conseguia sair das crises em busca da verdade e da felicidade, Adriano Moreira revelar-se-ia menos optimista e mais realista sobre a Europa então em formação.

---

[111] Aron, que foi um grande comentador de Clausewitz, e é considerado o principal neoclausewitziano, considerava que a guerra nunca seria banida e inspirou uma sociologia mundial das relações internacionais. Assim, para Aron, a guerra era o facto autonomizador da disciplina científica correspondente.

No seguimento de Aron, mas de uma forma indirecta, também os professores do Instituto de Estudos Políticos de Paris e da Sorbonne constituíram uma forma de influência para Adriano Moreira.

De facto, nessas instituições, a publicação de um curso obedecia a um ritual, pois o professor começava por escrever o curso, que aparecia manuscrito, depois aperfeiçoava essa produção e, finalmente, publicava-o.

Nessa fase, Adriano Moreira, até como forma de animar os assistentes, mandava vir todos os cursos que estas instituições publicavam, pois conseguia ter acesso às primeiras formas policopiadas.

Outra influência reconhecida por Adriano Moreira foi a passagem pelas Nações Unidas, pois passou a ter sempre em linha de conta os relatórios que esta organização publicava, bem como aqueles que provinham de organismos dependentes da ONU, como era o caso da UNESCO. Esses relatórios eram profundíssimos e, simultaneamente, doutrinários, pois muitos das personalidades que trabalhavam nas Nações Unidas faziam doutrina.

Aliás, embora as matrizes fossem essencialmente europeias, foi através das Nações Unidas que vieram as influências dos autores americanos.

Outro elemento importante, sobretudo pela constante actualização daí advinda, prendeu-se com o facto de Adriano Moreira pertencer ao Centro Europeu de Informação e Documentação, de que chegou a ser presidente internacional.

De facto, este centro, fundado pelo Arquiduque Otto de Habsburg[112], tinha reuniões semestrais, situação que permitia que os participantes tivessem uma visão sempre actualizada dos problemas do Mundo. Além disso, muitos dos membros eram personalidades de referência da época, alguns dos quais com responsabilidades de governo, e como havia centros em dezassete países, havia sempre um manancial de discussão e informação.

A par disso, o Centro Europeu de Informação e Documentação criou o Instituto de Estudos Políticos de Vaduz, no Liechtenstein, que funcionava como uma espécie de laboratório onde, todos os anos, havia uma reunião para discutir uma temática concreta indicada previamente[113].

---

[112] O arquiduque Otto de Habsburg ainda hoje é extremamente activo na política europeia.

[113] Na reunião de 19 de Julho de 2006, no CNAVES, Adriano Moreira referiu que, embora já não se desloque a Vaduz, sabe que as reuniões continuam, pois ainda recebe todos os anos as ordens de trabalhos.

O pensamento e a obra científica de Adriano Moreira

Ainda no que diz respeito a ligações a grupos internacionais, embora talvez com menos peso ou influência na formação do pensamento político de Adriano Moreira, merece ser referido o grupo da Universidade Complutense de Madrid.

De facto, a Espanha dispunha de estudos adiantados sobre os problemas europeus e sobre estratégia, nomeadamente da Cátedra Palafox em Saragoça, na qual Adriano Moreira participou muitas vezes, para a discussão das estratégicas europeias.

Ainda no que diz respeito aos organismos que ajudaram a modelar o seu pensamento, Adriano Moreira reconhece importância ao Instituto Joaquim Nabuco e às reuniões periódicas com aquela escola que classifica como centro de antropologia, sociologia e relações internacionais.

Em relação a esta escola lusófona, Adriano Moreira gosta de individualizar Gilberto Freyre, o notável e sempre recordado Mestre Gilberto, sociólogo que conheceu em 1950, cuja doutrina citou na sua produção legislativa e sobre cujo método já escreveu,[114] embora o aspecto que ainda hoje continue a considerar mais interessante em Freyre seja o objecto de estudo: as emergências[115].

Segundo ele, Gilberto Freyre não ignorava nem negava os dramas ou o passivo da colonização.

Aliás, a visita de Freyre a Angola deu origem a um livro crítico porque não encontrou lá as emergências do Brasil, ou como Chacon (2002:11) defende: "Freyre nunca afirmou a democracia racial pronta e acabada na lusofonia".

Por isso, ficou chocado com o que viu na Companhia de Diamantes, onde havia um cemitério para nativos e outro à parte para brancos, situa-

---

[114] O livro em questão é *Comentários*.

[115] O papel de Freyre na questão das emergências acabou por ser reconhecido no Brasil, pois o presidente Fernando Henriques Cardoso, que pela sua formação sociológica foi sempre grande adversário de Freyre, declarou o ano de 2000 no Brasil, ano Gilberto Freyre, e Darcy Ribeiro, reitor de Brasília, antropólogo e personalidade de formação marxista, quando escreveu as suas memórias, afirmou que o Brasil seria outro sem Gilberto Freyre. Aliás, a importância de Freyre no Brasil actual pode ser avaliada pelo facto de o actual presidente da Academia Brasileira de Letras ser seu discípulo. Além disso, apesar de ter havido uma grande mudança na direcção do Instituto após a morte do anterior presidente, o filho de Gilberto Freyre, o Instituto está a lançar a revista denominada *Tempo Trívio*, o equivalente ao *Tempo Tríbulo* de Adriano Moreira, que continua na linha de pensamento de Freyre.

ção que, por ser contra os seus princípios, lhe provocou uma cólera bem visível no debate público ou na polémica no *Diário de Notícias* com o comandante Ernesto de Vilhena, presidente da Companhia dos Diamantes.

Na realidade, quando os brasileiros se voltaram a interessar pelo Ultramar Português, sobretudo a partir da década de 50, começaram a iludir-se porque chegavam a Luanda e pensavam que estava ali o Brasil, mas Angola não era Luanda...

Retomando a questão do objecto de estudo de Freyre, o mesmo era constituído pelas emergências, até como resposta aos *Tristes Trópicos* do estruturalismo.

Assim, Freyre fez uma defesa do trópico e só depois quando foi a Goa e aos outros territórios portugueses começou na perspectiva do Mundo que o Português criou, mas o ponto de partida foi sempre a construção emergente.

De facto, no caso português, depois do drama e do negativismo dos conflitos houve, à custa de sangue, suor e lágrimas, uma emergência que se chamou Brasil e uma emergência que designou como *meta raça* resultante da mistura ou miscigenação.

Aliás, e como não pretendia o estudo apenas do caso português, Freyre, se bem que não tenha desenvolvido ou concretizado a ideia, pois limitou-se a deixar apontamentos, começou a falar já não apenas do Lusotropicalismo, mas do Iberotropicalismo e do Eurotropicalismo "quando o projecto da União Europeia colocou de forma nova a relação com os trópicos" (Moreira, 2005:29).

Referidos os vários pensadores e escolas que, segundo o próprio, se revelaram importantes para a construção do seu pensamento, importa ver até que ponto os mesmos são citados nas suas obras sobre ciência política e relações internacionais.

Assim, em *Teoria das Relações Internacionais,* Aron é referido trinta e seis vezes e na bibliografia do livro constam treze das suas obras; Freyre tem direito a seis referências, a que se deve acrescentar uma outra que é feita ao lusotropicalismo como solidariedade cultural, na página 158, mas sem referir o nome do criador, enquanto duas das suas obras fazem parte da bibliografia; Toynbee é citado por cinco vezes e Russell por três, contando cada um deles com um livro na bibliografia.

Quanto às escolas identificadas como influenciadoras do pensamento político de Adriano Moreira, nenhuma é referida. De facto, o Liechtenstein surge na página 428, mas apenas como referência ao facto de constituir um

O pensamento e a obra científica de Adriano Moreira 87

paraíso fiscal para as multinacionais e a Sorbonne consta da página 85, mas para referir que foi nesta Universidade que, em 1882, Ernest Renan fez uma comunicação sobre a definição de Nação.

No entanto, isso não significa que alguns dos pensadores dessas escolas não sejam referidos nas obras de Adriano Moreira, como acontece, por exemplo, no caso espanhol, com Garcia Árias, com oito publicações a fazerem parte da bibliografia de *A Europa em Formação (A Crise do Atlântico)*.

Na *Ciência Política,* obra de referência para a emancipação em Portugal desta área de saber, Aron surge referido quinze vezes, sete das quais a respeito das matrizes teóricas, cinco vezes no capítulo a sede do poder, nos subtemas grupos e partidos, domínio da sociedade civil e estrutura do poder e três vezes sobre as ideologias, subtemas ideias e ideologias e pluralismo.

Nesta obra Toynbee, tal como Cabral de Moncada, foi referido duas vezes, uma sobre os direitos do homem e outra sobre o projecto do Euromundo. Quanto a Moncada, as referências prenderam-se com os direitos do homem, nos subtemas dos antecedentes políticos e ideológicos e a crítica do poder.

No que concerne a Russell, apenas foi referido uma vez sobre os recursos de investigação.

Quanto a Freyre, não foi citado nesta obra, tal como aconteceu em *A Europa em Formação (A Crise do Atlântico)*, onde Aron teve direito a seis entradas, Toynbee a cinco, Russell a duas e a Universidade Complutense de Madrid apareceu uma vez para Adriano Moreira reiterar a ligação, feita de trabalhos e amizades, a essa Universidade.

Também Cabral de Moncada aparece referido em *A Europa em Formação (A Crise do Atlântico)*, em nota de rodapé na página 93, como autor de *Filosofia do Direito e do Estado I*, livro que se inseria na área do Direito Internacional e nas relações entre o poder da Igreja e o poder temporal.

Tal como foi feito para as influências nacionais, também considero poder acrescentar alguns pensadores estrangeiros que, na minha opinião, influenciaram Adriano Moreira.

Em primeiro lugar, o jesuíta Teilhard de Chardin, pois é na sua linha que Adriano Moreira utiliza a expressão *lei da complexidade crescente da vida internacional* para caracterizar a conjuntura actual e explicar que "a marcha para a unidade do Mundo vem acompanhada de uma progressiva multiplicação quantitativa e qualitativa dos centros de decisão e de uma multiplicação quantitativa e qualitativa das relações entre eles" (Moreira, 2004:126).

Aliás, Adriano Moreira (2004:154) refere-se a Chardin como "um grande escritor do nosso tempo", que se apercebeu do mundo interdependente, da *Pátria Planetária*, em que os conflitos não passavam de demonstrações planetárias dos fenómenos políticos.

Na minha opinião, o ecumenismo moreiriano bebeu influência n' *O Fenómeno Humano* de Chardin.

Na verdade, Chardin pensava que a Humanidade tinha de criar "uma espécie de força de intervenção política que compreendesse os fenómenos da mundialização, da complementaridade, da interdependência, superando as antigas divisões e formas políticas de o rebanho humano responder ao desafio" (Moreira, 2004:155).

Além disso, Chardin considerava que se "ha perdido una parte de las minorías selectas el gusto por la vida y se horroriza ante la creciente socialización", a solução passava por "devolverles el ánimo y hacerles comprender el sentido de dicha evolución"[116].

Ora, Adriano Moreira passou grande parte da sua vida a procurar enquadrar a mudança, ou seja, a procurar um sentido para a mesma nas diferentes conjunturas.

Por tudo isso, não admira que Chardin seja referido dez vezes em *Teoria das Relações Internacionais*, que três dos seus livros constem da bibliografia e que Adriano Moreira tivesse promovido, de 3 a 7 de Maio de 1964, um colóquio sobre *Teilhard de Chardin e a Convergência das Civilizações e das Ciências* e, de 2 a 6 de Maio de 1965, outro colóquio sobre *Teilhard de Chardin et L'Unité du Genre Humain*, em colaboração com a Société Pierre Teilhard de Chardin e o Centro Português de Estudos Europeus.

Ainda nesta linha de influência merecem figurar dois pensadores clássicos: Francisco de Vitória, dominicano, professor em Salamanca e fundador do Direito Internacional, e Bartolomeu de Las Casas, bispo de Chiapas, ambos denunciadores do passivo da colonização espanhola na América, nomeadamente da violência gratuita de Francisco Pizarro, na conquista do Peru, e de Hernán Cortés, na invasão do México, sem esquecer as atrocidades avulsas cometidas pelos soldados espanhóis.

---

[116] Cf. Claude Cuénot, 1967, *Pierre Teilhard de Chardin: Las Grandes Etapas de su Evolución,* Madrid, Taurus, p. 411.

O primeiro, na sua obra *Prelecciones sobre los índios y el derecho de guerra*, repositório do ensino magistral de Salamanca em 1538-1539, voltou a abordar a questão da guerra justa, problema que já vinha desde São Tomás, para tentar construir um quadro legal ou uma visão normativa da expansão europeia, nomeadamente no que dizia respeito às relações entre os espanhóis e os índios.

Nesta obra, Vitória procurou definir as situações que justificavam a guerra justa de forma a aumentar a cristandade e a acabar com práticas contrárias aos ditames da Humanidade, mas sem cair em situações condenáveis, que nem o excesso de zelo ousaria explicar.

Ora, os factos encarregaram-se de demonstrar a não correspondência entre esta visão normativa e a realidade, como voltou a ser denunciado em 1550, quando o rei de Espanha mandou fazer "una congregacion en la villa de Valladolid de letrados Teologos y Juristas con el Consejo Real de las Índias"[117]

Esta reunião, destinada a analisar o diferendo que opunha o cronista do Imperador, Doutor Gines de Sepulveda, e o bispo da Cidade Real de Chiapas, Frei Bartolomé de las Casas, e arbitrada, ainda que indirectamente pelo Papa, sobre se era lícito mover guerras contra as gentes dos reinos da América, terminou favorável ao bispo, embora, mais uma vez, tal não tivesse levado a uma maior dignidade na forma de relacionamento dos colonizadores espanhóis com os índios.

Nessa controvérsia, Bartolomé de las Casas (1552:87) defendeu, apoiando-se na bula do Papa Alexandre, que ordenava que primeiro "les predicassem el Evangelho aquellos bárbaros, y despues de hechos Christianos, fuessem sugetos a los Reyes de Castilla" que a guerra ou a violência era um impedimento da conversão dos índios porque, como recebiam grandes danos dos soldados, tal bastava para os índios terem por boa a religião que seguiam antes da chegada dos colonizadores.

A forma como o mestre salmantino e o bispo procuraram dignificar a condição humana dos índios encontraria paralelo, como já foi referido em relação ao padre António Vieira, na acção legislativa de Adriano Moreira sobre as relações entre os portugueses e os indígenas das províncias ultramarinas então portuguesas.

---

[117] Bartolomé de las Casas, *Las Obras Del Obispo D. Fray Bartolomé de las Casas, O Casaus*, Sevilha, Casa de Sebastian de Trugillo, 1552.

O facto de todos estes pensadores pertencerem ao clero serve como elemento de ligação para o ponto seguinte, no qual se procurará explicar a importância do factor religioso na formação humanista de Adriano Moreira.

2.2.3. *O Factor Religioso*

"Nós éramos muito pobres e vivíamos em Campolide num beco que já não existe, o Beco de Estêvão Pinto, junto do Antigo Colégio dos Jesuítas, hoje sede das Faculdades de Direito e Economia da Universidade Nova. A minha mãe tinha de trabalhar muito e nem sempre podíamos ir à missa pois a capela mais próxima era no Rato, mas não estava sempre aberta, ou em São Sebastião da Pedreira. Por isso foi a minha mãe que se encarregou da minha educação religiosa e ainda hoje não adormeço sem antes rezar as orações que me ensinou quando era criança"[118].

Este testemunho, de uma modéstia tocante, dado na primeira pessoa pelo Professor Adriano Moreira numa reunião no Conselho Nacional de Avaliação do Ensino Superior (CNAVES), em 8 de Março de 2006, na presença do Professor Carlos Venâncio, serve como elemento introdutório para um aspecto que considero pertinente realçar: a influência do factor religioso na acção doutrinária e no pensamento político de Adriano Moreira.

Porém, para explicitar essa influência, torna-se pertinente uma referência, necessariamente breve, à doutrina social da Igreja Católica e Apostólica Romana, confissão religiosa a que Adriano Moreira pertence.

Ao longo dos tempos, a Igreja Católica, pela voz da sua maior autoridade terrena, o Papa, tem vindo a explicitar essa doutrina, tarefa iniciada ainda no século XIX, mais concretamente em 1891, por Leão XIII[119], e de

---

[118] A forma como Adriano Moreira evoca a memória de sua mãe remete para as palavras que proferiu na sessão da Assembleia da República em 5 de Junho de 1990, sobre " o único santo laico da política de que tenho notícia, Ghandi, que se referia à sua mãe dizendo «a minha ignorante e muito culta mãe»" (Cf. *Diário da Assembleia da República,* 1.ª série, 6 de Junho de 1990, p. 2740).

[119] Segundo Paulo Fontes, muitos dos aspectos da *Rerum Novarum* correspondem a princípios enunciados pelos papados anteriores (Cf. FONTES, Paulo, 1994, "A Doutrina Social da Igreja numa perspectiva histórica", *in Questões Sociais, Desenvolvimento e Política,* Lisboa, UCP, pp. 68-69).

que as Encíclicas ou Cartas Encíclicas constituem o instrumento preferencial para a difusão da mensagem[120].

Parece interessante, até para se poder caracterizar a doutrina social da Igreja Católica, proceder à análise de uma destas Encíclicas, *Pacem in Terris,* dada em Roma, junto de São Pedro, na solenidade da Ceia de Nosso Senhor, em 11 de Abril de 1963, pelo Santo Padre João XXIII, pois a mesma representou um marco histórico, ao explicitar a posição da doutrina social da Igreja Católica face ao mundo bipolar saído da II Guerra Mundial e que iria marcar quase toda a segunda metade do século XX, logo o período em que Adriano Moreira desempenhou funções governamentais.

---

[120] De entre as Encíclicas e outra documentação conciliar e pontifícia que definem a doutrina social da Igreja Católica importa referir: *Rerum Novarum,* dada em 1891 por Leão XIII, sobre a situação dos trabalhadores; *Quadragesimo Anno,* de Pio IX, em 1931, sobre a reconstrução da ordem social; *Mater et Magistra,* de João XXIII, dada em 1961, sobre o Cristianismo e progresso social; *Pacem in Terris,* dada por João XXIII, em 1963, sobre a paz na terra; *Gaudium et Spes,* 1965, Concílio Vaticano II, sobre a Igreja no mundo actual; *Populorum Progressio,* de Paulo VI, dada em 1967, sobre o desenvolvimento dos povos; *Octogesima Adveniens,* Carta Apostólica dada por Paulo VI, em 1971, sobre a convocação à acção; *Evangelii Nuntiandi,* ainda de Paulo VI, de 1975, sobre a evangelização no mundo actual; *Redemptor Hominis,* de João Paulo II, dada em 1979, sobre o redentor da Humanidade; *Laborem Exercens,* de João Paulo II, dada em 1981, sobre o trabalho humano; *Sollicitudo Rei Socialis,* também de João Paulo II, de 1987, sobre a solicitude social da Igreja; *Centesimus Annus,* para comemorar os 100 anos de *Rerum Novarum,* dada por João Paulo II em 1991; *Evangelium Vitae,* ainda de João Paulo II, dada em 1995, sobre o Evangelho da vida; *Deus Caritas est,* de Bento XVI, de 25 de Dezembro de 2005, aquando da solenidade do Natal do Senhor.

Em vários destes documentos, de acordo com o completíssimo inventário realizado pelos Missionários da Consolata, abordam-se temas pertinentes para este estudo como é o caso de: Caracterização da comunidade civil e comunidade política: *Gaudium et Spes* e *Deus Caritas est;* Autoridade da comunidade civil e comunidade política: *Pacem in Terris, Gaudium et Spes* e *Deus Caritas est;* Poder político – o Estado: *Mater et Magistra, Pacem in Terris, Gaudium et Spes, Ocotgesima Adveniens* e *Deus Caritas est;* Poder político – os regimes políticos: *Pacem in Terris, Gaudium et Spes, Redemptor Hominis, Sollicitudo Rei Socialis* e *Deus Caritas est;* Compromisso sociopolítico do cristão – Deveres dos patrões e dos trabalhadores: *Rerum Novarum, Quadragesimo Anno, Mater et Magistra* e *Gaudium et Spes;* Sobre o subdesenvolvimento e o desenvolvimento: *Populorum Progressio* e *Octogesima Adveniens;* Sobre a acção na sociedade: *Pacem in Terris, Gaudium et Spes, Octogesima Adveniens, Sollicitudo Rei Socialis* e *Deus Caritas est;* Sobre o pluralismo político dos cristãos: *Octogesima Adveniens;* Princípios Animadores duma Política Humanista: *Pacem in Terris, Gaudium et Spes, Octogesima Adveniens* e *Deus Caritas est;* Igualdade e Participação: *Pacem in Terris, Gaudium et Spes* e *Octogesima Adveniens.*

Esta escolha não invalida que concordemos com Taylor (1962:124), que chama a atenção para o facto de a Encíclica anterior, *Mater et Magistra*, conter precisões e desenvolvimentos à doutrina da *Rerum Novarum* e, no âmbito do catolicismo social, já se debruçar sobre a justa remuneração do trabalho e defender que "a riqueza económica de um povo não resulta somente da abundância global dos bens, mas também, e mais ainda, da sua justa distribuição efectiva", ou seja, a questão ainda hoje actual da diferença entre crescimento e desenvolvimento.

Voltando à *Pacem in Terris*, ao longo das cinco partes da Encíclica: *ordem entre os seres humanos, relações entre os seres humanos e os poderes públicos no seio das comunidades políticas, relações das comunidades políticas, relações entre os seres humanos e as comunidades políticas com a comunidade mundial e directrizes pastorais,* João XXIII, partindo do pressuposto de que todo o ser humano é igual em dignidade, não se limitou a expor ideias abstractas e privilegiou ideias com vastas consequências práticas, como as designações das partes e do primeiro título da Encíclica, *a paz de todos os povos na base da verdade, justiça, caridade e liberdade,* deixavam antever.

A análise da Encíclica permite verificar que, para João XXIII, nenhuma actividade humana se situava fora da esfera dos valores éticos.

Ora, como a política era uma actividade humana, também ela estava sujeita ao juízo moral e "a função primordial de qualquer poder público é defender os direitos invioláveis da pessoa e tornar mais viável o cumprimento dos seus deveres" (João XXIII, 1963:60). Por isso, a realização do bem comum "constitui a própria razão de ser dos poderes públicos, os quais devem promovê-lo de tal modo que, ao mesmo tempo, respeitem os seus elementos essenciais e adaptem as suas exigências às actuais condições históricas" (João XXIII, 1963:54).

Além disso, no ponto 43 da Encíclica o Papa referia que, no que dizia respeito às relações entre povos, "em nosso tempo, estão superadas seculares opiniões que admitiam classes inferiores de homens e classes superiores, derivadas de situação económico-social, sexo ou posição política".

De facto, como referia no ponto 44, "universalmente prevalece hoje a opinião de que todos os seres humanos são iguais entre si por dignidade de natureza. As discriminações raciais não encontram nenhuma justificação, pelo menos no plano doutrinal" e, por isso, no ponto 86, o Papa considerava que "as relações mútuas entre os Estados devem basear-se na verdade. Esta exige que se elimine delas todo e qualquer racismo".

Além disso, a existência de diferentes estádios ou graus de desenvolvimento "jamais justificam o propósito de impor a própria superioridade a outrem. Pelo contrário, constituem fonte de maior responsabilidade que a todos incumbe de contribuir à elevação comum"[121].

Esta análise aponta para a evolução que a doutrina social da Igreja tem experimentado, pois, ao longo de mais do que um século, houve muitas mutações na sociedade e no Mundo.

Como Fontes (1994:95-96) referiu, verificou-se uma "mudança de uma perspectiva inicialmente marcada pela chamada questão operária, para uma reflexão mais abrangente sob o signo do desenvolvimento dos povos", situação que conduziu a uma maior abertura à complexidade da realidade, "nomeadamente pelo alargamento de uma visão ocidental – marcada predominantemente pelas questões ligadas às sociedades industrializadas – para uma compreensão mais universal".

Ainda segundo o mesmo autor, essa evolução é perceptível na passagem de uma atitude de intransigentismo para uma posição de diálogo com as diversas correntes político-filosóficas e o consequente reconhecimento da liberdade religiosa.

De facto, a doutrina social da Igreja assentava, desde Leão XIII, apenas em três princípios: o *princípio do personalismo, ou princípio dos direitos do Homem*, o *princípio do bem comum* e o *princípio da subsidiariedade*, também designado como *princípio da liberdade de associação* ou *princípio da sociedade civil*.

Ora, como a Igreja Católica acompanhou e, por vezes, até antecipou algumas das grandes questões da sociedade e do mundo, João Paulo II, como forma de actualização face aos novos problemas com que o Mundo se viu confrontado no final do seu pontificado, acrescentou a essa tríade um novo princípio, o *princípio da solidariedade* ou *princípio da amizade cívica*.

Estes princípios conduzem a que a doutrina social da Igreja possa ser sintetizada em três pontos:

– O direito à vida, à dignidade e aos direitos da pessoa humana, pois a justiça de toda a acção política reside na protecção da vida e dignidade humana;

---

[121] Cf. *Pacem in Terris,* ponto 87.

94   *Adriano Moreira*

– A opção preferencial pelos pobres, fracos e desfavorecidos;
– A solidariedade na interdependência entre os povos, verdadeiro garante da paz mundial.

Referida a posição doutrinária da Igreja, parece oportuno passar para a análise da obra de Adriano Moreira para se poder inferir da influência da doutrina social cristã sobre a mesma[122].

Como já foi anteriormente explicado, uma análise do abundante acervo bibliográfico produzido por Adriano Moreira permite identificar no mesmo vários momentos marcantes, dos quais o período que corresponde à fase em que ocupou o cargo de Subsecretário de Estado da Administração Ultramarina constitui, sem dúvida, uma fase de notável elaboração doutrinária no que concerne à política ultramarina portuguesa[123].

De facto, enquanto exerceu essas funções, no período entre 18 de Março de 1960 e 17 de Março de 1961, Adriano Moreira proferiu seis grandes conferências:

– "A Unidade Política e o Estatuto das Populações" – Universidade de Coimbra, em 18 de Março de 1960, inserida nas comemorações henriquinas e organizada pela Associação Académica;
– "Problemas Sociais do Ultramar" – XXV Aniversário do Instituto de Serviço Social, em 9 de Julho de 1960, no Instituto Superior Técnico;
– "O Pensamento do Infante D. Henrique e a Actual Política Ultramarina de Portugal", em 10 de Setembro de 1960, no Congresso Internacional de História dos Descobrimentos;

---

[122] Adriano Moreira, quando se refere aos possíveis sucessores de Salazar, menciona sempre Antunes Varela, apontando os seus méritos de legislador, sobretudo pela forma como traduzia na lei a doutrina social da igreja. Além disso, no Congresso do CDS, em 25 de Fevereiro de 1985, Adriano Moreira afirmou: "A nossa referência identificadora é a doutrina social da Igreja".

[123] É evidente que, no período pós-25 de Abril de 1974, tanto na bibliografia publicada mesmo no período de maior revolução social: *Saneamento Nacional, O Novíssimo Príncipe* e *Nação Abandonada*, como nas intervenções enquanto deputado da Assembleia da República, ou nas conferências proferidas nas mais diversas instituições, Adriano Moreira continuou a sua elaboração doutrinária e forneceu um importante contributo para a consolidação do regime democrático. A forma como todas as forças com assento parlamentar reagiram ao anúncio da sua despedida da actividade parlamentar constitui exemplo demonstrativo da afirmação anterior.

- "Actualidade das Missões", em 22 de Outubro de 1960, no encerramento dos "Dias de Estudos Missionários" na Sociedade de Geografia de Lisboa;
- "Competição Missionária", em 22 de Janeiro de 1961, na Faculdade de Letras de Coimbra, na sessão de encerramento da Semana Missionária;
- "Provocação e Resposta", em 17 de Março de 1961, no Porto, na Casa do Infante.

Nestas conferências, Adriano Moreira historiou as motivações do processo relativo à expansão portuguesa e caracterizou com notável clareza a situação ultramarina portuguesa, desconstruindo e refutando críticas, alertando para os perigos, identificando as ameaças internas e externas, ao mesmo tempo que reconhecia os erros ou omissões de responsabilidade político-administrativa.

Estas conferências podem, por isso, ser vistas como anunciadoras ou elemento justificativo da inevitabilidade das medidas que viria a tomar quando foi nomeado, em 13 de Abril de 1961, Ministro do Ultramar, na esperança de que ainda houvesse tempo para uma política de autenticidade que conduzisse a um encerrar condigno da fase imperial.

A análise dos discursos permite constatar que Adriano Moreira tinha uma consciência nítida dos interesses instalados, tanto na Metrópole como no Ultramar, e da resistência à mudança.

Sabia, por isso, que uma acção que visasse a autonomia progressiva e irreversível das províncias ultramarinas exigia a criação dos instrumentos político-administrativos destinados a promover e acompanhar a aplicação das reformas, sob pena de não se conseguir ir além de simples alterações semânticas.

De facto, Adriano Moreira conhecia a realidade ultramarina, pois já tinha estado em todas as possessões portuguesas a convite do Almirante Sarmento Rodrigues[124] para preparar a reforma do sistema prisional no Ultramar, reforma que, como muitas das medidas previstas na legislação portuguesa relativamente ao Ultramar, acabou por não se concretizar. Foi

---

124 Durante a reunião realizada a 30 de Junho de 2006 no CNAVES Adriano Moreira afirmou que lhe tinham pedido esse estudo porque nessa altura escrevia ensaios jurídicos sobre esse tema e era o sistema normativo que constituía o objecto das suas preocupações.

esse longo contacto directo, que Adriano Moreira classifica como uma *queda no mundo*, com a realidade ultramarina que lhe permitiu ultrapassar a visão talvez algo normativa que, enquanto docente da Escola Superior Colonial, tinha do Ultramar, pois pôde constatar *in loco* as discrepâncias entre a legislação e a realidade.

Foi a partir da visita a todas as províncias ultramarinas que Adriano Moreira começou a introduzir a noção de autenticidade ou de coincidência entre o projecto proclamado e a realidade que se vivia e a mudar radicalmente as suas preocupações e perspectivas, situação que o levou a autonomizar, primeiro a Política Ultramarina, depois a Ciência Política e mais tarde as Relações Internacionais, numa *viagem* que o próprio classifica como de autodidacta, ou nas suas próprias palavras, "uma obra que foi feita a aprender, porque naquela altura, ao contrário do que se passa na actualidade, não havia diplomados com formação orientada nestas áreas.[125]

Por isso, a sua acção doutrinária, bebendo inspiração na ideia franciscana de que não é pelas palavras mas pelas acções que rezamos, constituiu o mais perfeito e realista, para não dizer único, quadro teórico que a situação colonial portuguesa conheceu.

Na verdade, como João Paulo II afirmou em Assis em 27 de Outubro de 1986, "rezar não significa evadir-se da história e dos problemas que ela apresenta. Ao contrário, é escolher enfrentar a realidade não sozinhos, mas com a força que vem do Alto, a força da verdade e do amor, cuja última fonte está em Deus".

Convirá, no entanto, até pelo espírito de Assis presente nas declarações ou compromissos dos representantes de outras religiões ou confissões religiosas, como Bartolomeu I, Patriarca ortodoxo de Constantinopla, Israel Singer, rabino judeu, Al Azhar Tantawi, xeque muçulmano, Tashi Tsering, budista, representante do Dalai Lama e Chang-GyouChoi, confucionista, que esta influência ou projecção da formação religiosa na acção do homem não constitui monopólio ou exclusividade da religião católica e apostólica romana[126]. Porém, neste estudo, e por razões que parecem

---

[125] Segundo Adriano Moreira, os estudiosos da Ciência Política e das Relações Internacionais vinham da Sociologia, no caso dos Estados Unidos, ou da História e do Direito, no que dizia respeito à Europa.

[126] Sob esta questão é importante consultar as declarações do Aga Khan, Imam dos Muçulmanos Ismailis, na cerimónia de Doutoramento *Honoris Causa*, que teve Adriano

óbvias, apenas se analisa esta influência do ponto de vista da religião que Adriano Moreira admite, publicamente, professar.

A declaração de João Paulo II, em 10 de Junho de 1993, quando afirmou que Francisco era necessário para a Igreja e para o mundo, demonstra que os caminhos da religião e do poder se devem compatibilizar para o bem do Homem, valor que sempre norteou a acção de Adriano Moreira.

Voltando às mudanças idealizadas e, posteriormente, concretizadas por Adriano Moreira, e para uma cabal compreensão das mesmas, importa que sejam inseridas nas conjunturas, interna e externa, que caracterizavam o tempo em que foram realizadas.

Na realidade, só procedendo desta forma se poderá verificar a real dimensão da mudança, pois não se tratou, como errada e inopinadamente se escreveu, de uma mera concessão de Salazar para que "Adriano Moreira lhe lavasse o discurso colonial em águas menos paradas" (Antunes, 1980:70), nem de uma teorização destinada a justificar a manutenção da política colonial.

De facto, uma análise pormenorizada dos seis discursos anteriormente referidos, permite constatar não apenas uma visão esclarecida das conjunturas nacional e internacional, mas também uma perspectiva, uma dimensão, em que a componente ético-religiosa serve de base à estrutura da pirâmide axiológica de matriz humanista e cristã[127].

Assim, na conferência intitulada "A Unidade Política e o Estatuto das Populações" Adriano Moreira clarificou a posição ultramarina portuguesa considerando que "ao decidir-se pela expansão ultramarina, sob o signo da igualdade do género humano, o Estado iniciou um processo novo de integração cultural" (Moreira, 1960a:15) e justificou a política de assimilação "como situando-se no plano político da criação de uma von-

---

Moreira como patrono, e no Simpósio Internacional "Sociedade Cosmopolita, Segurança e Direitos Humanos em Sociedades Pluralistas e Pacíficas", cerimónias realizadas na Universidade de Évora em 12 de Fevereiro de 2006.

[127] Parece curioso que, como me vem sendo ensinado pacientemente pelo Padre José Morais Palos ao longo dos cursos bíblicos, no Evangelho de São Mateus, Jesus também fez seis sermões: Sermão da Montanha (Mt 5-7), Discurso do Envio em Missão (Mt 10), Discurso em Parábolas (Mt 13), Discurso sobre a vida em Comunidade (Mt 18), Discurso sobre os Fariseus (Mt 23) e Discurso sobre a Vinda do Filho do Homem (Mt 24--25). Estas seis situações foram aproveitadas por Jesus para ensinar a doutrina aos Apóstolos de forma a prepará-los para o cumprimento da missão para que Ele próprio os chamara ou escolhera.

tade de viver em comum, e não no sentido de mutiladora da originalidade cultural dos vários grupos que se uniram à sombra da mesma soberania" (Moreira, 1960a:28), pois a alteração ou substituição dos padrões originais da cultura das populações indígenas só se verificou "naqueles domínios em que o imperativo da dignidade humana exige a intervenção que hoje aparece proclamada nas declarações universais dos direitos do homem como dever geral da Humanidade" (Moreira, 1960a:28), claro reconhecimento dos usos e costumes locais, reguladores das relações jurídicas privadas.

Neste ponto, parece nítida a presença da doutrina social da Igreja, pois Adriano Moreira via na solidariedade resultante da interdependência entre os povos, o verdadeiro garante da paz. De facto, a paz só seria possível se "o corpo político fosse realmente o povo multiracial" (Moreira, 1985:45), até porque, na sua opinião e no que concerne à acção portuguesa no mundo, "a nossa concepção repudia historicamente o racismo" (Moreira, 1960a:27)

Além disso, refutou a posição daqueles que deduziam do pressuposto da igualdade das culturas a consequência da extinção dos poderes políticos exteriores aos grupos culturais, clara alusão às opiniões, sobretudo conotadas com o bloco de leste, que exigiam o desmembrar imediato do Império, pois "a unidade política é coerente com a diferenciação de estatutos das populações porque só os estatutos diferenciados permitem assegurar o respeito pelas formas culturais da vida privada de cada um dos grupos que se uniram para formar o Povo Português" (Moreira, 1960a:29).

No entanto, deixou marcada a dificuldade da missão portuguesa: "veremos aparecer células domiciliadas em território estrangeiro, com designações mais ou menos ambiciosas, levantando um clamor de acusações contra o País, tudo de acordo com as mais apuradas regras daquilo que foi chamado a guerra da mentira." (Moreira, 1960b:7).

Estas citações provam que Adriano Moreira, embora não pondo em causa as razões ou intenções que tinham determinado o Decreto-Lei n.º 39 666 de 20 de Maio de 1954, o Estatuto dos Indígenas das Províncias da Guiné, Angola e Moçambique, sabia que essa era uma matéria que importava modificar, pois constituía um elemento condenatório da acção colonizadora portuguesa apresentado nos areópagos internacionais e que estava a ser continuamente inculcado junto da opinião pública mundial.

Aliás, a análise do articulado no preâmbulo do Decreto-Lei n.º 43 893 de 6 de Setembro de 1961, escrito pelo próprio punho de Adriano Moreira, então já Ministro do Ultramar, permite constatar que o mesmo reafirma tudo o que fora afirmado na conferência "A Unidade Política e o Estatuto das Populações".

Por isso, como veremos posteriormente, apesar de conter um único artigo, este Decreto, que revogou o Decreto-Lei n.º 39 666, revestiu-se de uma enorme dimensão política na história da legislação ultramarina portuguesa, pois, como Almeida Santos referiria quarenta e cinco anos mais tarde, "o chamado Estatuto do Indigenato, que vigorou até que o Ministro Adriano Moreira higienicamente o revogou, constituiu a maior violência sobre a alma africana de que há memória"[128].

Esta protecção aos mais desfavorecidos e o reconhecimento do direito à dignidade e aos direitos da pessoa humana voltou a estar presente na Conferência intitulada "Problemas Sociais do Ultramar", na qual Adriano Moreira defendeu a promoção da integração social, mas valorizou ou exigiu uma efectiva participação dos interessados na realização da mesma.

Assim, depois de identificar a fronteira e a cidade como as principais zonas de significado político e social, Adriano Moreira referiu que, no caso dos destribalizados, "não se trata principalmente de fornecer ao trabalhador alimento suficiente e racional, habitação higiénica e confortável, salário justo e equacionado com as possibilidades das empresas e as necessidades familiares do trabalhador. Trata-se antes e muito principalmente de acompanhar de perto a evolução psicológica correspondente à alteração do sistema tradicional de vida, inevitável quando o salário vem substituir os recursos angariados segundo as formas próprias da economia de subsistência" (Moreira, 1960b:18)[129].

---

[128] Cf. António de Almeida Santos, "A Hora da Lusofonia", *in O Dia da Universidade Lusófona de Humanidades e Tecnologias*, Lisboa, Edições Lusófonas, p. 36. A importância histórica do Decreto-Lei n.º 43 893 justifica que o mesmo conste como anexo desta obra.

[129] Parece curioso referir que, no II Congresso das Comunidades de Cultura Portuguesa, na 2.ª secção, Antunes Valente, da delegação de Angola, voltou a chamar a atenção para esta questão ao referir a situação aflitiva vivida pelos emigrantes oriundos de Angola e que trabalhavam em países vizinhos nos quais "precisam de assistência social e religiosa e de centros de convívio" (Cf. *Diário de Notícias*, n.º 36 413, de 20 de Julho de 1967, p. 7).

De facto, como Torres (1991:45) referiu, em toda a África de expressão portuguesa "o trabalho livre (assalariado) não teve praticamente expressão significativa durante o primeiro quartel do século XX".

Esta solidariedade para com os mais pequeninos, ou seja, aqueles a quem era atribuída uma menor importância social, levou Adriano Moreira a enfatizar o papel da mulher indígena cuja importância não podia ser ignorada: "não pode haver evolução equilibrada em função da profunda revolução social que o salário representa em África se a mulher, chamada a enfrentar uma situação inteiramente nova, que é a ausência do homem, não for simultaneamente amparada e chamada a colaborar activamente na tarefa de verdadeira engenharia social que vai implícita na generalização da regra cristã que obriga a ganhar o pão com o suor do rosto" (Moreira, 1960b:19).

Aliás, segundo Adriano Moreira, era necessário estar atento ao problema da família africana, pois um dado novo e preocupante estava a surgir na população indígena, "a desproporção entre homens e mulheres, a influência dos divertimentos modernos, a própria debilidade dos mecanismos de protecção familiar, e muitos outros factores, proporcionam uma liberdade de conduta sexual que não facilita a valorização social do casamento" (Moreira, 1960b:13).

Por isso, quando exerceu o cargo de Ministro do Ultramar, através do Diploma Legislativo Ministerial n.º 28, de 19 de Outubro de 1961, criou na Província de Moçambique o serviço de acção psicossocial, com a missão de fortalecer a coesão nacional pela valorização espiritual, social e material das populações, pela preparação da sua defesa moral e pelo robustecimento da sua vitalidade e resistência.

Outro aspecto que importa referir prende-se com a forma como Adriano Moreira justificou as motivações do mentor da expansão portuguesa, o Infante D. Henrique[130], pois a mesma tem muito de semelhante com a maneira como, nas Escrituras, Jesus assumiu a Sua missão.

De facto, o Infante sabia que "a sua vocação carismática frustra-se no caso de a sua missão não ser reconhecida por aqueles a quem sente que foi enviado". Por isso, sabia que "não deriva o seu direito da vontade dos que o seguem, à maneira de uma eleição. Antes se dá o contrário: é dever

---

[130] O infante D. Henrique parece ter sido ouvido a sós pelo seu pai, o rei D. João I, antes de este decidir entre o projecto oceânico e a expansão continental. (Cf. Moreira, 1985:70).

O pensamento e a obra científica de Adriano Moreira   101

daqueles a quem respeita a sua missão reconhecê-lo como seu chefe" (Moreira, 1961a:3).

Além disso, ou melhor, devido a isso, o Infante tinha consciência de que "os direitos e poderes que reclama, não os reclama para si próprio, mas sim como direitos e poderes funcionais, indispensáveis para a realização da missão que adoptou, meios que asseguram o cumprimento do seu dever moral" (Moreira, 1961a:3).

Este dever moral, tão característico da doutrina social da Igreja, voltou a ser referido por Adriano Moreira nas Conferências "Actualidade das Missões" e sobretudo "A Competição Missionária".

De facto, depois de reconhecer a importância da acção desenvolvida pelas Missões Católicas em África, Adriano Moreira reconheceu que "para desenvolver a acção que delas se espera e nos é imprescindível, necessário é não apenas que disponham de mais obreiros, mas ainda que estes sejam mais tecnicamente qualificados", desideratos que nunca poderiam ser alcançados sem "novos meios, que só podem vir em abundância dos próprios fiéis" (Moreira, 1961a:3).

Esta solicitação, no entanto, não era nova, pois até Cristo, que apenas chamara doze apóstolos para espalhar a doutrina, tinha constatado que "a messe é grande, mas os trabalhadores são poucos" (Mt 9,37) e, por isso, era necessário rogar ao Senhor "para que envie trabalhadores para a sua messe" (Mt 9,38) e que esses trabalhadores tivessem a coragem e o desprendimento, pois "quem não tomar a sua cruz para me seguir, não é digno de mim" (Mt 10,38).

Parece assim evidente que, tanto a expansão da Igreja como a política de autenticidade, só seriam possíveis com o empenho e a mobilização dos crentes, verdadeiros pilares de ambos os projectos, posição sempre defendida por Adriano Moreira, pois considerava que "o cristão não pode esperar que a Igreja se substitua à sua responsabilidade pessoal e exclusiva de optar pelas formas de intervenção que lhes pareçam apropriadas para salvaguardar o tipo de sociedade civil em que deseja viver" (Moreira, 2001:285).

Por isso, como referiu em "Actualidade das Missões", à necessidade de um aumento quantitativo deveria igualmente corresponder uma valorização qualitativa que fosse do domínio público ou, como vem na Sagrada Escritura, "não basta ser-se bom, é necessário também que essa bondade seja conhecida" (Moreira, 1960c:16).

Esta referência prendia-se com a necessidade de valorizar a obra do missionário, "um tipo de homem que leva o convento para a rua, isto é, que cultiva as virtudes monásticas em contacto directo e permanente com todas as dificuldades da vida quotidiana" (Moreira, 1960c:15).

Na verdade, muito por força da competição religiosa, como parte da competição ideológica no mundo e em África, aliada à "circunstância de a falta de autenticidade de vida ser um dos reparos mais graves feitos pelos indígenas aos agentes da acção civilizadora" (Moreira, 1960:15), a acção dos missionários portugueses no Ultramar nem sempre recebia o devido reconhecimento, enquanto as críticas atingiam uma intensidade nem sempre consentânea com os desvios verificados.

Era talvez o tomar da nuvem por Juno, embora o reconhecimento da existência de situações de abuso pessoal conduzisse à necessidade moral de punir aqueles que não respeitavam a Lei, pois na construção de um Império, obra de homens e não de santos, teria de ser inventariado um activo, mas, igualmente, um passivo.

Parece, aliás, curioso referir que, como Adriano Moreira nota, quando a nau *Santa Clara* aportou a Portugal, à baía de Cascais, em Abril de 1570, trazia a bordo os dois maiores cronistas destes aspectos: Camões e Diogo do Couto.

O primeiro era o poeta do activo, da gesta lusa para aproximar a Humanidade e das leis melhores prometidas n' *Os Lusíadas.*

O segundo, autor de *O Soldado Prático,* era o denunciante do passivo, da falta de formação cívica e da degradação moral causada pela ambição desmedida de riqueza.

Adriano Moreira, numa atitude que pode ser encarada como premonitória do problema que viria a enfrentar com o Governador-Geral de Angola, General Venâncio Deslandes, apontou as causas dos desvios e os fundamentos do castigo "quando foi necessário verberar os desvios dos agentes individuais da soberania que nas terras distantes por vezes não resistiam ao gosto do abuso do poder e às tentações da fácil satisfação de interesse pessoal, foi em nome da moral católica da Nação e do Estado que os vícios sempre se denunciaram" (Moreira, 1961a:7).

O recurso à punição, consubstanciada sobretudo na exoneração dos cargos incorrectamente desempenhados, devia ser baseado na prova da existência de delito, da cedência à condição humana, embora, de acordo com a doutrina da Igreja e o exemplo de vida de Adriano Moreira, não se deva "jamais confundir o erro com a pessoa que erra, embora se trate de erro ou inadequado conhecimento em matéria religiosa ou moral. A pessoa que erra não deixa de ser uma pessoa, nem perde nunca a dignidade do ser humano, e portanto sempre merece estima" (João XXIII, 1963:157).

Aliás, no ponto 9 da Encíclica *Pacem in Terris*, o Papa já advertira para que na "convivência humana bem constituída e eficiente, é fundamental o princípio de que cada ser humano é pessoa; isto é, natureza dotada de inteligência e vontade livre. Por essa razão, possui em si mesmo direitos e deveres, que emanam directa e simultaneamente de sua própria natureza. Trata-se, por conseguinte, de direitos e deveres universais, invioláveis, e inalienáveis", que, na orientação de Adriano Moreira, apelam à tolerância.

Neste ponto parece possível estabelecer um paralelo com a acção de João Paulo II que, na sua visita à Croácia, quando, pela primeira vez na história, a martirizada terra dos Balcãs recebia um Papa, incitou à necessidade de perdoar e pedir perdão, mas foi "respondido pelo silêncio da vastíssima audiência de 500 000 cristãos, sinal da gravidade das feridas que atingiram a comunidade dos crentes, desorientados entre a fé e a cólera, talvez esperando mais do milagre do que da razão"[131].

Foi em nome da razão, mas também acreditando que o milagre ainda era possível, que Adriano Moreira, mesmo depois do começo da guerrilha, na sua última conferência como Subsecretário de Estado, e embora repudiando os actos terroristas e denunciando a pressão internacional, principalmente do "aliado" Estados Unidos, sobre o Governo Português, desenvolveu os princípios ou bases doutrinárias em que deveria assentar a política de autenticidade, ou seja, o sentido e a urgência a dar às reformas na administração ultramarina para se conseguir uma política de justiça social[132].

Era a sua forma de cumprir "a primeira lição do Infante, que mantém a mais completa actualidade, é a da autenticidade da ética do Estado, entendida como inteira coerência entre a palavra e a acção" (Moreira, 1961a:7).

---

[131] Cf. *Diário da Assembleia da República*, 1.ª série, 20 de Outubro de 1994, p. 0005.

[132] Segundo Óscar Soares Barata (1995:41), esta Conferência abrange cinco pontos essenciais:

1 – a pressão internacional sobre o Governo português
2 – a provocação à transigência na política ultramarina
3 – a necessidade de regular o estatuto das populações autóctones à nova conjuntura
4 – o sentido a dar às reformas na administração ultramarina
5 – a necessidade duma política de justiça social.

Como o próprio confessa, só a arrogância, a falta de educação e a inteligência moderada têm o condão de o irritar. No entanto, nesta conjuntura tão drasticamente desfavorável, resultado de um novo reequilíbrio do poder mundial e que levou ao afastamento dos antigos aliados, nem essas características se revelaram suficientes para tal.

Ainda no que concerne à acção missionária no Império, Adriano Moreira constatou que "comparando o número de assimilados com o número de católicos, encontra-se uma desproporção surpreendente: em Angola, cujas estatísticas acusa, em 1950, 30 089 assimilados, foram recenseados 1 502 863 católicos" (Moreira, 1960b:10), facto que apontava para a necessidade de saber se fazer cristãos era fazer portugueses na plena acepção da palavra.

Esta questão também já vinha de longe, pois o padre António Vieira, referindo-se à acção missionária no Brasil, considerara que "parcos eram os resultados da pregação do Evangelho em face dos esforços desenvolvidos" (Moreira, 1985:79).

Um último tema que parece merecer reflexão prende-se com os reais destinatários das conferências que, como é óbvio, não se reduziam apenas aos ouvintes presentes nas sessões.

As conferências de Adriano Moreira destinavam-se a uma geração que não sabia bem o que fazer com um império, que Adelino Torres demonstrou ter sido mais imaginário que real, e se sentia isolada e insegura, pois via o seu país marginalizado pela comunidade internacional, consequência de uma conjuntura marcada pela *guerra fria*, até porque, como já foi referido, "devemos contar também com a incompreensão de muitos que são nossos amigos mas ignoram os factos" (Moreira, 1960b:6).

Adriano Moreira sabia que, consequência da febre descolonizadora do período pós-II Guerra Mundial, a proliferação de novos países, todos antigas colónias das potências da faixa atlântica criadoras do euromundo, sistema que o segundo conflito mundial se encarregara de disfuncionar, iria ter reflexos negativos na situação do Império português, sobretudo se Portugal continuasse a desperdiçar o cada vez mais reduzido tempo ainda à sua disposição.

Assim, o público-alvo era constituído por pessoas inseguras, ansiosas, sedentas de certezas ou, pelo menos, de esperanças e que corriam o sério risco de serem enganadas por falsos profetas que lhes acenavam com novos Brasis em África, ou a "Rodésias inviáveis ou Áfricas do Sul condenáveis" (Moreira, 1985:45), sem terem em conta que essas quimeras não encontravam tradução possível na nova conjuntura.

Em conclusão, não parecem restar dúvidas de que as conferências apresentam uma nova doutrina[133] e as razões para a justificação da mesma, situação que explica o recurso de Adriano Moreira a uma forma subtil de crítica.

De facto, a existência, nos corredores do poder, de uma grande oposição interna à mudança, simbolizada na corrente denominada integrista[134], que não convinha pública e directamente enfrentar sob pena de desacreditação internacional do projecto de Portugal, levou a que Adriano Moreira adoptasse uma técnica argumentativa em que a crítica se virou preferentemente para o elemento externo, embora fosse perfeitamente perceptível que toda a argumentação era feita partindo do princípio de que a mudança era uma exigência da conjuntura histórica e que não havia mais espaço, nem vontade social, para a manutenção de um Império Colonial. Era o *tempo tríbulo* a ditar a sua lei.

Esta forma de argumentar representava, afinal, uma técnica discursiva semelhante às parábolas de Jesus. Só que, quem tinha ouvidos, não quis ou não pôde ouvir!

Para encerrar o estudo, voltando à primeira citação do capítulo, a formação religiosa recebida inicialmente, a que deverá ser acrescentada uma valiosa e contínua aquisição feita durante a vida, parecem condição suficiente e necessária para justificar axiologicamente a acção política e doutrinária de Adriano Moreira.

Sem essa formação a acção doutrinária seria forçosamente diferente, pois o elemento religioso serviu de garante da verdade e do humanismo baseado na igual dignidade de todas as pessoas e povos.

Por isso, considera-se provado que Adriano Moreira, enquanto pensador e detentor de poder, sempre cumpriu a doutrina social da Igreja.

---

[133] Uma doutrina não pode ser reduzida a uma ideologia, pois, como Adriano Moreira referiu, no que respeita à doutrina cristã, que não deve ser confundida com a doutrina social da Igreja, é essa doutrina que ainda hoje a Igreja guarda, pois é "mestra da exegese e pode variar na interpretação dessa doutrina: mas é sempre da mesma doutrina que se trata, e não de qualquer mutável atitude ideológica para as diferentes conjunturas" (Moreira, 2001: 276).

[134] Esta corrente tinha em José Gonçalo Correia de Oliveira, Ministro de Estado junto do Presidente do Conselho até Março de 1965, o rosto mais visível (Cf. Léonard, 1999).

106 *Adriano Moreira*

Na realidade, a sua acção política foi prova de que " para impregnarem de rectas normas e princípios cristãos uma civilização, não basta gozar da luz da fé e arder no desejo do bem. É necessário para tanto inserir-se nas suas instituições e trabalhá-las eficientemente por dentro" (João XXIII, 1963:146). Por isso, foi com o espírito de missão que devotou grande parte da sua vida à causa pública.

Quanto à opção pelos pobres e desfavorecidos, bastará ter em conta a forma como tratou da questão do indigenato para se identificar a sua noção de justiça social.

Além disso, é difícil negar que procurou que "os poderes públicos se empenhem a fundo para que ao desenvolvimento económico corresponda o progresso social e que, em proporção da eficiência do sistema produtivo, se desenvolvam os serviços essenciais" (João XXIII, 1963:64).

Muitas das alterações promovidas no Ultramar, e de que a questão do algodão e das terras ou a criação dos Estudos Gerais constituem apenas meros exemplos, não deixam margem para dúvidas.

Também não parece possível, atribuir-lhe abusos de autoridade, pois tudo fez no pressuposto de que "a autoridade não é força incontrolável, é sim faculdade de mandar segundo a sã razão" (João XXIII, 1963:47)[135].

De facto, a sua disposição para ouvir as populações e os seus representantes legais, como fica cabalmente provado pela relação de amizade que manteve com D. Sebastião de Resende, bispo da Beira, atento e dedicado aos problemas, não apenas religiosos, da comunidade que servia[136], a nomeação do futuro líder do MPLA, Agostinho Neto, acabado de sair da

---

[135] Esta forma democrática de agir foi uma constante na vida de Adriano Moreira. Assim, por exemplo, no encerramento dos trabalhos do II Congresso das Comunidades de Cultura Portuguesa, o deputado e congressista brasileiro Cunha Bueno entregou-lhe uma carta do Governador do Estado de São Paulo a oferecer uma cidade desse Estado para acolher o III Congresso. Adriano Moreira que, na qualidade de organizador do Congresso, poderia tomar uma decisão, agradeceu a oferta mas informou-o que, como já houvera outras ofertas, nomeadamente das comunidades dos Estados Unidos, "o assunto teria de ser resolvido em reunião do Conselho" (Cf. *Diário de Notícias*, n.° 36 415 de 22 de Julho de 1967, p. 7).

[136] Depois da morte de D. Sebastião de Resende, por solicitação de Jorge Jardim e como garantia da manutenção da alma do *Diário de Moçambique*, Adriano Moreira viria a colaborar no jornal fundado pelo bispo com crónicas, que viriam a ser publicadas por Domingos Monteiro no livro intitulado *Tempo de Vésperas: a Agonia do Regime*, já depois das autoridades terem proibido a colaboração no jornal.

prisão, para os Serviços de Saúde de Cabo Verde, ou de Honório Barbosa, um magistrado considerado opositor do regime, para Director-Geral de Justiça do Ministério do Ultramar, não se coadunam com autoritarismos, antes pelo contrário, reflectem uma enorme capacidade de abertura.

Na verdade, estas nomeações, se vistas numa perspectiva sociológica, não se inseriram numa estratégia da cultura dominante para desacreditar a contra-cultura, atraindo alguns dos elementos defensores da cultura alternativa para a sua esfera de influência como forma de anular ou controlar a sua acção e garantir a reprodução social, pois toda a acção de Adriano Moreira visava a mudança e não a manutenção ou continuidade das práticas coloniais.

É evidente que autoritarismo e autoridade são conceitos que não são sinónimos e, por isso, Adriano Moreira, sem nunca enjeitar a responsabilidade que, numa fase subsequente, lhe advinha da sua qualidade de Ministro do Ultramar, foi firme nas decisões, só que, antes de tomar decisões que se destinavam a mudar o rumo da acção ultramarina portuguesa, já procedera a uma cuidada ponderação das mesmas, como ficou demonstrado nas conferências proferidas.

Por isso, como se verá posteriormente, a acção de Adriano Moreira enquanto Ministro foi marcada pela coerência, pela autenticidade e pelo respeito pelos valores e princípios cristãos que lhe foram transmitidos e para os quais, desde sempre, "a justa ordem da sociedade e do Estado é dever central da política" (Bento XVI, 2006:28a).

Em suma, por tudo o que foi exposto, não admira que, como cristão, Adriano Moreira continue a cumprir a tradição recebida de sua mãe e a honrar, diariamente, a sua memória.

É por isso que, como nos confidenciou, toda a vida tem tido como referência a doutrina social da igreja e, agora, está nesse processo com a filha mais nova e com os netos, porque com a mudança de paradigmas a que todos se vêem obrigados a responder devido à concorrência de informação de muitas fontes difíceis de dominar, como a Internet ou a televisão, e como a escola está mal apetrechada para responder a essa mudança, os pais têm de estar mais despertos e acompanhar a evolução dos filhos com a maior atenção.

De facto, como a inteligência não está mobilada pela experiência, os jovens são muito mais lógicos, silogísticos, e o trabalho dos pais consiste em moderar esse silogismo com os valores humanos e cristãos.

CAPÍTULO III
A Acção Legislativa

3.1. Produção na Metrópole

A acção legislativa de Adriano Moreira enquanto Ministro do Ultramar representou a tradução prática das ideias apresentadas enquanto Subsecretário de Estado da Administração Ultramarina.

De facto, os principais Decretos e Portarias da responsabilidade do Ministro do Ultramar destinaram-se a procurar uma solução real para os problemas sociais que tinha constatado nas províncias ultramarinas.

Não se tratou, por conseguinte, de um conjunto de medidas avulsas, as "conhecidas *Adrianadas*, na designação depreciativa dos seus críticos, movidos sobretudo por interesses que se julgavam postos em causa",[137] mas de uma verdadeira acção legislativa destinada a pôr em prática as ideias ou modelos que considerava correctos para aquele tempo e conjuntura, ou seja, uma política de autonomia progressiva e irreversível.

Não será por acaso que, como Inês Dentinho referiu, Adriano Moreira considerava de leitura obrigatória o Estatuto de Westminster, de 1931, que estabelecia iguais direitos entre territórios do Império Britânico e Reino Unido.

Por isso, como Manuel Chantre afirmou no seu depoimento, a sua "brilhante passagem pelo Ministério do Ultramar provocou uma autêntica revolução no modo de pensar e tratar a questão ultramarina".

A pertinência de alterar a situação vigente pode também ser avaliada pelo elevado número de Decretos e de Portarias publicados no *Diário do Governo*[138].

Neste ponto, convém referir que a produção legislativa não teve origem apenas na Metrópole, pois Adriano Moreira, nas várias ocasiões em que se deslocou ao Ultramar, produziu abundante acervo legislativo.

---

[137] Cf. Eurico Dias Nogueira, "Singelo Depoimento sobre o primeiro Bispo da Beira", *in Villa da Feira,* ano IV, número 12, Fevereiro de 2006, p. 24.

[138] Neste capítulo são usados como fontes principais o *Diário do Governo* e os volumes 7.º e 8.º de *A Nova Legislação Ultramarina*, editados pela Agência-Geral do Ultramar.

É evidente que muitos desses diplomas se destinavam a legislar sobre questões relativas ao normal funcionamento das províncias ultramarinas, nomeadamente sobre as alterações dos orçamentos, sempre a exigirem reforço de verbas, a abertura de créditos ou as instruções a observar no despacho de mercadorias importadas ou exportadas pelas instâncias aduaneiras ultramarinas.

Porém, uma análise criteriosa dessa legislação permite verificar que Adriano Moreira tinha uma ideia bem nítida e estruturada sobre a forma como se deveria processar a mudança, ou seja, sabia quais os domínios em que as alterações eram mais pertinentes e de que forma as mesmas deveriam ser levadas a cabo.

Assim, a análise do acervo legislativo produzido permite identificar as várias áreas consideradas pertinentes: a alteração das leis do trabalho, com o consequente fim do trabalho compelido ou obrigatório, a resolução da questão das terras, a alteração do estatuto das populações indígenas, a organização dos órgãos de administração das províncias ultramarinas visando a descentralização de serviços, a institucionalização de uma política social e a modernização e ampliação da rede educativa.

Assim, no que se refere às questões laborais, Adriano Moreira promulgou, em 24 de Agosto de 1961, o Decreto-Lei n.° 43 874, destinado a resolver o problema do algodão, do café e dos cereais, pois os acontecimentos violentos de 1961 em Cassange tinham sido provocados pelo problema da cultura do algodão.

Este diploma previa a extinção das Juntas de Exportação do Algodão, dos Cereais e do Café, extinção que deveria ocorrer em 31 de Dezembro de 1961, e criava os organismos que lhes iriam suceder: os Institutos do Algodão de Angola e de Moçambique, dos Cereais de Angola e do Café de Angola.

As razões explicativas deste Decreto-Lei resultaram de estudos preliminares que absorveram "pontos pertinentes e aspectos da vida financeira das três Juntas, da sua actividade administrativa, do pessoal existente, das estruturas regulamentares, dos possíveis fundos mais ou menos autónomos, dos empréstimos e outras obrigações assumidas, dos serviços técnicos e de investigação científica e das relações entre estes organismos de coordenação económica e outros organismos e serviços, tanto da metrópole como do ultramar".

Não se tratou, por isso, de medidas descontextualizadas ou de difícil aplicação até porque Adriano Moreira publicou, no mesmo dia em que extinguia as três Juntas, os Decretos n.º 43 875, n.º 43 876 e n.º 43 877, que promulgavam a orgânica dos três Institutos criados.

Este Decreto-Lei representou uma forma de descentralização, pois, de acordo com os dados resultantes dos estudos preliminares, concluiu-se "pela conveniência da localização dos organismos nas províncias ultramarinas, dando-se-lhes, por outro lado, a feição de instituto, atendendo a que tais organismos devem estender a sua acção de disciplina económica desde a produção até ao consumo".

Além disso, a coordenação dos organismos passava a ser feita numa base provincial, através dos conselhos económicos, e no plano central do Ministério do Ultramar, por intermédio da Direcção-Geral de Economia.

Deduzir, como alguns pretensos críticos, que a manutenção da coordenação central representava uma forma de centralização, parece claramente redutor e incorrecto.

Ainda no que se refere às questões laborais, importa referir que a produção legislativa teve de ser abundante face à quantidade de situações que urgia alterar.

Assim, pelo Decreto n.º 43 637, de 2 de Maio de 1961, criou os serviços de inspecção do trabalho nas províncias ultramarinas e, em 3 de Fevereiro de 1962, pela Portaria n.º 19 004, mandou pôr em vigor em todas as províncias ultramarinas o Decreto-Lei n.º 44 148, que aprovava para ratificação a Convenção n.º 81 relativa à inspecção do trabalho na indústria e no comércio, adoptada pela 30.ª Conferência Geral da Organização Internacional do Trabalho, reunida em Genebra. Além disso criou os Institutos do Trabalho, Previdência e Acção Social em quatro das províncias ultramarinas e, em 27 de Abril de 1962, promulgou o Decreto n.º 44 309, o Código do Trabalho Rural.

Este Decreto aprovava o Código do Trabalho Rural para vigorar, a partir de 1 de Outubro de 1962, nas províncias de Cabo Verde, Guiné, S. Tomé e Príncipe, Angola, Moçambique e Timor e revogava o Código do Trabalho Indígena, aprovado pelo Decreto n.º 16 199 e os regulamentos, portarias e demais diplomas publicados nas províncias para complementar esse código.

No preâmbulo do Decreto, Adriano Moreira referiu que a publicação do mesmo resultava de considerações de ordem técnica e, sobretudo, de justiça social para assegurar que fossem iguais "para todo o território nacional e para todas as pessoas as regras gerais que disciplinam o direito ao trabalho". Depois, historiou a evolução legislativa neste domínio, referindo, nomeadamente, o Código do Trabalho Indígena, aprovado pelo Decreto n.º 16 199 de 6 de Dezembro de 1928 "informado pelas ideias da época e em muitos aspectos avançado em relação a ela", o Decreto n.º 43 039 de 30 de Junho de 1960, que revogou "todas as sanções penais por quebra de contratos de trabalho, ficando assim todos os trabalhadores portugueses, sem qualquer distinção, exclusivamente sujeitos às sanções da lei civil" e as Portarias n.º 17 771, de 17 de Junho e n.º 17 782 de 28 de Junho de 1960.

A primeira uniformizava "para todo o território nacional os critérios de fixação de salários mínimos" e a regra de absoluta liberdade contratual para definir salários acima dos mínimos.

A segunda regulava em todo o território nacional "as convenções colectivas de trabalho".

Este Decreto, apesar de Adriano Moreira alertar para "as inegáveis imperfeições, que o tempo e a experiência corrigirão", representou o fim de frequentes situações verificadas no terreno e que não revelavam respeito pelos direitos dos indígenas.

Assim, estipulava que era "afastada qualquer distinção entre grupos étnicos ou culturais, passando todos os trabalhadores, qualquer que seja a sua filiação cultural a regular-se pela mesma lei; não é admitida nenhuma forma de trabalho compelido; não se prevêem sanções penais por falta de cumprimento do contrato de trabalho; não existe qualquer tutela paternalista dos trabalhadores; não é permitido o angariamento de trabalhadores com intervenção ou facilidades das autoridades; não há qualquer intervenção da autoridade na formação dos contratos de trabalho; não se admite qualquer diferença de tratamento entre homens e mulheres nas relações de trabalho, salvo os especiais direitos reconhecidos àquelas por imposição da sua natureza".

A importância e o alcance social, político e económico deste Decreto podem-se medir pelo relatório realizado pelo BIT em 1962 e publicado no *Official Bulletin* do BIT, volume 45, n.º 2, suplemento II, de Abril de 1962.

Na verdade, esse relatório considerou este código de medidas laborais como a legislação de trabalho mais adiantada de África e não pôs dúvidas de que o mesmo estava a ser aplicado com convicção, ao contrário de outros, que, com base ou fundamento na oportunidade de presenciar no local a aplicação da medida legislativa, afirmaram que se estava "em presença da formulação de uma carapaça legal com que Portugal pudesse defender-se na ONU, no BIT, nos meios de opinião pública através do mundo" (Capela, 1977:259).

Parece, no entanto, pertinente referir que os argumentos que supostamente sustentam esta crítica são sobretudo de natureza ideológica e talvez encontrem justificação na circunstância revolucionária vivida aquando da publicação da obra citada.

De facto, a argumentação é feita de forma a tentar provar que Portugal pretendia manter uma visão paternalista e confunde a evolução ou transformação dos modos de produção, processo em curso na África portuguesa e que se revelava fundamental para o seu desenvolvimento, com a destruição dos valores culturais nativos.

Parece claro que aceitar a passagem de uma agricultura de subsistência para uma economia baseada na prestação de serviços sem implicar alterações nas vidas das populações autóctones representa uma perfeita utopia.

Além disso, a argumentação recorre, algo indiscriminadamente, a legislação anterior ou posterior ao período em que Adriano Moreira ocupou o cargo de Ministro do Ultramar, como o Diploma Legislativo n.º 1 595 de 1956 e a circular do Instituto do Trabalho de Moçambique, datada de 22 de Fevereiro de 1966, como se estivesse em presença de uma política de continuidade, sem compreender o verdadeiro momento de ruptura que separa esses documentos.

Voltando ao Código do Trabalho Rural, outro aspecto importante prende-se com a circunstância de, no preâmbulo, Adriano Moreira voltar a insistir na ideia que defendera na Conferência "Problemas Sociais do Ultramar" da necessidade de preparar psicologicamente o trabalhador e a mulher indígenas para a alteração do sistema tradicional de vida, provocada pela regularidade do trabalho assalariado.

Aliás, se for analisado o conteúdo dessa Conferência e o preâmbulo do Decreto n.º 44 309, constatar-se-á que o segundo reproduz, quase textualmente, muitas das afirmações proferidas durante a Conferência, prova de que esta fazia parte da fase doutrinária da política de autenticidade.

Também importa referir que as vozes críticas que se levantaram para considerar que "o código não contemplava, na sua aplicação, verdadeiramente, os trabalhadores rurais, tanto como a já enorme massa de assalariados de todo o género" (Capela, 1977:263), entram em contradição com as suas próprias posições.

Na verdade, primeiro questionam a razão de o Código só abranger a actividade agrícola e deixar de fora as outras actividades constantes do sectograma e, depois, reclamam porque o Código, afinal, não abrange apenas os trabalhadores rurais.

Ainda relacionado com a questão laboral, terá de ser considerada a promulgação, a 6 de Setembro de 1961, do Decreto-Lei n.º 43 894 sobre o regime das terras.

O preâmbulo do diploma representou uma nova lição sobre a colonização portuguesa em África.

De facto, Adriano Moreira historiou a evolução do processo, referindo que "a concessão de terrenos do Estado nas províncias ultramarinas de África está a reger-se por diplomas editados em 1918 (Moçambique), em 1919 (Angola) e em 1938 (Guiné)".

Porém, "além destes diplomas fundamentais, muitos outros foram publicados, em número de algumas dezenas, tornando confusa a interpretação das disposições legais aplicáveis e difícil a sua execução", prova de que medidas avulsas não podem constituir uma verdadeira política.

Tal constatação levou a que em 1944 se pretendesse "obstar a um tal inconveniente promulgando as bases gerais das concessões de terrenos do Estado no ultramar – Lei n.º 2001, de 16 de Maio".

Assim, "o Decreto n.º 33 727 de 22 de Junho do mesmo ano, aplicável às três citadas províncias ultramarinas, reuniu todas as disposições regulamentares respeitantes à concessão de terras, mas a sua promulgação levantou objecções por parte das províncias de Angola e Moçambique. Estas comunicaram as alterações que julgaram necessário introduzir no diploma para a sua exequibilidade e focaram a necessidade de se reorganizarem os serviços de agrimensura de forma a dar-lhes estrutura e meios que lhes imprimissem a eficiência que a execução do diploma impunha". Este pormenor revela claramente a dificuldade de traduzir na prática o que estava legislado no papel.

Por isso "o regulamento veio a ser suspenso em 1945, por força do Decreto n.º 34 597 de 12 de Maio", até que os serviços elaborassem um projecto que foi "por despacho de 26 de Dezembro de 1955, enviado a parecer do venerando Conselho Ultramarino".

Este Conselho analisou o projecto e apontou "os princípios gerais que devem nortear a elaboração de um regulamento de terras com o fim de se promover a ocupação e exploração da terra, de assegurar o seu melhor aproveitamento e de salvaguardar os interesses das populações [...] e juntou ainda ao seu parecer um projecto de regulamento da concessão de terrenos nas províncias ultramarinas da Guiné, Angola e Moçambique".

O processo continuou com a redacção de um projecto de regulamento de concessão de terrenos, no qual colaboraram os serviços geográficos e cadastrais de Angola, projecto que ficou terminado no final de 1958, e, depois, foi remetido às províncias de Angola e Moçambique para efeitos de parecer.

A conclusão do processo só aconteceria depois de recebidos esses pareceres. Foi então "nomeada em 1961 uma comissão, com representantes das províncias, para rever o mais recente dos projectos de diploma elaborado".

Depois de historiar todo o processo, Adriano Moreira defendeu o novo modelo proposto, referindo que "o estudo foi norteado pela preocupação de abreviar os termos do processo, de assegurar o melhor aproveitamento dos terrenos em harmonia com a adaptabilidade dos mesmos e de garantir às populações os direitos aos terrenos por elas ocupados e explorados com habitações e culturas".

Na sua opinião, os direitos das populações ficavam melhor defendidos pela nova legislação, pois, "ao abrigo das disposições deste novo regulamento todos poderão obter concessões, os seus direitos de propriedade são registados na conservatória do registo predial e é admitida a transmissão destes direitos". Além disso, eram classificados como de 2.ª classe "insusceptíveis de concessão a quem não seja vizinho das regedorias, o quíntuplo da área ocupada por regedorias" de forma a proibir "sob pena de sanções, fazer deslocar as populações para terrenos diferentes daqueles que estejam a ocupar com o intuito de incluir estes, no todo ou em parte, nas demarcações provisórias".

Este Decreto mostra que Adriano Moreira tinha um conhecimento claro dos abusos praticados. Por isso, permitia aos órgãos provinciais a não autorização da "substituição nem a transmissão de demarcações ou concessões provisórias antes do seu aproveitamento quando houver motivos para supor que a concessão foi requerida para fins especulativos" e exigia aos interessados em concessões superiores a 100 hectares a apresentarem um plano explicativo do aproveitamento que pretendiam fazer e a demonstrarem "a capacidade técnica e as posses financeiras de que dispõem para o executar".

De facto, era prática ou tendência "negociar com bens do Estado", como acontecia com o derrube de árvores sem que os campos fossem depois explorados agricolamente, situação que também acontecia logo que a concessão passava a definitiva. Por isso, Adriano Moreira exigiu que os concessionários mantivessem "em aproveitamento permanente não só os terrenos que se encontram na fase de concessão provisória como aqueles que já tenham sido objecto de concessão definitiva".

A visão de futuro do Ministro esteve também presente quando proibiu "2.ª remissão de foros de terrenos de 1.ª classe situados em subúrbios de povoações", pois, com a pulverização da parcela, o crescimento dessas povoações iria provocar problemas urbanísticos dispendiosos.

A forma anárquica como se continua a processar na actualidade o crescimento das cidades em África, com um aglomerar incessante de musseques na periferia das cidades, encarregou-se de provar o alcance e a importância da medida.

Outro aspecto que ressalta da leitura do Decreto prende-se com a simplificação do processo burocrático, dispensando-se a intervenção da comissão de terras e, sempre que possível, a autoridade administrativa. Tal não significava, no entanto, que o controlo do processo fosse menos rigoroso. Pelo contrário, a acção das brigadas de demarcação e vistoria e dos meios consultivos dos serviços de agrimensura asseguravam a garantia de aplicação no terreno de tudo o que estava legislado.

Analisada a questão laboral, importa referir um passo sem o qual essa questão não poderia ser resolvida: a revogação do Estatuto dos Indígenas das Províncias da Guiné, Angola e Moçambique, Decreto-Lei n.º 39 666 de 20 de Maio de 1954.

Essa revogação aconteceu a 6 de Setembro de 1961, através do Decreto-Lei n.º 43 893.

No preâmbulo do Decreto-Lei n.º 43 893, Adriano Moreira explicou que o Decreto-Lei n.º 39 666 "nem sempre tem sido entendido de modo a fazer-se justiça às razões e intenções que o determinaram", pois a história da expansão portuguesa mostrava que "onde nos estabelecemos adaptámo-nos perfeitamente aos ambientes próprios e estilos de vida tradicionais, procurando que o exemplo e o convívio fossem os meios mais destacados da assimilação que se pretendia".

Assim, foi "a tradição portuguesa de respeito pelo direito privado das populações que foram incorporadas no Estado [...] elemento decisivo da sua evolução e valorização no conjunto geral da Humanidade " que promoveu a "tradicional existência no direito português de um diploma que especialmente se ocupasse da situação jurídica dos chamados indígenas".

Por isso, esse Decreto não se destinava a criar portugueses de primeira e de segunda, pois, para Portugal, "a cidadania tinha o significado de nacionalidade, e esta sempre foi adquirida por todos segundo as mesmas regras".

De facto, o "predomínio do espírito de missão, o sentido do essencial em prejuízo das fórmulas, o imperativo sempre observado de não fazer violência aos povos, levou entre nós a relacionar formalmente o estatuto de direito privado com o estatuto político e a fazer depender este da espécie de lei privada a que cada português estivesse subordinado, tudo sem prejuízo da nacionalidade comum"

Porém, "o racionalismo do direito público da época, que por todo o Mundo ocidental foi estabelecendo fórmulas equivalentes de organização política, suscitou um problema de fundo – o de proteger a estrutura dos agregados tradicionais nas regiões tropicais e subtropicais –, e suscitou um problema de técnica jurídica, que se traduziu na confusão do conceito de cidadania com a capacidade de gozo e exercício de direitos políticos relacionados com as novas formas dos órgãos de soberania".

Essa confusão "deu ocasião aos nossos adversários para sustentarem, com base no restrito conceito de cidadania antes referido, que o povo português estava dividido em duas classes praticamente não comunicantes […] não eram considerados portugueses todos os que viviam à sombra da nossa bandeira, porque a lei só a alguns conferia os direitos políticos relacionados com os órgãos da soberania".

Esses adversários fingiam desconhecer que "no direito português contemporâneo já nem sequer é regra geral a relação de dependência entre os estatutos de direito privado e o estatuto político", até porque "sempre o Estado da Índia, Macau e Cabo Verde constituíram excepção a essa regra e, depois da Lei Orgânica do Ultramar, promulgada em 27 de Junho de 1953, tal dependência deixou de existir nas províncias de S. Tomé e Príncipe e Timor. De modo que o nosso direito tem revelado uma tendência firme no sentido de submeter toda a população ao mesmo estatuto político, de acordo com uma evolução só condicionada pelos nossos deveres missionários".

Ora, face ao exposto, e tendo em conta a acção civilizadora consubstanciada na evolução registada no nível de vida dos indígenas, foi Adriano Moreira levado a considerar que já não era necessário o conjunto de disposições protectoras dos indígenas e, como tal, revogou o Decreto--Lei n.º 39 666.

O Assédio Moral no Trabalho

Os críticos, sempre em busca de argumentos que a evolução legislativa se ia encarregando de desmontar, consideraram que esta medida não teve tradução prática, pois "os próprios ex-indígenas [...] ignoraram de todo a sua nova situação legal [...] as próprias empresas que porventura se interessavam em legalizar as regalias [...] viam-se embaraçadas para o fazer, quer pela ausência do aparato documental [...] quer pela perplexidade do funcionalismo já escasso e impreparado para atender às solicitações" (Capela, 1977:265).

Esqueciam essas vozes os vários Diplomas Legislativos Ministeriais, sobretudo várias Providências Legislativas Ministeriais tomadas em Angola, de 20 a 28 de Outubro de 1961, que aumentavam os quadros dos diversos Serviços de forma a possibilitar uma melhor organização dos mesmos.

Esqueciam, também, que, em nome da autenticidade, em 6 de Setembro de 1962 através do Decreto 44 455, Adriano Moreira dispensou os antigos indígenas da documentação exigida para a obtenção do bilhete de identidade, pois alguns agentes coloniais serviam-se desse pretexto para impedir o acesso dos antigos indígenas a esse documento.

Parece importante referir, até como forma de compreender o peso da resistência interna à mudança, que essa medida seria, mais tarde, em 23 de Abril de 1969, revogada pelo Decreto n.º 49 980.

A importância da revogação do Decreto-Lei n.º 39 666 viria, já no período pós-25 de Abril, a ser reconhecida pelo Presidente da Assembleia da República quando afirmou que "eu próprio, por ter exercido o direito de pedir a abolição do ultrajante «estatuto do indigenato» – que, algum tempo depois, viria a ser abolido pelo então ministro Adriano Moreira agora, aqui na nossa companhia –, vi contra mim instaurado um processo crime no Tribunal Militar de Moçambique e assim me achei réu de um crime horrível punível com pena maior de 8 a 12 anos e proibido de ir ao estrangeiro por cerca de uma década"[139].

A forma como a legislação de Adriano Moreira foi alterada ou revogada, assim que o mesmo cessou funções governativas, permite constatar que a acção legislativa de Adriano Moreira era objecto de dois tipos de críticas: as dos interesses instalados, que consideravam que se estava a ir longe de mais, e a daqueles que se arvoravam como defensores dos

---

[139] Cf. *Diário da Assembleia da República*, n.º 068, 1.ª série, 27 de Abril de 1990, p. 2298.

autóctones e que não valorizavam de uma forma justa o alcance das mudanças. Indiferente a uns e a outros, o Ministro do Ultramar punha em prática, de uma forma faseada e consequente, o projecto que concebera.

Por isso, e por estar relacionado com esta problemática, importa frisar que também o problema da circulação e fixação dos cidadãos portugueses em qualquer parte do território nacional mereceu a atenção do Ministro do Ultramar.

De facto, esta questão já não era nova, pois vinha desde a época da expansão, quando Francisco de Vitória defendeu o *jus communicationes,* ou seja, o direito que cada homem tinha de estar, andar e ir de um lado para outro ao redor da Terra.

No caso português, "a Lei Orgânica do Ultramar, na regra II da base LXXI, estabeleceu que será facilitada a circulação das pessoas dentro de todo o território nacional". No entanto, a realidade não correspondia a essa facilidade e, por isso, Adriano Moreira, através do Decreto-Lei n.° 44016, de 8 de Novembro de 1961, veio impor a revisão das restrições ainda existentes, visto ter-se como certo que a livre circulação de pessoas, observadas as disposições regulamentares, sobretudo de sanidade, deve preceder a livre circulação das mercadorias.

A questão não ficou completamente clarificada, como se prova pela necessidade de proceder à aprovação de nova legislação sobre o assunto, o Decreto n.° 44171, de 1 de Fevereiro de 1962.

Este Decreto, no seu artigo primeiro, referia que era "livre a entrada e fixação dos cidadãos portugueses em qualquer parte do território nacional" e no artigo segundo declarava que "não é exigível passaporte aos cidadãos portugueses que se desloquem de um ponto para outro do território nacional".

Além destes artigos havia um parágrafo único que estipulava que "sempre que a deslocação se faça através de território estrangeiro ou com escala em território estrangeiro, será concedido passaporte mesmo às pessoas referidas no artigo 16.° do Decreto n.° 39794, de 28 de Agosto de 1954, com dispensa do condicionamento previsto nos parágrafos do mesmo artigo".

Apresentada e analisada a principal produção legislativa sobre a questão laboral, à qual até os críticos reconhecem "ter esta legislação, na realidade, posto cobro aos aspectos mais bárbaros, ter atenuado a autêntica histeria que se havia apoderado de quantos intervinham na angariação de mão-de-obra" (Capela, 1977:270), importa referir a legislação relacionada com a questão da educação.

No que se refere à educação, Adriano Moreira, que valorizava a obra desenvolvida por D. Sebastião de Resende a nível do ensino de base para os autóctones e da criação de escolas secundárias, também se preocupou com a formação dos agentes de serviço social.

Assim, pelo Decreto n.º 44 159, de 18 de Janeiro de 1962, permitiu a criação, dentro dos quadros do ensino oficial ou particular das províncias ultramarinas, de institutos de educação e serviço social e, pela Portaria n.º 19 091, de 26 de Março de 1962, conjunta com o Ministério da Educação Nacional, aprovou os programas dos cursos de serviço social, de educadores sociais, de educadores de infância.

No entanto, o culminar da acção legislativa de Adriano Moreira, no que concerne à educação, foi a criação, pelo Decreto-Lei n.º 44 530, dos Estudos Gerais Universitários em Angola e Moçambique, em 21 de Agosto de 1962, situação que merece ser historiada até para desmistificar a posição de quem reclamou, *a posteriori,* uma intervenção no processo, que está longe de corresponder à realidade.

Assim, em 7 de Outubro de 1961, o Plano do Governo de Angola para 1962 contemplou a criação do ensino superior em Angola. Este plano foi apresentado pelo Governador-Geral de Angola, General Venâncio Deslandes, ao Conselho Legislativo de Angola para análise e aprovação e, mais tarde, em Luanda, ao Ministro do Ultramar, Adriano Moreira, que fazia escala em Angola a caminho de Moçambique.

O Ministro, de quem o Governador-Geral dependia em termos hierárquicos, não concordou com a ideia apresentada pelo General Deslandes para a criação da Escola Superior Politécnica de Angola-ESPA e informou-o que a sua qualidade de Governador não lhe concedia autoridade para a criação, além de que essa medida seria uma discriminação para Moçambique. Também o informou de que a legislação para a criação dos Estudos Gerais Ultramarinos estava quase pronta e que iria anunciar esse facto na cidade da Beira, como forma de homenagear o bispo D. Sebastião de Resende, grande defensor dessa criação.

Porém, o Governador não teve em conta esta advertência e, em 21 de Abril de 1962, o Conselho Legislativo de Angola aprovou, em sessão extraordinária, o projecto de Diploma Legislativo n.º 3 235, que criava os Centros de Estudos Universitários, junto do Laboratório de Engenharia de Angola.

Esta proposta do Governo de Angola foi aprovada, com o voto contra do vereador angolano, Lourenço Mendes da Conceição, que ocuparia mais tarde o cargo de Director dos Serviços Provinciais da Fazenda Pública. Depois, as Portarias n.° 12 196 e n.° 12 201 criaram mais cinco Centros de Estudos Universitários: Centro de Estudos de Ciências Pedagógicas, Centro de Estudos anexo ao Instituto de Investigação Médica, Centro de Estudos de Ciências Económicas, Centro de Estudos de Engenharia e o Centro de Estudos anexo ao Instituto de Investigação Agronómica, distribuídos por Luanda, Lubango (ex-Sá da Bandeira) e Huambo (ex-Nova Lisboa). Segundo alegações posteriores do Governador, neste processo contou com a cooperação do Director do Laboratório Nacional de Engenharia Civil, Manuel Rocha, e dos Professores Edgar Cardoso e Fernando Cruz Ferreira do Instituto de Medicina Tropical.

Esta situação causou mal-estar junto do Governo Central, até porque já eram habituais os distanciamentos que o Governador se permitia[140], e o Dr. João de Almeida fez votar um parecer na Junta Nacional de Educação a pedir a revogação do Diploma Legislativo n.° 3 235 por estar ferido de inconstitucionalidade.

O Governador não aceitou a ponderação que lhe foi proposta e, a 21 de Julho, convocou o Conselho Legislativo, no qual chegou a discutir a possibilidade da declaração unilateral de uma independência branca de Angola, pois considerava que chefiava o maior exército português de todos os tempos, pretensão de que só desistiria devido à intervenção do General Holbeche Fino[141].

Face à reacção do Governador-Geral, o Ministério do Ultramar, pelo Decreto n.° 44 472 de 23 de Julho de 1962, anulou o Diploma Legislativo n.° 3 235, bem como as Portarias n.° 12 196 e n.° 12 201, declarando a criação dos Centros de Estudos Universitários inconstitucionais e, em 21 de Agosto de 1962, através do Decreto-Lei n.° 44 530, criou nas Províncias de Angola e de Moçambique, os Estudos Gerais Universitários, integrados na Universidade Portuguesa.

No preâmbulo desse Decreto o Ministro explicou que a criação correspondia a "uma visão realista da situação", pois como "foi oportuna-

---

[140] Franco Nogueira chegou a designar o general Venâncio Deslandes como o D. Pedro de Angola.

[141] Cf. Embaixador António Pinto da França, 2004, *Angola: Dia a Dia de um Embaixador, 1983-1989*, Prefácio.

mente tornado público, o Governo entendia ter chegado o momento de instituir o ensino superior nas províncias ultramarinas de Angola e Moçambique, coroando assim um esforço extremamente honroso levado a cabo no domínio da instrução".

Assim, e como forma de justificar a criação, historiava-se todo o processo relativo à ocupação escolar de base, referindo-se "o aumento de agentes de ensino pela instalação das escolas apropriadas de formação", situação que remetia, nomeadamente, para o Decreto n.° 44 240, de 17 de Março de 1962, que instituiu no ultramar escolas do magistério primário, destinadas a preparar pessoal docente para o ensino primário comum e que criou duas escolas do magistério primário na província ultramarina de Angola e outras duas na de Moçambique e para a Portaria n.° 19 112, de 3 de Abril de 1962, que tornou aplicáveis ao ultramar, várias disposições do Decreto-Lei n.° 32 243, que regulava o funcionamento das escolas do magistério primário.

Também se referia a necessidade de todos estarem dispostos a fazer os sacrifícios necessários de forma a continuar a "aumentar o equipamento das províncias em estabelecimentos de ensino liceal e técnico", situação tratada, por exemplo, no Decreto n.° 43 782, que classificou de industrial e comercial a Escola Comercial de Malanje, criada pelo Decreto n.° 41 686, e aumentou de vários lugares os quadros de professores e mestres do ensino técnico do ultramar, ou ainda na Portaria n.° 18 583 que abriu um crédito a inscrever em adicional à tabela de despesa extraordinária do orçamento geral em vigor na província ultramarina de Cabo Verde, destinado à construção de um edifício para o Liceu Gil Eanes, na cidade do Mindelo.

Além disso, através de Diplomas Legislativos Ministeriais, continuou atento a esta questão, como se comprova, por exemplo, pelos Diplomas Legislativos Ministeriais n.° 26, que criava na cidade do Lobito, um liceu de frequência mista para o 1.°, 2.° e 3.° ciclos, com a designação de Almirante Lopes Alves e n.° 38, que criava na cidade de Luanda um liceu masculino destinado ao ensino do 1.° e do 2.° ciclos, com a designação de Paulo Dias de Novais.

Voltando ao Decreto-Lei n.° 44 530, no preâmbulo, e até como forma de explicar a inoportunidade do Diploma Legislativo n.° 3 235, Adriano Moreira alertava para "o inconveniente de o ensino superior ser instituído em qualquer parte do território nacional em termos de os seus diplomados virem a sentir-se socialmente diminuídos pela circunstância de aos títulos

Consequências do assédio moral

obtidos não poder ser reconhecida dignidade igual à dos concedidos por outras instituições de ensino superior".

Assim, para obstar a que tal acontecesse, "a Universidade de facto é só uma"[142] e, por isso, as cadeiras e os cursos tinham equivalência em todo o território português, até porque a Universidade de Coimbra patrocinou os Estudos Gerais de Moçambique, que tiveram como primeiro reitor o Professor Veiga Simão, enquanto a Universidade Técnica patrocinou os Estudos Gerais de Angola, cujo primeiro reitor foi o Professor André Navarro.

Aliás, Adriano Moreira, através do Decreto n.º 44 644, de 24 de Outubro de 1962, estabeleceu ou definiu regras sobre a constituição do corpo docente dos Estudos Gerais, prova de que a instituição do ensino superior no Ultramar não era um acto demagógico mas mais um passo de um projecto que, embora exigindo sacrifícios, se mostrava exequível.

Quanto ao General Venâncio Deslandes, que só se deslocou a Lisboa por intervenção mediadora do General Gomes de Araújo[143], apresentou-se perante o Ministro do Ultramar, mas, face à atitude revelada, foi dispensado de se apresentar novamente no Terreiro do Paço e instado a responder a um questionário formulado pelo próprio Ministro.

O General tentou regressar a Angola, onde dizia ter os dados necessários para responder ao inquérito, mas o receio da sua vertigem do poder levou à vigilância do aeroporto para impossibilitar a sua saída de Lisboa. Mais tarde, foi demitido por unanimidade do Conselho de Ministros, embora oficialmente passasse a ocupar o cargo, sem quaisquer competências reais, de Vice-Chefe de Estado-Maior General, cargo que, numa fase posterior e por razões muito semelhantes, também viria a ser oferecido ao General Spínola.

---

[142] Durante a realização do II Congresso das Comunidades de Cultura Portuguesa, o reitor da Universidade de Coimbra, Prof. Andrade Gouveia, manifestou concordância com esta opinião ao afirmar que "as Universidades portuguesas devem funcionar com uma só unidade" (Cf. *Diário de Notícias*, n.º 36 411 de 18 de Julho de 1967 e *Diário da Assembleia da República*, n.º 068, 1.ª série, 27 de Abril de 1990, p. 7).

[143] Gomes de Araújo, velho conhecido de Adriano Moreira, pois fora administrador da *Standard Eléctrica* da qual Adriano Moreira era advogado do contencioso desde os 23 anos, viria a ser o substituto de Salazar na pasta da Defesa aquando da remodelação ministerial de 4 de Dezembro de 1962, uma forma de Salazar reconhecer o papel que desempenhara no caso do Governador-Geral de Angola.

126   *O Assédio Moral no Trabalho*

A Comenda da Torre Espada, por sugestão do General que o conseguira convencer a apresentar-se em Lisboa, representou o selar da infeliz participação do Governador-Geral de Angola neste processo da criação dos Estudos Gerais.

Quanto a outros intervenientes no processo, de acordo com Adriano Moreira, apenas merecem referência os elementos que constituíram a Comissão Instaladora: Prof. Moses Amzalak, Reitor da Universidade Técnica de Lisboa, André Navarro, Director do Instituto Superior de Agronomia, Francisco Jacinto Sarmento Correia de Araújo, da Faculdade de Engenharia do Porto, Herculano de Carvalho, do Instituto Superior Técnico, Xavier Morato, da Faculdade de Medicina de Lisboa, Joaquim Fiadeiro, da Escola Superior de Medicina Veterinária, Délio Nobre Santos, da Faculdade de Letras de Lisboa, Xavier da Cunha Marques, da Faculdade de Ciências de Coimbra, José Veiga Simão, da Faculdade de Ciências de Coimbra e Carlos Abecassis, Presidente da Junta de Investigação do Ultramar.

Uma última referência para João de Almeida, pois, como Adriano Moreira referiu, "sem o Dr. João de Almeida não teriam existido os Estudos Gerais, nem estes veriam completado o projecto da minha responsabilidade"[144]

A criação dos Estudos Gerais representou a última grande acção legislativa de Adriano Moreira.

De facto, em Setembro de 1962, convocou uma reunião plenária extraordinária do Conselho Ultramarino, destinada a definir as regras "a seguir para a resolução dos graves problemas que temos enfrentado nos últimos tormentosos e esgotantes anos" (Moreira, 1985:45).

Como o próprio confessou, a reunião, que teve a maior representatividade de sempre, foi muito agitada e as forças que se opunham à mudança exerceram a sua acção junto do Presidente do Conselho para que a política de autenticidade fosse alterada.

Ora, na abertura da reunião, em 15 de Setembro, Adriano Moreira proferiu o discurso "Continuidade" e no encerramento da sessão, em 31 de Outubro, o discurso "Intransigência", títulos que não deixavam dúvidas relativamente à posição sobre a política a seguir.

Assim, quando Salazar informou Adriano Moreira que para continuar a apoiar as reformas "não teria força para se manter como Chefe do

---

[144] Transcrição feita a partir da página 374 de um manuscrito destinado às *Memórias* e cedido pelo autor.

Governo" (Moreira, 1985:45), e seria, por isso, necessário mudar de política, este respondeu – "acaba de mudar de Ministro".

Tornou-se, por isso, necessário, como forma de agradar aos interesses instalados, aceitar a demissão do Ministro.

A dignidade e elevação moral de Adriano Moreira voltaram a ser evidentes quando, após a saída do Governo, foi agraciado com a Grã-Cruz de Cristo, com a justificação oficial de que detivera funções governativas durante três anos.

Adriano Moreira agradeceu, retirou e não mais usou as insígnias, pois "era embaraçoso andar com uma coisa dada por engano"[145].

De facto, Adriano Moreira sabia que o Presidente da República, que substituíra Salazar no cargo de Ministro da Defesa no mesmo dia em que deu posse ao novo Ministro do Ultramar, não o agraciava pela obra feita e que os interesses instalados não deixavam concluir.

Importa, pois, referir esses interesses e ver de que forma se sentiam afectados pelas medidas tomadas.

Segundo o testemunho de Adriano Moreira, a enumeração desses interesses era fácil de fazer, pois bastava olhar para os sectores onde as intervenções se revelaram necessárias.

Assim, do ponto de vista económico, que era o sector principal[146], como havia realmente trabalho forçado e culturas obrigatórias, as medidas tomadas, quer o Código do Trabalho, quer a revogação do estatuto das culturas obrigatórias, sobretudo do algodão, afectavam largamente os interesses dos concessionários, que eram entidades poderosas e bem conhecidas.

Aliás, como Adriano Moreira já escreveu, entre os partidários da descolonização estavam entidades económicas que fizeram aquilo que designa como *deslocalização*, porque compreenderam que tinham de mudar de ramo pois a pressão iria alterar o sistema, ou seja, a tensão encarregar-se-ia de aplicar ao sistema aquilo que acontece aos metais, a fadiga dos mesmos.

---

[145] Adriano Moreira, *Notas sobre o Último Plenário do Conselho Ultramarino*, Lisboa, Instituto D. João de Castro, 1990, p. 73.

[146] Adriano Moreira confessou que uma das personalidades, cujo nome me abstenho de revelar, detentora de interesses que tinham sido afectados pela sua acção legislativa lhe tinha dito, no decurso de um jantar oficial, que lá em casa estavam todos zangados com ele porque lhe tinha feito perder rendimentos avultados, mas ela não estava de acordo com a família porque o Ministro tinha feito o que já devia ter sido realizado há muito tempo.

Por isso, embora não querendo enumerar as pessoas, até porque a maior parte já morreu, e muitos dos grupos económicos desse tempo já foram dissolvidos, embora ainda hoje se verifiquem alguns revivalismos noutros aspectos e com outros parâmetros, Adriano Moreira não deixa de reconhecer os entraves que lhe foram colocados pela burguesia metropolitana.

Convirá referir que, num trabalho académico de Adelino Torres[147], é feita a distinção entre a burguesia metropolitana, cujos bens de raiz ou ligações profundas estavam em Portugal, qualquer que fosse o seu comprometimento em África, e a burguesia colonial, cujo poder, interesses e ambições têm África como origem. Nessa obra aponta-se a protecção de que a burguesia metropolitana beneficiou para obstar ao desenvolvimento da burguesia colonial.

Com as medidas de Adriano Moreira, a situação seria alterada e, por isso, os grupos económicos exerceram a influência a que estavam habituados.

Por isso mesmo, o último discurso de Adriano Moreira no Conselho Ultramarino, intitulado "Intransigência", se destinou a denunciar as enormes pressões que defendiam o imobilismo.

Parece importante referir que Adriano Moreira faz questão de referir que Salazar cumpriu escrupulosamente o que lhe tinha prometido quando o convidou para Ministro do Ultramar, embora, como Kay (1970:237) referiu, "Moreira's vision in all this was younger and deeper than Salazar's".

De facto Salazar, ao ser confrontado com a surpresa de Adriano Moreira pela escolha ter recaído em si, que não pertencia a nenhum grupo político e não tinha nenhum apoio, disse-lhe que lhe concedia todo o apoio de que necessitasse e, durante a acção governativa de Adriano Moreira, nunca teve qualquer interferência nessa acção e nunca recusou, embora por vezes tenha levado tempo a convencer-se, qualquer das medidas propostas.

Mesmo no caso dos poderes, porventura excessivos, do Ministro do Ultramar, não apenas em Portugal mas em todos os países que tinham colónias, pois o Ministro do Ultramar, quando estava no Ultramar com delegação do Conselho de Ministros podia revogar e substituir toda a legislação, qualquer que fosse a sua natureza, com excepção da Constitui-

---

[147] A obra em questão é *O Império Português entre o real e o imaginário"* e foi publicada pela Escher em 1991. Sobre esta questão atente-se na página 34 do referido livro.

ção, Salazar nunca perguntou nada sobre essas medidas, apesar de Adriano Moreira ter feito nas várias províncias uma legislação enorme, que o próprio admite que possa ter erros motivados pela pressão exercida pelas populações, mais informadas do que se pode hoje pensar.

Como Adriano Moreira confessou, Salazar ia tomando nota mas nunca perguntou nada.

Aliás, quando Adriano Moreira fez notar a Salazar que a revogação do Estatuto dos Indígenas das Províncias da Guiné, Angola e Moçambique, Decreto-Lei n.° 39 666 de 20 de Maio de 1954, necessitava de ser aprovada em Conselho de Ministros, Salazar, pouco dado a convocar essas reuniões, limitou-se a afirmar que para ser conselho bastava que fossem dois, neste caso, ele próprio e Adriano Moreira.

Porém, na sequência do golpe de Botelho Moniz e da crise em Angola com o General Deslandes, Salazar compreendeu que já não tinha a autoridade tradicional sobre as forças armadas, que, para ele, representava um elemento essencial de suporte de poder, pois também ele estava consciente do saber antigo, segundo o qual "um regime forte, apoiado nas Forças Armadas, não pode ser derrubado senão na sequela de uma guerra perdida que destrua o exército, ou por revolta do exército" (Moreira, 1985:37).

A síntese que Salazar fez quando falou com Adriano Moreira foi que tinha apoiado todas as reformas, transferências de competências e de organismos para o Ultramar, mas que a experiência lhe estava a mostrar que se continuasse com a descentralização não estava seguro de poder continuar no cargo de Presidente do Conselho. Por isso lhe pediu que mudasse de política, solicitação a que Adriano Moreira respondeu com a célebre frase, anteriormente referida, *acaba de mudar de Ministro*.

Salazar, personalidade de fina inteligência, não teve nenhuma reacção desagradável, aceitou a demissão e disse que já estava à espera que Adriano Moreira tomasse essa decisão, prova de que Salazar tinha plena consciência da verticalidade do Ministro do Ultramar e da sua intransigência face àqueles que defendiam o imobilismo.

Encerrava-se, assim, a acção governativa de Adriano Moreira e os interesses instalados voltavam a ditar a sua lei.

Porém, como Manuel Chantre refere no seu depoimento, "a forma abrupta como terminara essa experiência governativa fulgurante, na sequência dos decepcionantes resultados da histórica reunião do Conselho Ultramarino, de 1963, que tantas esperanças suscitara" não passou despercebida e levou, inclusivamente, à suspensão do *Notícias de Lourenço Marques* "por ter colocado na primeira página um anúncio da "Funerária Luso--Africana", imediatamente por baixo do título que noticiava o fracasso daquela reunião".

Quanto a Adriano Moreira, o fim das funções governativas não significou o afastamento das grandes questões nacionais e lusófonas. Os Congressos das Comunidades de Cultura Portuguesa, que serão analisados no capítulo seguinte, e o seu papel para a consolidação do regime democrático em Portugal, que será objecto de estudo no último capítulo, constituem exemplos da sua devoção não só à ideia de portugalidade, mas, sobretudo ao sonho da lusofonia, pois, como Kay (1970:238) referiu, Adriano Moreira "seems to favour the concept of a Portuguese Commonwealth of independent, multi-racial nations, including the overseas provinces, and creating new links between Portufal and Brazil".

Era o anúncio da institucionalização da lusofonia vinte e seis anos antes da criação da CPLP.

3.2. **Produção nas Províncias Ultramarinas**

Como foi referido na parte final do ponto anterior, o Ministro do Ultramar, nas suas deslocações oficiais ao Ultramar, era detentor de um poder legislativo enorme.

Além disso, como Adriano Moreira confessou, a pressão que as populações ultramarinas exerciam sobre o Ministro era muito intensa e constante, ao ponto de este não ter tempo suficiente para ponderação e acabar por tomar medidas que poderiam não se revelar as mais adequadas.

Convém, no entanto, referir que esta posição duvidosa não parece muito fundamentada, pois, se verificada toda a Providência Legislativa, constata-se que apenas em dois casos o Ministro sentiu necessidade de proceder a alterações na sua própria legislação.

Importa, por isso, analisar toda a produção legislativa feita nas províncias ultramarinas, estudo tornado possível a partir de um acervo, disponibilizado por Adriano Moreira, de dois exemplares contendo a Nova Legislação Ultramarina e outros dois sobre as Providências Legislativas Ministeriais do Ministro do Ultramar e de um volume, consultado na

Biblioteca da Direcção-Geral de Estudos, Estatística e Planeamento, sobre as Providências Legislativas Ministeriais tomadas em Cabo Verde.

Essas Providências Legislativas Ministeriais assumiram duas formas: Diploma Legislativo Ministerial e Portaria Ministerial, sendo que o número de Diplomas foi muito superior ao de Portarias.

As Providências Legislativas foram tomadas em Luanda, de 4 a 19 de Maio de 1961 e de 20 a 28 de Outubro de 1961, em Lourenço Marques, de 9 a 19 de Outubro de 1961[148] e em Cabo Verde, de 25 de Agosto a 5 de Setembro de 1962.

No primeiro caso, em Angola, Adriano Moreira publicou trinta e três Diplomas Legislativos e três Portarias.

Como esta visita aconteceu no início da acção armada, então denominada terrorista[149], não admira que vários Diplomas procurassem responder a questões derivadas dessa luta.

De facto, o Diploma Legislativo n.° 20, que mandou que, nos distritos onde a acção terrorista pusesse em perigo ou ameaçasse pôr em perigo as condições normais da existência da população, o Governador do distrito exercesse cumulativamente as funções de comandante militar territorial, o n.° 24, que criava, na directa dependência do comandante do corpo de voluntários, um Corpo de Trabalho e Recuperação Económica, destinado a cooperar na normalização da vida económica das regiões afectadas pelos terroristas e o n.° 25, que criava a Comissão Provincial de Auxílio às Populações Deslocadas representara um conjunto de medidas para tentar diminuir o impacto decorrente do início da luta armada em Angola.

---

[148] Uma publicação do Gabinete do Ministro do Ultramar, de 1961, considera as Providências Legislativas Ministeriais tomadas em Angola de 1 de Abril a 19 de Maio de 1961, logo na vigência dos mandatos de dois Ministros do Ultramar. Por isso, o primeiro Diploma Legislativo Ministerial da responsabilidade de Adriano Moreira é o n.° 17, de 4 de Maio de 1961. Os anteriores, todos datados de 1 de Abril de 1961, foram da responsabilidade de Lopes Alves. No entanto, a circunstância de Lopes Alves se encontrar muito doente e de Adriano Moreira exercer então o cargo de Subsecretário de Estado da Administração Ultramarina, fez com que nas primeiras Providências Legislativas já fosse nítida, como a análise do articulado dos Diplomas permite constatar, a influência ou a marca do futuro Ministro do Ultramar, ou seja, Adriano Moreira.

[149] Alguns historiadores apontam o ataque de 4 de Fevereiro de 1961 às prisões de Luanda como o início da guerra colonial "e tal como queimada em campo de capim seco a revolta de 4 de Fevereiro alastra, primeiro em Angola, depois na Guiné e, finalmente, em Moçambique" (Afonso, 1996:339).

No entanto, a análise do conjunto de todas as Providências Legislativas aponta para a urgência de apostar na modernização da Província, nomeadamente na criação de infra-estruturas rodoviárias, como se pode concluir do Diploma n.° 31, que mandava que, para a celeridade ou economia das obras constantes de programas ou planos rodoviários, o Governo-Geral poderia determinar a abertura de concurso público ou limitado, para a arrematação das respectivas empreitadas com projectos a elaborar pelos concorrentes.

Também a educação não foi esquecida e foram criados jardins-escola, institutos comerciais e industriais e liceus.

Além disso, vários Diplomas autorizavam o Governo-Geral a avaliar empréstimos que as companhias ou firmas pretendiam solicitar junto de entidades bancárias, nomeadamente do Banco de Angola e do Banco de Fomento Nacional. Esta medida, que levava o poder político a dar o aval a empresas particulares, parece ser explicada pela necessidade de criar confiança para o investimento, mas, ao mesmo tempo, de co-responsabilizar as entidades públicas e privadas pelo desenvolvimento da Província.

No que se refere às Providências Legislativas Ministeriais tomadas numa segunda fase, de 20 a 28 de Outubro de 1961, em Angola, as mesmas constaram de quarenta e três Diplomas Legislativos e apenas três Portarias Ministeriais.

Essas Providências, apesar do continuado esforço na construção de infra-estruturas, sobretudo rodoviárias, representam alguma divergência ou mudança de enfoque em relação às iniciais, pois várias delas destinam-se a aumentar o efectivo de muitos dos serviços, prova de que o Ministro do Ultramar sabia que a operacionalidade dos mesmos estava longe da desejável.

Parece, por isso, possível concluir que este novo conjunto de medidas se destinava prioritariamente a uma melhoria nos recursos humanos.

Um aspecto que convém reter, para provar o investimento na educação e a autenticidade prática das medidas, prende-se com o Diploma Legislativo n.° 81, que criou, em Angola, duas escolas técnicas elementares em Luanda, e uma em cada uma das cidades de Cabinda, Carmona, Cabela e Luso, instalou na cidade de Salazar, uma das escolas práticas de agricultura criadas pelo Decreto n.° 70 799, de 13 de Outubro de 1956, e introduziu alterações no quadro do pessoal dos Serviços de Instrução.

De facto, uma coisa era "criar" escolas no papel, mas, coisa diferente era promover, efectivamente, a sua construção e apetrechamento.

Adriano Moreira empenhou-se, de uma forma particularmente atenta, no cumprimento do segundo desses desideratos.

No que se refere às Providências Legislativas Ministeriais tomadas em Moçambique de 9 a 19 de Outubro de 1961, foram publicados vinte e oito Diplomas Legislativos e duas Portarias Ministeriais.

Se for feito um estudo comparativo com as Providências tomadas inicialmente em Angola, verifica-se que o seu número foi menor, talvez porque Moçambique não vivesse ainda em guerra.

Os Diplomas promulgados em Lourenço Marques e em Luanda revelavam, contudo, uma grande coerência, pois tratou-se, em ambos os casos, de um investimento visando a modernização e o desenvolvimento destas Províncias Ultramarinas

Assim, foram criados, ou aprovados, o Instituto dos Cereais de Moçambique, um fundo especial denominado «Fundo de Fomento Orizícola», o Fundo de Fomento Pecuário, o Centro de Informação e Turismo de Moçambique, o Sindicato Nacional dos Profissionais de Estiva e Ofícios Correlativos do Distrito de Lourenço Marques, o Estatuto do Corpo de Polícia de Segurança Pública da Província de Moçambique e o Serviço de Acção Psicossocial.

Também se procedeu ao aumento do número de efectivos em vários serviços, como, por exemplo, na secretaria do Tribunal Administrativo, na residência do Governo-Geral, na Repartição de Gabinete, para além de terem sido criados vários lugares dos quadros docentes de alguns estabelecimentos de ensino da Província e o lugar de Director da Biblioteca Nacional de Moçambique.

Além disso, o Diploma n.º 9, a exemplo do n.º 18 de Angola, em vista da emergência, determinava que os funcionários do quadro administrativo tivessem a garantia administrativa, ainda que as suas funções tivessem cessado, porque transferiu os que tinham sido mais afectados pelo esforço exigido pela alteração da ordem pública.

Outras semelhanças poderão ser encontradas na atribuição de medalhas a personalidades que se tinham distinguido pelos serviços prestados a Portugal e na tentativa de aproveitamento pelas províncias dos serviços dos médicos particulares, oficiais e das forças armadas.

No que se refere ao aval dado pelo Governo-Geral, a situação variava em relação à verificada em Angola, pois, em Moçambique, e pelo diploma

134   *O Assédio Moral no Trabalho*

Ministerial n.º 20, o Governo-Geral foi autorizado a prestar ao Banco Nacional Ultramarino a garantia do reembolso do empréstimo de 4 000 000$, a contrair pela Câmara Municipal de Porto Amélia, destinado ao pagamento de vários encargos, ou seja, o Governo avalizava um órgão do poder local ou regional e não uma firma particular.

Há ainda um aspecto que merece ser analisado e que se prende com o Diploma n.º 17, que restaurou em Moçambique as milícias tradicionais dos vizinhos das regedorias, um corpo militar de 2.ª linha, cuja base territorial normal era a circunscrição e cujas subdivisões coincidiam com as regedorias, grupos de povoações e povoações.

No preâmbulo do Diploma, a exemplo do que foi referido relativamente à legislação feita na metrópole, Adriano Moreira justificou a necessidade do documento a partir de um estudo diacrónico da problemática.

Assim, explicou que o princípio da Nação Armada assentava na tradição portuguesa da "colaboração das populações nacionais na defesa militar e civil dos territórios contra quaisquer tentativas de invasão, conquista ou subversão" e historiou vários episódios em que "o esteio da defesa do Estado assentou nas milícias".

Por isso, numa fase em que a luta já se tinha iniciado em Angola, considerou que em Moçambique era importante "restaurar as milícias que durante séculos defenderam os povos pacíficos de tantos inimigos e aventureiros", pois essa era uma forma de "permanecer na tradição histórica da universalidade nacional".

Depois, no articulado legislativo, indicou, com minúcia e precisão, toda a orgânica relativa à formação e funcionamento das milícias.

Este Diploma poderá explicar o facto de, num período posterior, quando a guerra colonial se estendeu a Moçambique, as forças armadas portuguesas serem quase equitativamente afro-portuguesas.

De facto, Moçambique apresentava em 1961 uma presença europeia recente e "os assimilados constituíam uma pequena minoria, que pouco ultrapassa os 30 000"[150] e, por isso, houve um recurso à africanização das tropas, levado a cabo por Kaúlza de Arriaga, sobretudo a partir de 1973, de acordo com um aproveitamento, que parece abusivo, da ideia anteriormente exposta, pois "a guerra e as baixas são africanizadas: armam-se

---

[150] Cf. Aniceto Afonso, 1996, "A Guerra Colonial" in João Medina, *História de Portugal*, Vol. XII, Amadora, Clube Internacional do Livro, p. 346

os africanos formados em milícias de auto-defesa dos aldeamentos e fomenta-se o voluntariado para tropas especiais"[151].

No que se refere às Providências Legislativas Ministeriais tomadas em Cabo Verde, estamos perante dezasseis Diplomas Legislativos e duas Portarias Ministeriais.

No que respeita aos Diplomas Legislativos, para além da concessão de três medalhas de serviços distintos ou relevantes no Ultramar, a um professor do liceu, a um capitão-de-fragata e ao Governador, que foi reconduzido no cargo, importa referir a criação da Caixa de Crédito Agro--Pecuário, do Instituto do Trabalho, Previdência e Acção Social e da Junta Autónoma dos Portos.

Também o ensino não foi esquecido e, assim, o quadro docente da Escola Industrial e Comercial do Mindelo foi aumentado e o Governo da província recebeu autorização para despender até mil e quinhentos contos na construção do Liceu Gil Eanes, para além de ter sido criada uma Escola Prática de Agricultura e definida a estrutura dos diversos graus de ensino agrícola.

Ainda nesta área, Adriano Moreira tomou medidas para o aumento do número dos professores do ensino primário, bem como para a substituição dos mesmos, aquando das suas licenças e impedimentos, e, como forma de promover a actualização desses docentes, instituiu, a partir de 1963, cursos de férias nas ilhas de maior população escolar.

Outras medidas, sobretudo visando uma melhor administração, poderiam ser referidas, mas parece dispensável a sua enumeração. No entanto, há ainda um último elemento que importa referir, pois é revelador do marasmo ou da ineficácia que durante largo tempo atacara a política ultramarina, tanto durante a vigência da monarquia como da república.

Trata-se do Diploma Legislativo Ministerial n.º 6, através do qual Adriano Moreira teve de rescindir algumas concessões que datavam do século XIX, mais concretamente, de 26 de Setembro de 1891, de 24 de Março de 1884 e de 25 de Novembro de 1874.

Aliás, também o problema relativo ao trabalho forçado no Ultramar se arrastava há mais de um século, pois, em 31 de Janeiro de 1839, foi promulgada, sem resultados práticos, uma Portaria para proibir essa forma

---

[151] Kaúlza de Arriaga, *in* Luz Cunha e outros, *África: a Vitória Traída*, Lisboa, Intervenção, 1977.

de exploração, a exemplo do que viria a acontecer com o Decreto de 3 de Novembro de 1856 da rainha D. Maria II.

Se, como Antunes (1980:51) afirmou, "o mais tenaz ingrediente político do republicanismo foi, como se sabe, a condenação do abandono em que a Monarquia trazia as colónias", os factos referidos também não parecem abonar em favor da acção republicana. De facto, os projectos de Paiva Couceiro ou de Norton de Matos tinham constituído a excepção que confirma a regra.

O estudo da produção legislativa feita nas colónias não deixa dúvidas de que Adriano Moreira "brought a furious energy to bear on the crisis, and began to secure results quickly [because] realized that history will not wait" (Kay:1970:238).

Convirá, no entanto, referir que a acção do Ministro do Ultramar não encontrou opositores apenas na metrópole.

De facto, como Manuel Chantre afirmou no depoimento, referindo-se à visita a Cabo Verde, "aquando da sua visita em 1962, levava na bagagem, para discussão, a proposta do estatuto de adjacência para as ilhas. Nessa altura, porém, a elite intelectual caboverdiana considerava que já tinha passado o tempo para uma tal solução".

Não admira, por isso que, anos mais tarde, Adriano Moreira tenha afirmado numa aula, com perplexidade e amargura, que "os sábios de Cabo Verde, ora se reúnem para pedir a adjacência, ora para a rejeitar"[152].

A História, se bem que não responda a hipóteses, como defende um intelectual cabo-verdiano, Onésimo Silveira, encarregou-se de demonstrar que o tempo, que muitos consideravam ultrapassado, estava para vir ainda que sob forma diferente.

---

[152] Cf. Depoimento de Manuel Chantre.

CAPÍTULO IV

Os Congressos das Comunidades de Cultura Portuguesa

4.1. A Génese

Os Congressos das Comunidades de Cultura Portuguesa realizaram-se entre 8 de Dezembro, dia da padroeira de Portugal, e 16 de Dezembro de 1964 na Sociedade de Geografia de Lisboa, embora com passagem por Coimbra, Porto, Braga e Guimarães, nos dias 12 e 13 de Dezembro, e em Julho de 1967 a bordo do *Príncipe Perfeito* e na Ilha de Moçambique[153].

Convirá, até pelos desfasamentos ou contradições daí resultantes, referir que as datas deste II Congresso nem sempre coincidem totalmente, pois o *Diário Popular* anunciava na edição de 13 de Julho que o II Congresso seria inaugurado no dia seguinte, logo dia 14 de Junho, às 11 horas, pelo Ministro do Ultramar e apresentava o programa do evento.

Assim, no dia 15 começariam as sessões de trabalho a bordo do *Príncipe Perfeito*, navio que partiria no dia 18 para Nacala, onde chegaria a 19, aportando à Ilha de Moçambique no dia 20 para, à noite, o Ministro dos Negócios Estrangeiros presidir à sessão de encerramento, sendo as conclusões lidas no dia seguinte, às 15 e 30, de novo a bordo do *Príncipe Perfeito* e regressando os congressistas aos seus pontos de origem no dia 22.

Porém, o mesmo jornal, na edição de 14 de Julho, na crónica "O Congresso flutuante promete bons resultados", assinada pelo enviado especial Francisco Balsemão, referia que a sessão de encerramento seria a 21 de Junho e na edição de 23 de Julho referiria, tal como o *Diário de Notícias,* que nessa mesma manhã tinham regressado a Lisboa muitos dos participantes no Congresso.

---

[153] O *Príncipe Perfeito* já tinha estado ligado àquilo que Adriano Moreira considera como a sua primeira *queda no mundo*, pois foi a bordo deste paquete que realizou a sua primeira visita ao Brasil com vinte e poucos anos de idade. Ao chegar à Baía de Guanabara, Adriano Moreira ficou impressionado com a manifestação de portuguesismo da denominada colónia portuguesa no Brasil.

As datas da abertura e do encerramento, apresentadas inicialmente, coincidem com as que o *Diário de Lisboa* apresenta nas suas edições de 13, 14 e 21 de Julho[154].

Aliás, a notícia de abertura do Congresso é muito semelhante nos dois jornais, facto que talvez se fique a dever à existência da mesma fonte, talvez a ANI, embora nas notícias não conste a fonte.

Quanto ao desfasamento relativo às datas, considero que o mesmo resulta de uma confusão entre qual deveria ser considerada como a cerimónia de encerramento do Congresso: a celebração na Ilha de Moçambique ou a leitura das conclusões a bordo do *Príncipe Perfeito*.

A ideia da realização de um Congresso das Comunidades de Cultura Portuguesa foi lançada por Adriano Moreira, então Presidente da Sociedade de Geografia de Lisboa, num discurso proferido em Aveiro, em 9 de Maio de 1964, durante a semana do Ultramar e intitulado "Congregação Geral das Comunidades Portuguesas".

Nesse discurso Adriano Moreira, depois de denunciar o esquecimento a que as comunidades portuguesas no mundo têm sido votadas por parte de Portugal, defendeu que "a fundação da *Congregação Geral das Comunidades Portuguesas* seria uma forma possível de começar a lidar com este urgente problema, fazendo dela o pólo de atracção permanente, o executor desenvolto, o vigilante atento, de uma ligação perene dessas comunidades com a Nação. Não um organismo simplesmente burocrático, com a autoridade vindo simplesmente de cima a determinar e a impor, mas uma corporação que vivesse da própria contribuição e intervenção das comunidades portuguesas, ou descendentes de portugueses, ou filiadas no portuguesismo, que ali teriam o veículo, sempre actualizado, para intervir de algum modo nos interesses que são de todos" (Moreira, 1964-65: 21-22).

Por isso, Adriano Moreira, na sua qualidade de Presidente da Sociedade de Geografia de Lisboa, fez "uma longa viagem ao redor da terra para organizar o I Congresso dessas Comunidades"[155].

---

[154] Relativamente a esta questão, Adriano Moreira (1977:9) refere que "em 22 de Julho de 1967, na Ilha de Moçambique, teve lugar, na velha fortaleza, a sessão de encerramento do II Congresso das Comunidades de Cultura Portuguesa". A sua condição de organizador, bem patente na forma pormenorizada como descreve a cerimónia, não deixa dúvidas sobre a certeza desta data.

[155] Cf. "Nordeste", Conferência proferida por Adriano Moreira na Casa de Trás-os-Montes em 12 de Maio de 2006, p. 4.

Já no decurso do I Congresso, Almerindo Lessa, na comunicação denominada "Laços por atar: Congregação Geral das Comunidades Portuguesas", também referiu a pertinência da reunião, pois, nas suas viagens pelo mundo tinha encontrado "homens e mulheres, portugueses ou netos de portugueses, por vezes já só se identificando por um apelido ou um sotaque, mas guardando no fundo mais fundo das suas heranças biológicas ou culturais, nos seus cromossomas ou nos seus *patterns*, a impressão ecuménica do mesmo plasma comum e original. E assim se mantendo, intemporal, perante a meia indiferença de Lisboa, como flores nascendo sem pólen, como laços que se oferecem à espera que as mãos da Nação-Mãe os vão colher e os apertem. A razão dessa força está em que é superior, eu diria indiferente, às correntes e aos homens que episodicamente possam governar um elo da nossa História. E verdadeiramente perene e sem limites, porque é independente das geografias e dos espaços políticos. Vem do génesis das Descobertas. Suas raízes já nasceram impregnadas de eternidade". (Lessa, 1964-65: 7).

Estes congressos revestiram-se de uma grande importância para o mundo de alguma forma filiado na cultura portuguesa, como se comprova pelo facto de nos mesmos entre os congressistas estarem personalidades como Gilberto Freyre, Tito Lívio Ferreira, Almerindo Lessa, Aureliano Leite, Salazar Leite, Alberto Machado da Rosa, Pedro Calmon e Agostinho da Silva.

Além disso, aquando do II Congresso, entre os congressistas oriundos do Brasil estavam personalidades como Lucy Bloch, esposa do dono da Rede Manchete, Josué Montello, que assinava uma crónica no *Jornal do Brasil*, e a condessa Pereira Carneiro, proprietária do *Jornal do Brasil,* que fizeram uma ampla cobertura do acontecimento e divulgaram no Brasil esse encontro da lusofonia.

Aliás, ainda do ponto de vista brasileiro e deixando para estudo posterior a cobertura noticiosa feita pelos órgãos de comunicação social portugueses, uma vez que não se mostrou possível o estudo feito pelos órgãos ligados às comunidades portuguesas em terra alheia, o II Congresso viria a estar na origem de um romance *Lisboa, Rio de Janeiro e Lourenço Marques*[156].

---

[156] Não foi possível recolher recortes da imprensa brasileira, pois muitos dos jornais que fizeram a cobertura dos eventos, como referiu o Congressista Ives Gandra Martins, já fecharam as suas portas.

4.2. O I Congresso

4.2.1. *Organização, participantes e temáticas*

O I Congresso foi inaugurado pelo Presidente da República e teve um solene pontifical no Mosteiro dos Jerónimos celebrado por D. Alberto Gaudêncio de Barros, Arcebispo de Belém-Pará.

Na sua homilia, este Arcebispo deu as boas-vindas aos Congressistas: "vinde Portugueses de todas as raças e continentes, chegai-vos à Mãe--Pátria, à Igreja, à Virgem da Conceição para prosseguirmos, hoje e sempre, as glórias de um povo, desde as suas origens, fiel à fé cristã"[157].

Quanto à Comissão Organizadora do Congresso, a sua constituição foi a seguinte:

> Presidente: Adriano Moreira
> Vogais: Alexandre Pinto Basto, António Henriques da Silva Osório Vaz, Almirante Armando de Reboredo, Carlos Abecassis, Brigadeiro Fernando de Oliveira, Guilherme Pereira da Rosa, Henrique Martins de Carvalho, Contra-Almirante Henrique Tenreiro, João de Almeida, Joaquim Trigo de Negreiros, Jorge Jardim, José de Azeredo Perdigão, José Manuel Pereira da Costa, General Luís da Câmara Pina e Nuno Simões.

No que se refere ao mecanismo de funcionamento, o plenário e as secções trabalharam ao mesmo tempo e fizeram um resumo das comunicações.

Houve dez sessões de trabalho, nove sessões plenárias e duas mesa-redondas sobre "A Expansão Bio-social do Homem Português".

Também foi realizada uma visita a Coimbra, Porto, Braga e Guimarães, nos dias 12 e 13 de Dezembro, coincidindo com o fim-de-semana, e ainda houve quatro recepções oferecidas pelas seguintes individualida-

---

[157] Cf. *Boletim da Sociedade de Geografia de Lisboa*, série 82, n.º 1-3, Janeiro--Março de 1964, p. 343.

des: Ministro dos Negócios Estrangeiros, Presidente da Câmara Municipal de Lisboa, Ministro do Ultramar e Secretário Nacional da Informação e Turismo.

No que concerne às nove secções, a lista das problemáticas abordadas e o nome dos congressistas a quem foi cometida a presidência das mesmas foi a seguinte: *Problemas Sociais Gerais* – Henrique Martins de Carvalho; *Situação Social das Comunidades* – António Henrique da Silva Osório Vaz; *Situação Religiosa* – António da Silva Rego; *Relações das Comunidades com Portugal* – General Luís Maria da Câmara Pina; *Cultura Portuguesa* – João de Almeida; *Expansão da Cultura Portuguesa: O Livro e a Imprensa* – José de Azeredo Perdigão; *Comunicações* – Almirante Armando de Roboredo; *Assistência e Beneficência* – Joaquim Trigo de Negreiros e *Problemas Económicos* – Alexandre Pinto Basto.

Os congressistas representantes das Comunidades Portuguesas no Estrangeiro, de acordo com documento datado de 1 de Dezembro de 1964, foram 192, assim distribuídos em função do país de origem:

Argentina	4	Japão	4
Austrália	1	Malaia[158]	2
Brasil	84	Paquistão	2
Canadá	6	Rodésia do Sul	1
Espanha	9	Singapura	1
Estados Unidos	58	Suécia	1
Filipinas	1	Rep. África do Sul	2
França	6	Turquia	1
Hong Kong	2	Uruguai	2
Malawi	1	Venezuela	4
Total de representantes			**192**

A análise da proveniência dos congressistas permite verificar que a mesma reflecte a posição defendida por Adriano Moreira (2000:234) sobre a questão da língua e da cultura portuguesa ao considerar que "existem comunidades de língua portuguesa, comunidades descendentes de

---

[158] Cf. Documento existente na Sociedade de Geografia de Lisboa e datado de 1 de Dezembro de 1964.

portugueses onde a língua guarda recordações, e comunidades filiadas na cultura portuguesa cuja língua matricial é outra".

De facto, de acordo com Adriano Moreira (2000:17-18), nesses Congressos estiveram "representantes de todas as comunidades de cultura portuguesa espalhadas pelo mundo, quer as que se tinham organizado nos territórios de emigração, designadamente nos EUA, quer as que mantinham os padrões e a lembrança de por elas terem passado a soberania e a missionação portuguesas, tal como em Malaca e Ceilão, quer as que se desenvolviam enquadradas nas fronteiras do império ainda subsistente, quer, finalmente, as que tinham convergido para construir a independência e o desenvolvimento sustentado do Brasil".

Outro aspecto que releva da análise da tabela prende-se com o elevado número de congressistas proveniente do Brasil, numa altura em que as relações entre os dois países não navegavam em águas calmas, pois, em 1961, o Ministro dos Negócios Estrangeiros do Brasil, Afonso Arinos de Mello Franco, viera a Lisboa informar o Presidente do Conselho de que o Brasil deixara de apoiar a política ultramarina portuguesa, uma vez que passara a apoiar o processo descolonizador.

Este dado demonstra inequivocamente que os modelos políticos, formas transitórias de organização que os homens arranjaram para responder a conjunturas, não dispõem de autoridade ou poder para anularem solidariedades profundas alicerçadas na cultura.

Para além da presença destes congressistas, houve 134 Organizações Portuguesas no Estrangeiro, também elas representantes de todos os continentes, que deram a sua adesão ao Congresso, como se comprova pela tabela seguinte:

Argentina	2	Malaia	1
Brasil	50	Malawi	1
Canadá	5	Marrocos	1
Espanha	2	África do Sul	1
Estados Unidos	66	Singapura	1
França	3	Venezuela	1

A este número deverão ser adicionadas 21 Organizações Regionalistas e outras Colectividades de Portugal que também deram a sua adesão ao Congresso.

Os Congressos das Comunidades de Cultura Portuguesa 145

Na Sessão de Abertura usaram da palavra dez oradores, pela seguinte ordem:

- João da Costa Freitas, que leu os telegramas recebidos;
- Luís Gomes, da comunidade portuguesa dos Estados Unidos, com um discurso que abrangeu apenas uma página e no qual realçou que "Portugal nunca era esquecido pelos portugueses da América"[159];
- Roy Teixeira, representante da comunidade cabo-verdiana dos Estados Unidos, que num discurso de três páginas defendeu que essa comunidade, "embora integrada no meio em que vive, mantém com notável tenacidade os traços fundamentais da sua individualidade de origem";
- Jaime Pombeiro de Sousa, do Malawi, em nome dos portugueses da África Oriental, que, num discurso de três páginas, salientou "a importância das comunidades fixadas em países africanos, constituídas por portugueses das mais diversas origens, credos e raças – brancos, pretos e amarelos, do continente europeu, das ilhas adjacentes, de Moçambique, de Goa e de Macau";
- Jack Braga, de Hong-Kong, em nome das comunidades portugueses da Ásia, com duas páginas de discurso, no qual afirmou que as comunidades que representava "sentem que todas as medidas tomadas com o fim de incrementar o seu portuguesismo irão de encontro ao ardente desejo de manter a chama patriótica que cada um dos seus membros alberga no peito, e que por vezes, mercê de certas circunstâncias, se encontra em perigo de extinguir-se";
- Deolindo Augusto da Encarnação, da Austrália, em representação das comunidades portuguesas da Oceânia, cujo discurso também ocupou duas páginas, que referiu a remota passagem dos portugueses pela Austrália, ainda marcada na toponímia de certas localidades e "falou das aspirações, das possibilidades e do sentir daqueles que ainda ali se encontram";
- Tito Lívio Ferreira, catedrático da Universidade de São Paulo, Brasil, que "teceu um hino ao idioma português";
- Augusto de Sousa Baptista, do Brasil, que, num discurso de três páginas, defendeu que "o povo português é o menos racista de

---

[159] Cf. *Boletim da Sociedade de Geografia de Lisboa*, série 82, n.º 1-3, Janeiro-
-Março de 1964, p. 344, para esta e as próximas seis citações.

146 *Adriano Moreira*

todos os povos, o seu poder afectivo não conhece cores nem raças, e as comunidades portuguesas dispersas pelo Mundo conservam todas as mesmas virtudes ancestrais";
– Adriano Moreira, Presidente da Sociedade de Geografia, cujo discurso ocupou oito páginas, referiu que "importa muito ao interesse do País analisar e debater as causas da emigração", embora, na sua opinião "a emigração não signifique, de modo algum, o repúdio da condição originária de português". Na parte final do discurso sublinhou que "o portuguesismo é o património comum dos portugueses das sete partidas do Mundo que hoje voltam ao lar ancestral por amor ao passado e, sobretudo, por amor ao futuro"[160];
– Américo Tomaz, Presidente da República, que falou de improviso, para saudar os congressistas, para que estes tivessem a oportunidade de ouvir a voz do mais alto representante de Portugal e para elogiar a Sociedade de Geografia pela iniciativa de grande projecção futura.

As múltiplas comunicações feitas no Congresso podem ser objecto de várias formas de organização. Assim, neste trabalho, optou-se por indicar num primeiro momento o nome e a origem dos congressistas e, aquando da análise das sessões plenárias, far-se-á a apresentação cronológica dos oradores e das respectivas comunicações.

Este critério pretende dar uma visão precisa da forma como decorreram os trabalhos e do peso e envolvimento que cada comunidade teve no Congresso, bem como dos frutos que considerava possíveis ou desejáveis colher da realização do evento.

Assim, de acordo com a proveniência dos congressistas, foram oradores no I Congresso das Comunidades de Cultura Portuguesa:

Brasil

Albérico José Lima da Motta; Deputada Conceição da Costa Neves; Joaquim da Costa Netto; José Augusto da Silva Ribeiro; José Ferreira Pinto; Joaquim Nunes Alves, presidente da Benemérita Sociedade Portuguesa Beneficente do Pará; Associações Portuguesas

---

[160] Cf. *Boletim da Sociedade de Geografia de Lisboa*, série 82, n.° 1-3, Janeiro-Março de 1964, p. 345.

da Bahia; Eduardo Cabús; Sete estudantes brasileiros; Magda Montana de Oliveira; Ângelo Augusto de Campos, presidente da Sociedade Portuguesa Beneficente Vasco da Gama de São Paulo; Casa de Portugal de São Paulo; Comendador Emídio Castanheira; Comunidade Portuguesa de São Paulo; Federação das Associações Portuguesas do Brasil; Tito Lívio Ferreira; Rodrigo Leal Rodrigues; Benedito José Barreto Fonseca; Álvaro Reis Gomes, delegado da Casa da Ilha da Madeira no Rio de Janeiro; António Teixeira Corrêa Leite, Sociedade Portuguesa de Beneficência de São José do Rio Preto; Aureliano Leite, presidente do Instituto Histórico e Geográfico de São Paulo; Liceu Literário Português do Rio de Janeiro; Ives Gandra da Silva Martins e Victor Constante Portela.

Estados Unidos da América

Aníbal da Silva Branco, Secretário-Geral da União Portuguesa Continental dos Estados Unidos da América, Bóston; Augusto Gomes Brígido; Adriano Gonçalves Pedreira; João Rodrigues Rocha; Rev. Constantino R. Caldas, Our Lady of Fátima Church, Bridgeport; Martin Camacho; Agnelo Clementino, Director da Voz da Colónia Portuguesa & Films, San Francisco; Alberto Freitas, Presidente da Portuguese Alliance of Massachusettes; Manuel Freitas, Director-locutor do Programa Radiofónico Português "Cabrilho"; Manuel S. M. Leal; Agnelo Clementino; Ida F. Pementa; Padre franciscano Joaquim das Neves e Rev. Mário B. Cordeiro.

Espanha

Padre Mário Manuel de Oliveira Figueiredo[161] e João Afonso Corte-Real, académico da Real Academia de la Historia de Madrid.

França

José Baptista da Costa, operário numa fábrica de equipamentos eléctricos para automóveis na região de Paris.

---

[161] A comunicação teve o título "Algumas Considerações sobre os Valores Sócio--culturais dos Núcleos Portugueses e Sugestões para a sua Conservação e Desenvolvimento", mas, no *Volume 40, artigo n.º 26,* da Sociedade de Geografia de Lisboa, *Publicações XL, 1964-65,* figura com o título *"Considerações sobre os Valores Sócio-culturais dos Núcleos Portugueses na França e na América do Norte".*

Uruguai

Francisco Augusto João.

Filipinas

Carlos Maria da Luz Nunes[162].

Argentina

Padre Alfredo Gomes Camacho, Director da Missão Católica Portuguesa de Buenos Aires e António Fernandes Sousa.

Venezuela

Francisco Cota, Jornal "O Lusitano" de Caracas.

Hong-Kong

Jack Braga.

Austrália

Deolindo Augusto da Encarnação.

Singapura

Paulo E. Pereira.

Canadá

Eduardo Fernandes Mattos.

Malaia

Clement da Silva.

Japão

Pedro Botelho, Missão Comercial Japonesa em Portugal.

Convirá referir que os nomes de alguns destes congressistas não constam da lista, elaborada no dia 1 de Dezembro de 1964 e disponível para consulta no acervo dactilografado sobre o I Congresso existente na

---

[162] Nas Filipinas, segundo esta comunicação, viviam apenas 30 portugueses, dos quais 2 eram sacerdotes e 6 eram freiras.

Sociedade de Geografia de Lisboa, dos representantes das comunidades portuguesas no estrangeiro, como é o caso, por exemplo, dos congressistas António Teixeira Corrêa Leite e Ângelo Augusto de Campos, oriundos do Brasil, e de Francisco Cota, proveniente da Venezuela.

Esta situação talvez possa ser explicada pelo facto de os congressistas referidos terem discursado em representação de associações e de um jornal, entidades que poderão não ter indicado oportunamente os nomes dos seus representantes.

Também existem várias comunicações feitas por congressistas não indicados na referida lista e cuja origem nem sempre se revela totalmente perceptível, embora a maioria seja portuguesa, uma vez que não constam da lista de congressistas anteriormente referida. Estão nesta situação as seguintes comunicações, algumas das quais voltarão a ser referidas aquando do resumo das várias sessões plenárias e das secções: "Aspectos Médico-sanitários das Relações entre as Comunidades Portuguesas", de A. Varejão Castelo Branco e Sousa; "A permanência das Comunidades Portuguesas no Mundo: sua Justificação Psicológica e Cultural", de A. Moreira de Sá; comunicação de Alda Brito da Motta; "Raízes Históricas Humanísticas e Científicas da Unidade Espiritual do Mundo Português", por Américo Cortês Pinto; "Algumas Considerações sobre os Aspectos Jurídicos das Relações entre as Comunidades e Portugal", comunicação conjunta de André Gonçalves Pereira e Augusto de Athayde; Comunicação de António Lepierre Tinoco; "As Comunidades Portuguesas no Brasil", por António Novaes Machado; "O Livro Português no Mundo", de António Quadros; "Presença mítica dos Portugueses em Java", da autoria de António Sousa Machado; "A Emigração Madeirense", estudo de António Teixeira de Sousa; "Um Apontamento sobre a Nacionalidade, Língua, História, Tradição e Religião", comunicação conjunta de Arnaldo Pinheiro Torres e Fernando de Castro Pires de Lima; "Portugal e os Árabes da Costa Oriental de África", comunicação de Francisco José Veloso; "Comunicações Marítimas com os Agregados Portugueses do Hemisfério Ocidental", por Gago de Medeiros; Comunicação de George Amaral; "Alguns Aspectos a Considerar no Problema da Assistência às Comunidades Portuguesas no Estrangeiro", reflexão de Gil Pereira; comunicação de Hugo de Macedo; comunicação de J. Alberto de Oliveira; "O Transporte aéreo na Ligação das Comunidades Portuguesas", comunicação de Jacinto da Silva Medina; "O Emigrado Português e o Meio Parisiense", estudo do Padre José António das Neves; "Os Navios de Guerra e a Congregação das

Comunidades Portuguesas", pelo Capitão-de-fragata José Justino do Nascimento; "A Acção do Homem Português no Espaço não Português", de José Francisco Rodrigues; "Nota Prévia sobre o problema da integração dos Portugueses espalhados pelo Mundo", por José Raposo de Magalhães; Comunicação de José Rodrigues dos Santos; "Relações Económicas entre Portugal e as Comunidades Portuguesas no Estrangeiro", proposta de José de Sousa Mendes; Comunicação de José Soares Rebelo; "Relances da Lusitanidade", comunicação de José Troncho de Melo; "Interligação dos Portugueses Dispersos pelo Mundo", estudo de Lopo C. Cancella de Abreu; "Divulgação da Nossa Cozinha nos Núcleos Portugueses Espalhados pelo Mundo", proposta de Maria Emília Cancella de Abreu; "A Representação das Comunidades Portuguesas no Estrangeiro na Assembleia Nacional", sugestão de Armando de Aguiar; "Missão Católica de Paris: Projecto de Cobertura Escolar", comunicação de Padre Joaquim António de Aguiar C.M.F; "The Portuguese Community in Singapore", testemunho de Percival Frank Aroozoo; "A Presença da Língua e do Livro Português", comunicação de Agostinho Dias Carneiro; "Intercâmbio das Juventudes Escolares: Forma de Fomentar as relações entre as Comunidades Portuguesas", proposta de Fernando Castelo Branco; "As Misericórdias nas Comunidades Portuguesas", estudo de J.G. Melo e Castro; "A Comunidade Portuguesa de Fernando Pó", por José Joaquim Romano de Castro; Comunicação de Luís Filipe de Oliveira e Castro; "Portugal na História de todo o Mundo", de Luís de Pina; "Avô, Filha e Neto", discurso de Luís Raposo; "Imprensa Portuguesa no Estrangeiro", reflexão de Luís Teixeira; "Carta de Princípios do ELOS da Comunidade Lusíada", apresentada por Eduardo Dias Coelho; "As Comunidades Portuguesas no Mundo e as Telecomunicações", estudo de Augusto Santos Silva Cruz; "As Comunidades Portuguesas nas Assembleias Mundiais de Saúde", análise de A. Lobo da Costa, Inspector Superior de Saúde; "Contribuição para o Estudo da Questão Racial e da Miscigenação", estudo de Jorge Dias (Centro de Estudos de Antropologia Cultural); "Os Hospitais Portugueses no Mundo", discurso de Coriolano Ferreira; "Necessidade de se Incrementar o Auxílio aos Portugueses Radicados no Estrangeiro", reflexão de Jaime Raul D'Aquino Ferrão Ferreira; Comunicação de Sam Levy; "A Nossa Música e as Comunidades Portuguesas", comunicação da Sociedade de Escritores e Compositores Teatrais Portugueses; "Os Descendentes dos Portugueses de Malaca", por José de Freitas; "Glorificação da Acção dos Portugueses no Mundo", de Rego Gonçalves; "Algumas Sugestões para o Aumento da sua

Coesão através da Presença da Língua e da Civilização Portuguesa", proposta de António Araújo Howorth; "Reintegração Valorativa das Comunidades Portuguesas", por António A. Pinto Machado, primeiro secretário de Legação; "As Comunidades Portuguesas no Brasil", da autoria de António Neves Machado, Director dos Serviços Políticos do Ultramar do Ministério dos Negócios Estrangeiros; Comunicação de Affonso Gonzalez Soares; Comunicação de António Urbano Fialho Pinto; "Permanência da Saudade Portuguesa no Mundo", reflexão de A. da Silva Rego; "O Português no Mundo e o seu Arrimo Espiritual Religioso", estudo do Padre Augusto Maia C. S. Sp e "Determinantes do Êxodo do Alto e Baixo Alentejo", por Francisco Valente Machado.

Quanto às comunicações de Associações Regionalistas de Portugal, a lista foi a seguinte: Casa do Concelho de Tondela; Casa da Comarca de Oliveira de Azeméis; "A Presença dos Arganilenses no Mundo: suas Preferências e Causas Determinantes da sua Deslocação" – Casa do Concelho de Arganil; "Do Congresso das Comunidades Portuguesas para o Instituto de Expansão do Portuguesismo no Mundo" – Artur Maciel, Presidente do Conselho Regional da Casa do Minho; "O Portuense Brás Cubas, Fundador da Misericórdia de Santos, a Primeira do Brasil" – Domingos Braga da Cruz, Provedor da Santa Casa da Misericórdia do Porto e "Alguns Aspectos da Emigração nas Beiras: Inconvenientes e Vantagens" – Manuel Martins da Cruz, Presidente da Casa das Beiras em Lisboa.

No que se refere às sessões plenárias, foram realizadas nove durante o Congresso.

A 1.ª sessão do Plenário foi presidida por Adriano Moreira, secretariado pelo Almirante Armando de Reboredo e Brigadeiro Fernando de Oliveira. Foi desta sessão que partiu a ideia de fundar "um organismo que representará todas as comunidades portuguesas espalhadas pelo Mundo"[163] e a Academia Internacional da Cultura Portuguesa.

Na 2.ª sessão, também presidida por Adriano Moreira, secretariado por João da Costa Freitas e Leonor de Campos (Ameal), foram apresentadas e discutidas comunicações dos seguintes congressistas: Manuel Silveira de Medeiros Leal, que discursou "Sobre a Comunidade Portuguesa da Nova Inglaterra: Identificação Étnica, Cultural e História, Expansão

---

[163] Cf. *Boletim da Sociedade de Geografia de Lisboa,* série 82, n.º 1-3, Janeiro-Março de 1964, p. 348.

Cultural e Portuguesismo"; Celestino da Silva, do Brasil; Manuel Garcia Cruz, da Federação das Associações Portuguesas da Baía; Tito Lívio Ferreira, que defendeu que "O Brasil Nasceu Português e Continua Português"; Frederico Mendonça, correspondente em Lisboa do jornal "Novos Rumos" de New Jersey; António Fernandes de Sousa, da Argentina; Rev. João Antão, dos Estados Unidos; José Ferreira Pinto, do Brasil e Boaventura Barreiros, da Casa de Portugal em São Paulo.

Na conclusão dos trabalhos, Adriano Moreira sintetizou os cinco pontos focados:

- a posição da juventude, nos países onde existem comunidades portuguesas, que não aceita a cultura portuguesa;
- a necessidade de desenvolver os meios de informação sobre os problemas dos portugueses;
- a necessidade da defesa da língua portuguesa;
- a necessidade de instaurar paróquias nacionais;
- a necessidade da criação de um organismo de ligação entre as comunidades.

Na 3.ª sessão presidida por Adriano Moreira, secretariado por Trigo de Negreiros e Jack Braga, apresentaram comunicações: António Salgado, que falou sobre "Sugestões da Comunidade Portuguesa de São Paulo ao I Congresso das Comunidades"; Hugo de Macedo, que discursou sobre as condições de vida do operário português em França; Rodrigo Leal Rodrigues, que falou sobre a fidelidade à Pátria dos portugueses residentes no Brasil; Mário José Novo, que alertou para "a defesa do idioma português no estrangeiro"; António Codina, que falou sobre a fundação dos agrupamentos que na América do Norte têm a figura de Cabrilho como patrono; Álvaro Reis Gomes, que apresentou o discurso "Os Madeirenses do Rio de Janeiro no Congresso das Comunidades Portuguesas" e Alberto Ferreira dos Santos, que falou sobre a comunidade lusíada.

No encerramento da sessão, Adriano Moreira salientou as seis linhas fortes da discussão:

- a necessidade de uma atitude mais activa de Portugal no mercado brasileiro;
- a necessidade de se ocupar menos dos problemas históricos e mais das questões presentes;
- a necessidade de suprir a falta de cultura portuguesa nos centros internacionais;

Os Congressos das Comunidades de Cultura Portuguesa 153

- a importância das comunidades para a defesa do bom nome de Portugal;
- a redefinição da assistência aos emigrantes;
- o perigo derivado de outras comunidades imigrantes no Brasil na afirmação da cultura portuguesa.

A 4.ª sessão foi presidida por João da Costa Freitas, secretariado por Mary Oliver e Thomaz de Lima e contou com as intervenções de Conceição da Costa Neves, deputada de São Paulo; Luís Raposo, fundador e director do programa radiofónico "A Voz dos Açores", Newport; Mary Oliver, representante da Sociedade Portuguesa "Rainha Santa Isabel" dos EUA; José Augusto da Silva Ribeiro, São Paulo e Mário Pereira Branco, Rio de Janeiro.

Na 5.ª sessão, inicialmente presidida por Armando de Reboredo, depois substituído por Adriano Moreira, secretariado por João da Costa Freitas e Carlos da Luz Nunes, usaram da palavra: José Francisco Rodrigues, Provedor da Casa Pia de Lisboa, que apresentou a comunicação "Contribuição do emigrante português para o progresso das comunidades em que se integra"; Carlos Luz Nunes, que falou sobre "A Comunidade Portuguesa nas Filipinas"; Manuel de Freitas, director-locutor do programa radiofónico "Cabrilho" da Califórnia; Roberto José Collaço Rolliz, presidente do Centro dos Portugueses do Ultramar no Brasil; Tito Lívio Ferreira; Martin Camacho, EUA; Eduardo F. Santos, presidente da Assembleia-Geral da Casa da Comarca de Arganil e Armando de Aguiar, jornalista, que apresentou a comunicação "A Representação das Comunidades Portuguesas na Assembleia Nacional".

No encerramento dos trabalhos, Adriano Moreira referiu cinco aspectos que mereciam atenção:

- que os emigrantes das Províncias Ultramarinas para o estrangeiro reivindicassem o portuguesismo dessas províncias;
- que os governos de Portugal e do Brasil promovessem o ensino autêntico da história comum nas suas escolas;
- a pouca capacidade dos meios de informação portugueses para a defesa do portuguesismo no mundo;
- a necessidade de promover as relações das Casas Regionais com os emigrantes das suas regiões e o consequente interesse desses emigrantes pela administração corrente.

A 6.ª sessão foi presidida por Costa Freitas, secretariado por Rodrigo Leal Rodrigues e Arnaldo de Oliveira Sales. Mais uma vez, o encerramento foi feito por Adriano Moreira, que, durante a sessão, assumira a condução dos trabalhos.

Nesta sessão intervieram: Sam Levy, que falou sobre as comunidades sefarditas no Médio Oriente e Turquia; Paulo Tacla, do Brasil, que leu as mensagens enviadas por Mário Lorena Fernandes e pelo *Diário de Notícias* do Rio de Janeiro; Laércio Francisco Betiol, que apresentou "A herança cultural portuguesa no Brasil e a Congregação Geral das Comunidades Portuguesas"; Vítor Constante Portela, Presidente da Directoria do Conselho da Comunidade Portuguesa do Pará, que falou sobre "Os Portugueses do Pará e a Congregação Geral das Comunidades Portuguesas"; Almirante Moreira Rato, que leu uma mensagem da Sociedade de Estudos de Moçambique e, em nome de Domingos José Soares Rebelo "Nota sobre as Comunidades Portuguesas do Este Africano ao Norte do Rio Rovuma"; Adriano Gonçalves Pedreira, do Club União Portuguesa de Nangatuck, Estados Unidos; Augusto Gomes Brígido, que historiou "A Língua Portuguesa nas Comunidades Luso-americanas"; Magda Montana de Oliveira, do Brasil, que apresentou a comunicação "Tópicos e paralelismos entre duas culturas"; Alberto Freitas, dos Estados Unidos, que falou sobre a obra assistencial da Aliança Portuguesa de Massachussetts; Eduardo Cabús, do Brasil, com o discurso "Da Arte Portuguesa e suas influências na formação cultural e artística do Brasil" e Conceição da Costa Neves, deputada brasileira, que leu uma mensagem de saudação ao Congresso enviada pelo antigo Presidente do Brasil, Juscelino Kubitscheck de Oliveira.

A 7.ª sessão plenária ocupou a tarde de 14 de Dezembro e foi dirigida por Adriano Moreira e Henriques Martins de Carvalho. Esta sessão contou com as seguintes participações: Fernando Rego Gonçalves, que reflectiu sobre a "Glorificação da acção portuguesa no Mundo"; Salette Simões, que, em nome da Casa de Tondela, falou dos problemas vividos pelos emigrantes daquele concelho; Aida Pimenta[164], de Bóston, que apresentou a comunicação "Cultural Exchange Project"; Clement da Silva, que se expressou em "pápiá cristão", o dialecto falado na Malásia, na comunicação "A Comunidade Portuguesa de Malaca"; Paulo Ferreira, que, também no mesmo dialecto, apresentou a comunicação "A Comunidade Portuguesa de

---

[164] Esta congressista também aparece com o nome de Ida F. Pementa.

Singapura"; José de Freitas; Eduardo Dias Coelho, que apresentou a "Carta de princípios do Elos da Comunidade Lusíada"; Amadeu Lobo da Costa, que falou sobre "As Comunidades Portuguesas nas Assembleias Mundiais da Saúde"; António Varejão Castelo Branco, que referiu os "Aspectos médico-sociais das relações entre as comunidades portuguesas"; António Pinto Machado, que fez a comunicação "Reintegração Valorativa das Comunidades Portuguesas"; Fernando Castelo Branco, com o discurso "Intercâmbio das juventudes escolares – Forma de fomentar as relações entre as Comunidades Portuguesas"; e Manuel Martins da Cruz, que falou sobre a liberalização da emigração e a regularização dos emigrantes clandestinos.

A 8.ª sessão do Plenário foi presidida por João da Costa Freitas e teve como principal orador Álvaro Marques Afonso, representante das Casas dos Concelhos de Pampilhosa da Serra, Góis e Arganil, que apresentou a comunicação "A presença dos arganilenses no Mundo – Suas preferências e causas determinantes da sua deslocação".

A 9.ª sessão foi presidida sucessivamente por João da Costa Freitas, Jorge Jardim e José Júlio Gonçalves e teve os seguintes oradores: Benedito José Barreto, do Brasil, que apresentou a comunicação "Da importância numérica da comunidade e da sua tendência para manter ou perder a própria individualidade"; Boaventura Barreiros, também do Brasil, que historiou "a Comunidade Portuguesa de São Paulo e a Obra do Emigrante"; Jacques Abravanel, cônsul de Portugal em Istambul; César Faustino, delegado do turismo português na Suécia; Afonso Gonzallez Soares e Francisco Augusto João, representantes das Comunidades Portuguesas do Uruguai; José Maria Cardoso da Silva, representante do Portuguese Sport Club de Waterbury (Connecticut); Aníbal da Silva Branco, Secretário-Geral da União Portuguesa e Continental de Bóston; Rev. Inácio de Oliveira; Rev. Constantino R. Caldas, Igreja de Nossa Senhora de Fátima de Bridgeport, Estados Unidos; Comandante José Justiniano do Nascimento, que falou sobre "Os navios de guerra e a Congregação das Comunidades Portuguesas"; Nelson H. Vieira, de Nova Bedford; José Troncho de Melo, médico, que referiu as suas vivências ou contactos com as comunidades em "Relances de Lusitanidade"; Artur Maciel, da Casa do Minho, que apelou para o apoio do Estado Português, nomeadamente assistência moral, cívica e até de saúde e higiene, aos numerosos portugueses expatriados em França e Sentob Sequerra, que falou sobre a comunidade judaico-portuguesa de Amesterdão.

No que diz respeito à mesa-redonda sobre "A Expansão Bio-Social do Homem Português" teve duas sessões.

Na primeira sessão, presidida por Adriano Moreira, ladeado por Sarmento Rodrigues, Jaime Silvério Marques, Francisco Cazal-Ribeiro e Zeferino Paulo, procedeu-se à análise de três fenómenos relativos aos séculos XV e XVI: descoberta do mundo não europeu, europeização dos trópicos e formação do mestiço luso-tropical.

Nesta sessão, depois de Adriano Moreira ter exposto a metodologia do debate, usaram da palavra Almerindo Lessa, que fez a exposição, e Hugo de Macedo, Ives Gandra da Silva Martins, Alberto Machado da Rosa, Geraldo Bessa Vítor, Jack Braga, Salazar Leite, José Ferreira Pinto e Adelino da Silva Azevedo, que participaram nos debates.

As intervenções apontaram claramente para as proposições teóricas do lusotropicalismo, ou seja, "as condições da fixação dos portugueses nos trópicos [...] uma unidade espacial lata, aclimatabilidade, maleabilidade social, tendência para a miscigenação e cosmopolitismo"[165].

Por isso, Adelino da Silva Azevedo, ao encerrar os debates, se referiu ao homem novo, o homem luso-tropical, produto de um povo de missão.

Na segunda sessão, novamente dirigida por Adriano Moreira, ladeado por Donatelo Grieco, Ministro Conselheiro da Embaixada do Brasil, Salazar Leite, Zeferino Paulo, Director do Centro de Documentação Científica da Junta de Investigação do Ultramar e Almerindo Lessa, que concluiu a exposição da sua tese.

Esta sessão foi muito participada, como se comprova pela lista de congressistas que participaram nos debates: Zeferino Paulo, Pinharanda Gomes, que fez uma comunicação, Costa Pinto Neto, Tito Lívio Ferreira, Salazar Leite, Geraldo Bessa Vítor, Maria Palmira Duarte, Armando Aguiar, António Vilar, Guedes da Silva, António Quadros, Augusto Martins, Rev. Domingos Maurício, Ives Gandra da Silva Martins, Francisco Roseira, Francisco Cunha Leão, Miguel Mota, Fernando Sylvan, Domingos Filipe, Jack Braga, José Augusto da Silva Ribeiro e Adriano Moreira, que encerrou a sessão.

Das diferentes participações importa referir três aspectos fundamentais. Em primeiro lugar, nenhum dos oradores pôs em causa as ideias ou teses expressas por Almerindo Lessa e dois dos oradores, Costa Pinto Neto

---

[165] Cf. Boletim da Sociedade de Geografia, p. 357.

e Salazar Leite, referiram mesmo a existência do *branco da Baía*[166] e a necessidade de constituir uma missão para estudar os aspectos bio-psico-sociais dos naturais de Cabo Verde.

Depois, Maria Palmira Duarte alertou para a necessidade de estudar o contributo da mulher na formação das comunidades lusíadas, aspecto que, ainda hoje, se revela pertinente.

Finalmente, António Vilar propôs que os Governos de Portugal e do Brasil considerassem o dia de Camões, 10 de Junho, como *Dia da Lusitanidade*, situação que, vista na perspectiva de Portugal, se verifica na actualidade, embora com a designação de *Dia de Portugal, de Camões e das Comunidades*.

No que se refere aos oradores na sessão de encerramento do Congresso, usaram da palavra:

- João da Costa Freitas, que leu as conclusões;
- Aureliano Leite, que ofereceu a medalha da Ordem da Imperatriz Leopoldina do Instituto Histórico-Geográfico de S. Paulo, oficializada pelo Governo do Brasil ao Professor Adriano Moreira, Presidente do Congresso, e referiu o problema da língua falada no Brasil e a necessidade de estreitar as relações entre Portugal e o Brasil. Também referiu que "o problema do Congresso é que a ele devem aderir todos, seja qual for a sua ideologia"[167];
- Robert Arruda, da Escola Superior de Bridgwater, como representante das comunidades dos Estados Unidos, que referiu o interesse do Congresso, nomeadamente pelos contactos e trocas de pontos de vista "em busca de um denominador comum que os unisse à cultura lusíada"[168];
- Arnaldo Oliveira Sales, em representação de Hong-Kong, Malásia, Austrália e Japão – discurso de três páginas, que enalteceu o papel do Congresso nas gerações vindouras, pois "a fé que Portugal tão bem serviu no passado, é hoje o único laço que ata algumas comunidades ao conjunto lusíada"[169];

---

[166] Esta designação foi criada por Donald Pearson para identificar o tipo resultante da fusão de raças no Nordeste do Brasil.

[167] Cf. Boletim da Academia Internacional da Cultura Portuguesa, n.° 9 Lisboa, p. 41.

[168] Cf. Boletim da Academia Internacional da Cultura Portuguesa, n.° 9 Lisboa, p. 43.

[169] Cf. Boletim da Academia Internacional da Cultura Portuguesa, n.° 9 Lisboa, p. 47.

- Fernando Morais Rosa, em representação das comunidades portuguesas de África, num discurso de quatro páginas, em que frisou que não representava apenas as comunidades europeias, mas "em representação de todos os portugueses nessas paragens, sejam eles europeus, goanos ou africanos"[170] e pôs a tónica na necessidade de seguir a mensagem de Cristo – a mensagem do amor universal;
- Manuel Garcia da Cruz, em nome das delegações das comunidades do Brasil, discurso de três páginas, no qual referiu que todas as delegações, independentemente do seu número, eram iguais no portuguesismo e deviam estar gratas ao promotor do acontecimento. Afirmou também que partia com a convicção de que já não eram uma nação peregrina em terra alheia porque tinha surgido "no céu uma estrela brilhante e fulgurante, deixando atrás de si, uma esteira prateada, a unificar-nos numa só Pátria, embora em terra alheia"[171];
- Adriano Moreira, que, numa intervenção de duas páginas, fez um balanço do Congresso e afirmou que "nada poderá substituir o espírito que está no começo de todas as coisas"[172];
- Cardeal Cerejeira, cujo discurso de duas páginas se destinou a saudar o Congresso e a referir vivências anteriores no Brasil e na grande América reveladoras da importância da língua portuguesa no falar com Deus.

O encerramento dos trabalhos representou, assim, um fim e um início.

Fim de um evento que tinha conseguido trazer a Lisboa a voz das comunidades filiadas na cultura portuguesa.

Início de um processo de institucionalização e defesa dos laços que o esquecimento a que a nação peregrina em terra alheia era deixada por Portugal não fora suficiente para desatar.

Por isso, como Santos Neves defende, "o Professor Adriano Moreira foi, e não apenas em sentido cronológico, o "1.° cientista político português" e, inquestionavelmente, um dos grandes pensadores teóricos e práticos (e até "executivos") de uma "Lusitanidade" que faz parte da

---

[170] Cf. Boletim da Academia Internacional da Cultura Portuguesa, n.° 9 Lisboa p. 50.
[171] Cf. Boletim da Academia Internacional da Cultura Portuguesa, n.° 9 Lisboa p. 54.
[172] Cf. Boletim da Academia Internacional da Cultura Portuguesa, n.° 9 Lisboa p. 58.

Os Congressos das Comunidades de Cultura Portuguesa   159

história ou, pelo menos, da pré-história da Lusofonia do futuro, ainda por nascer"[173].

4.2.2. *Os resultados ou avaliação*

O primeiro balanço do I Congresso, e apesar do considerável distanciamento temporal, ainda pode ser feito recorrendo ao testemunho de um dos congressistas presentes, Ives Gandra da Silva Martins[174].

Este congressista classificou o Congresso como fantástico e considerou que "a fundação da União das Comunidades de Cultura Portuguesa e da Academia Internacional da Cultura Portuguesa, em Guimarães, com a presença de autoridades de muitos países, inclusive do Ministro da Presidência, saldada com salva de tiros, no cair da tarde, foi algo memorável".

Além disso, apontou para a elevada afluência de personalidades filiadas na cultura portuguesa, pois "participaram delegações de mais de uma trintena de países".

Ives Martins referiu também um aspecto que merece reflexão: o papel da fundação da União das Comunidades de Cultura Portuguesa nas diversas entidades lusíadas espalhadas pelo mundo.

Assim, numa perspectiva brasileira, muitas das instituições de cultura portuguesa aderiram aos entes jurídicos criados durante o Congresso, como ocorreu, por exemplo, com o Elos Clube do Brasil.

Por isso, segundo ele, "em São Paulo, principalmente, acentuou-se a ideia, lançada por Adriano Moreira, da formação de uma entidade agregadora, em Portugal, das diversas instituições espalhadas pelo mundo". De facto, "a Academia Internacional, então criada, permanece até hoje como instituição cultural de repercussão transcendente, tendo inspirado a fundação da Academia Lusíada de Ciências, Letras e Artes, com sede em São Paulo".

Aliás, este congressista defende que se, após o 25 de Abril de 1974, não tivesse sido abandonada a ideia de integração das diversas comuni-

---

[173] Afirmação constante da introdução de um manuscrito cedido pelo autor e que acompanha a comunicação feita no XII Encontro das Universidades de Língua Portuguesa.

[174] O Professor Doutor Ives Gandra da Silva Martins tinha 29 anos quando participou no I Congresso. Todas as citações desta página constam do seu depoimento.

dades portuguesas e seus descendentes espalhadas pelo mundo, a mesma poderia ter permitido a formação de um bloco supranacional tão forte como o da Comunidade Britânica.

Para a avaliação do congresso, também parece pertinente referir as palavras proferidas por Adriano Moreira que, na sua comunicação, alertou para "este fenómeno extraordinário de uma reivindicação de portuguesismo por quem nem sequer visitou e não conhece a terra de origem, muitas vezes não fala a língua, outras já não pratica a religião, é a demonstração mais cabal da tese que sustenta que são as culturas que têm a vocação de eternidade"[175].

Por isso, na sua habitual modéstia, ao ser agraciado com a Comenda da Imperatriz Leopoldina, no salão de teatro do Instituto Superior de Ciências Sociais e Política Ultramarina, em 16 de Dezembro de 1964, voltou a insistir que "o culto da personalidade não serve a perenidade dos valores. Não confiem a realização dum objectivo a um homem só. Peço-lhes que confiem num valor permanente que é o povo português e a mais ninguém…".

De facto, Adriano Moreira, tal como Agostinho da Silva (2001:368), sabia que "Portugal só foi plenamente ele próprio quando o poder se não divorciava do povo, quando um coeso civismo, uma participação de todos no plano e na execução […] garantiam que a nação realizasse na totalidade o que na totalidade discutira".

Além disso, como mais tarde, enquanto deputado da Assembleia da República, defenderia: "não conheço forças políticas que não sejam substituíveis tal como não conheço líderes que não sejam substituíveis, e não o digo hoje, digo-o há muitos anos […].Nós temos de acreditar em instituições e depois elas devem suportar os homens, mas não podemos ficar à espera que a única alternativa para um homem é outro homem; isso não pode acontecer; isso não pode fazer parte da nossa filosofia nem da nossa prática"[176].

Por isso, na sua perspectiva, os Congressos deveriam ter continuidade, pois, como referiu na página cinco, "pode ser de incalculável benefício para o destino do portuguesismo no mundo que todas as comunida-

---

[175] Transcrição feita a partir da comunicação policopiada existente na Sociedade de Geografia de Lisboa.

[176] Cf. *Diário da Assembleia da República*, n.º 102, 1.ª série, 3 de Junho de 1989, p. 4590.

Os Congressos das Comunidades de Cultura Portuguesa   161

des se sintam também ligadas entre si, que todas saibam umas das outras e de cada uma".

Deste I Congresso saiu o voto para a criação da Academia Internacional da Cultura Portuguesa, projecto apresentado pelos catorze professores universitários presentes no Congresso e dos quais apenas um, Adriano Moreira, era português, pois doze eram brasileiros e um era oriundo do Japão.

Esta Academia viria a ser inaugurada em 25 de Maio de 1965, numa cerimónia realizada na sala «Portugal» da Sociedade de Geografia, depois de, em 6 de Fevereiro de 1965, o Ministro dos Negócios Estrangeiros, Franco Nogueira, e o Ministro da Educação Nacional, Inocêncio Galvão Teles, terem promulgado a constituição da Academia, reconhecendo como académicos de número considerados fundadores da Academia Internacional da Cultura Portuguesa as seguintes personalidades: Adriano José Alves Moreira, António da Silva Rego, Armando de Freitas Zuzarte Cortesão, Armando Gonçalves Pereira, Armando Reboredo e Silva, João da Costa Freitas, Jorge Dias, José de Azeredo Perdigão, José Nosolini Pinto Osório da Silva Leão, Luís da Câmara Pina, D. Manuel Trindade Salgueiro e Virgínia Rau.

A análise conjunta da forma de funcionamento do I Congresso e da lista de académicos de número permite constatar que entre estes constam o organizador do Congresso, Adriano Moreira, e o seu principal assessor nessa função, João da Costa Freitas, vários presidentes das nove secções do Congresso – António da Silva Rego, Armando Reboredo e Silva, José de Azeredo Perdigão e Luís da Câmara Pina – e ainda congressistas com intervenções marcantes no Congresso, como Jorge Dias.

Quanto ao desejo manifestado para que o Congresso não tivesse representado um acto isolado, concretizou-se, pois a União das Comunidades de Cultura Portuguesa conseguiu promover a realização do II Congresso, tendo convidado para o evento "indivíduos ou representantes de comunidades portuguesas que, pelo seu valor e independência, pudessem efectivamente trazer ao Congresso uma contribuição efectiva"[177], de forma a que se pudesse, não apenas explicar a permanência em todo o Mundo de comunidades filiadas na cultura portuguesa, mas, sobretudo, para traçar um rumo para a lusofonia.

---

[177] Cf. *Diário Popular* de 14 de Julho de 1967, p. 7.

4.3. O II Congresso

4.3.1. *Estrutura, participantes e temáticas*

O II Congresso, realizado em Moçambique, manteve muita da estrutura do congresso anterior, prova de que a primeira experiência tinha atingido os objectivos que haviam determinado a sua génese.

De facto, para além de se ter voltado a verificar uma enorme representatividade das comunidades filiadas na cultura portuguesa, também houve secções, neste caso apenas seis, que elaboraram as suas conclusões e recomendações, e comunicações temáticas de muitos congressistas, como se comprova pela lista que se segue e em que as secções são identificadas pelo número e pelo tema ou assunto sobre que se debruçaram:

1.ª Secção – *Convergência Étnico-cultural*, dirigida por Andrade Gouveia
- Conclusões e Recomendações;
- Relatório de base de Gilberto Freyre.
- Comunicações: "Raízes étnicas da população portuguesa", de Alberto Xavier da Cunha; "A integração das comunidades portuguesas no mundo", feita por Tito Lívio Ferreira; "Assimilação e transmissão de cultura lusíada", da autoria de José Maria Gaspar; "Miscigenação racial em Moçambique – Seus aspectos actuais", de Victor Hugo Velez Grilo; "O Brasil e suas raízes africanas", proferida por Maria Helena de Figueiredo Lima; "Missão e responsabilidade da rádio na preservação da cultura portuguesa nas nossas comunidades", da autoria de Maria da Paz Barros Santos; "Conversar amanhã", proposta de Manuel Vinhas e "Fundamentos geopolíticos da comunidade lusíada", de Ovídio Gouveia da Cunha.

Mesas-redondas:
- "Raízes e perspectivas étnico-culturais portuguesas no Extremo Oriente", orientada por Almerindo Lessa.

2.ª Secção – *Relações Luso-Brasileiras*, dirigida por Adriano Moreira
- Conclusões e Recomendações.
- Comunicações: "Conceito de comunidade lusíada", de Sérgio Marques da Cruz; "O papel das cadeiras de Literatura Portuguesa

nos Cursos de Letras das Faculdades de Filosofia nas relações luso-brasileiras", da autoria de Cleonice Berardinelli; "Reflexos do acordo de comércio no futuro das relações luso-brasileiras", apresentada pelo Deputado Cunha Bueno; "Preservação da Cultura Portuguesa", feita por Rego Gonçalves; "A língua portuguesa", da autoria de Aureliano Leite; "A intimação dos imigrantes portugueses no Brasil do século XIX", de Carlos Lemonde de Macedo; "As relações luso-brasileiras e a Imprensa", estudo de Francisco da Silva Alves Pinheiro; "Informação portuguesa no Brasil", feita por Anacleto Abreu Raimundo; "Proposta de liturgia internacional uniforme em língua portuguesa", proposta por Francis M. Rogers; "Espaços vazios em terras brasileiras e portuguesas", de Theophilo de Andrade; "Cooperação dos clubes de serviços no alcance dos ideais da Comunidade Luso-Brasileira – Sugestões", "Em marcha para a Comunidade Luso-Brasileira – Sugestões" e "Aproximação do magistério", todas da autoria de Francisco da Gama Lima Filho; "Estudos luso-brasileiros nas unidades culturais", feita pelo General Umberto Peregrino; "Colonização da Amazónia (1755-1778), estudo de Manuel Nunes Dias; "Conflito de sentimentos", reflexão do General Danilo Nunes; "Criação de um seminário de cultura lusíada", proposta de António José Brandão; "Análise dos valores fundamentais da cultura portuguesa", da autoria de Adelino J. da Silva d'Azevedo; "Premissas para o estudo da História Institucional do Brasil", estudo de Ovídio da Cunha e "A carta de Caminha – Tentativa de uma resenha bibliográfica", pesquisa de Américo Jacobina Lacombe.

3.ª Secção – *Ciência e Educação*, dirigida por Pedro Calmon
– Relatório de base da III Secção, Raymundo Moniz de Aragão;
– Relatório de base da III Secção (Subtema Educação), José Veiga Simão;
– Comunicações: "Sugestões para uma participação válida da juventude no movimento de congregação das comunidades portuguesas", por Esmeralda Valente de Almeida; "Características e possibilidades de expansão da Universidade Técnica", estudo de A. Herculano de Carvalho; "Utilização das baías pouco profundas por navios de grande calado", ensaio de Salazar da Paixão Ferro; "As viagens marítimas de quatrocentos no contexto da história da cul-

tura", discurso de José Maria da Cruz Pontes; "Poesia – Instrumento de cultura", análise de Natércia Freire; "Ensino programado nas comunidades de cultura portuguesa", proposta de José Maria Gaspar; "A educação ao serviço da Nação", estudo de António da Silva Gonçalves; "Prospecção geológica orientada a sextante em zonas de capim, zonas alagadas e lagos", narração de Salazar da Paixão Ferreira Ferro; "A Universidade de Coimbra", estudo de António Jorge Andrade de Gouveia; "A nossa posição perante os problemas de ensino médico", trabalho de Jorge da Silva Horta; "As ciências exactas no ensino da Medicina", comunicação de João José Pedroso de Lima e José Manuel de Lima Ayres Basto; "Os povos das comunidades e o desenvolvimento da sua cultura científica e técnica", de José Pinto Machado; "Influências sobre um conceito actual de educação", estudo de Neide Almeida Fiori; "Hemoglobinopatias e carência de desidrogenase de glucose-6--fosfato na Comunidade Luso-Brasileira", estudo de caso de Lesseps dos Reis, Nunes de Almeida e Carlos Manso; "Panorama do ensino superior em África – Os Estudos Gerais Universitários de Moçambique", visão de António Pacheco Palha e J.M.M. de Sousa Pereira; "As descobertas marítimas do século XV no trânsito da mundividência medieval para a cosmovisão dos tempos modernos", reflexão de José Maria da Cruz Pontes; "D. João de Castro e o magnetismo", trabalho de Maria Manuela Oliveira de Sousa Antunes Sobral; "Posição e futuro da cultura portuguesa", reflexão de Hugo de Macedo; "O papel da Universidade portuguesa na conjuntura actual", ensaio de José Sarmento; "Convergência da lírica portuguesa num poeta cabo-verdiano de língua crioula do século XIX", estudo de Gabriel Mariano e "A projecção da Universidade de Lisboa no mundo", estudo de José Sarmento.

4.ª Secção – *África-Oriente*, dirigida por D. Francisco Maria da Silva, arcebispo de Braga
– Relatório de base, António da Silva Rego;
– "Fixação Portuguesa no Ultramar", comunicação apresentada à IV Secção por Elaine Sanceau.

5.ª Secção – *Europa-América*, dirigida por D. António dos Reis Rodrigues, bispo de Madarsuma.
– Relatório de base, Alberto Machado da Rosa.

6.ª Secção – *Problemas da Expansão do Livro Português*, dirigida por Gonçalves Pereira
- Relatório de base "Difusão do livro português nas comunidades portuguesas", Alberto Machado da Rosa;
- "Da expansão do livro português no estrangeiro", Armando Gonçalves Pereira.

Durante o Congresso foram recebidas mensagens do Ministro da Educação e Cultura do Brasil, do Governador do Estado da Guanabara e do Presidente da Assembleia Legislativa do Estado de São Paulo.

Quanto aos discursos, a lista foi a seguinte: "Fortalecimento dos laços lusíadas no mundo", feito por Veiga Simão; "O futuro é algo que nos cabe tomar nas mãos, plasmar e dirigir", da autoria de Raymundo Moniz de Aragão; "Internacionalização da vida privada", reflexão de Adriano Moreira; "Moçambique – Terra portuguesa há quase cinco séculos", ensaio do General Costa e Almeida, Governador-Geral da Província; "Reforço dos laços que unem os portugueses dispersos pelo mundo", proposta de Joaquim Moreira da Silva Cunha, Ministro do Ultramar; "O homem novo", uma visão prospectiva de Adriano Moreira e "Um alvo muito valioso", reflexão de Franco Nogueira, Ministro dos Negócios Estrangeiros.

A cerimónia de encerramento, marcada por um simbolismo que, dez anos mais tarde, Adriano Moreira viria a retratar magistralmente na obra *Nação Abandonada,* acabou por, infelizmente, fazer jus à sua designação, pois representou uma ruptura ou um interregno que não aproveitou à lusofonia.

4.3.2. *O balanço*

As expectativas face a este congresso eram elevadas, pois, embora fosse um congresso flutuante, não se tratava de leccionar sobre navegação enquanto o barco se afundava, ou seja, a *deslocalização* do congresso para uma parcela do Ultramar não se destinava, de acordo com os promotores, a apoiar ou promover a política colonial portuguesa numa fase de grande contestação internacional.

Na verdade, a ideia dos organizadores era a de continuar a viagem pelos portos da lusofonia, procurando fortalecer e entrecruzar os laços tecidos aquando do I Congresso em Lisboa.

Além disso, o local escolhido encerrava um enorme significado, pois era o ponto de encontro do Ocidente e do Oriente do mundo lusófono.

Retomando o balanço do congresso, o mesmo terá de ser feito tendo em conta duas vertentes: a reunião em si mesma, ou seja, a forma como o congresso decorreu, e as consequências futuras desse evento para o futuro da lusofonia.

No que se refere ao primeiro aspecto, o balanço foi claramente positivo, embora um pouco ensombrado pela tentativa de aproveitamento político feita pelo governo português e ressalvando alguns aspectos de pormenor, como a crítica feita pelo professor Roberto Arruda, do Colégio Universitário de Bridgeport, que "lamentou que não tivessem sido anunciadas com antecedência as teses debatidas em cada dia de modo a que os congressistas pudessem distribuir-se não rigidamente por secções, mas por assuntos que mais os interessassem individualmente"[178]

Para uma avaliação completa deste II Congresso, importa verificar o sentido dos depoimentos de congressistas que o *Diário Popular* trouxe a lume na edição de 23 de Julho.

Essas opiniões pertenciam a algumas das personalidades mais marcantes presentes no congresso, como foram os casos de Adriano Moreira, Alberto Machado da Rosa, professor da Universidade da Califórnia, Agostinho da Silva, da Universidade de Aracujá, General Danildo Nunes, Ministro do Tribunal de Contas de Brasília, Martins de Carvalho, antigo Ministro da Saúde e Assistência, Francisco Balsemão, administrador daquele jornal, e o criador do lusotropicalismo, Gilberto Freyre, que sintetizou a opinião unânime sobre o Congresso ao afirmar: "compreendo que o prof. Adriano Moreira, a quem principalmente se deve a realização deste grande encontro, esteja satisfeitíssimo: o Congresso foi um êxito"[179].

O obreiro principal da iniciativa, como foi designado pelo jornal, também considerou que os objectivos tinham sido atingidos, pois "as recomendações adoptadas são úteis, muitas delas são até importantes e – o que se afigura particularmente relevante – parecem exequíveis".

Era, mais uma vez, a voz da autenticidade!

Entre essas recomendações contava-se a criação do Instituto Camões, vocacionado para os estudos sobre a língua portuguesa, bem como a cria-

---

[178] Cf. *Diário de Notícias,* n.° 36 415 de 22 de Julho de 1967, p. 2.
[179] Cf. *Diário Popular* n.° 8 896 de 23 de Julho de 1967, p. 7.

Os Congressos das Comunidades de Cultura Portuguesa 167

ção de um Instituto Nacional do Livro, para além de gabinetes de estudos económicos, centros de documentação e publicações periódicas.

Ainda, na citada edição do *Diário Popular*, Adriano Moreira afirmou que não estava estabelecido o local do próximo Congresso, embora tudo apontasse para que o mesmo viesse a realizar-se ou nos Estados Unidos ou no Brasil, pois havia pedidos nesse sentido feitos pelas comunidades portuguesas desses países.

A não realização desse III Congresso revela claramente que o segundo desiderato não foi alcançado, pois o poder político português não sabia lidar com a influência da sociedade civil e não aceitava que o congresso fosse apolítico, ou, como Adriano Moreira referiu, "uma das preocupações que houve desde o início e continua a haver é manter-se o movimento completamente alheio a qualquer ideia política, para assim poderem ser reunidos à volta dele todos os portugueses ou descendentes de portugueses em qualquer Estado"[180].

A tentativa de colagem que o governo fez, bem patente nas cerimónias de inauguração e de encerramento, não deixavam dúvidas sobre a quase impossibilidade de a sociedade civil continuar a organizar estes encontros no respeito pelos ideais traçados pelos organizadores.

Nem o facto de, pela primeira vez, as bandeiras de Portugal e do Brasil terem subido em mastros paralelos na Ilha de Moçambique sensibilizou o poder vigente em Portugal para a pertinência e o alcance, sem aproveitamento político, da aproximação de todos os povos filiados na cultura portuguesa.

Na verdade, o orgulho oficialmente proclamado pela criação do Brasil não se revelou suficiente para ultrapassar os receios derivados de uma acção concebida e realizada por organizações da sociedade civil.

Além disso, a comunidade portuguesa do Brasil, certamente a mais numerosa e culta das representações, ainda não se revia como um todo numa única organização que pudesse dinamizar o processo e organizar novo congresso, que, na conjuntura de então, exigiria sempre o apoio português.

Ora, como o governo português revelava uma atitude receosa face a um movimento cujo controlo lhe escapava, a ideia de lusofonia esbateu-se face à de portugalidade.

---

[180] Cf. *Diário Popular* n.º 8 887 de 14 de Julho de 1967, p. 7.

Existe, ainda, um último aspecto destes congressos que merece ser estudado, até pela relação que tem com o que anteriormente foi exposto. Refiro-me à forma como a comunicação social portuguesa escrita acompanhou estes eventos, numa fase da vida portuguesa em que a censura procedia ao exame prévio das publicações.

De facto, como Adriano Moreira (2001:126) afirma, "aquilo de que os agentes do Poder sistematicamente não falam, ou impedem que se fale, é frequentemente o mais importante dos factos a tomar em consideração".

Vejamos, pois, como se processou a cobertura informativa dos dois congressos, tendo sempre presente que é necessário detectar o silêncio e ultrapassar a mentira razoável da versão oficial, para apreender a verdadeira essência do acontecimento.

4.4. A Cobertura Informativa dos Congressos

A primeira ilação que pode ser tirada, mesmo sem proceder à análise de conteúdo das notícias e reportagens, prende-se com a constatação de que a cobertura feita pelos órgãos de comunicação social escrita, tanto do I como do II Congresso, não foi muito uniforme.

De facto, e no que se refere ao I Congresso, o *Diário de Notícias*, na sua edição n.º 35 478 de 8 de Dezembro de 1964, fazia, na capa, referência à inauguração do Congresso e, na página 9, desenvolvia a notícia referindo nomeadamente o impacto que a organização do mesmo tivera no *New York Times* e no *Mundo Português*, onde uma entrevista feita a Adriano Moreira permitia saber que, como organizador, não pedira qualquer apoio aos governos dos países estrangeiros onde havia comunidades portuguesas e que o congresso só fora possível pelo apoio que a Sociedade de Geografia encontrara entre as comunidades portuguesas espalhadas pelo Mundo, embora a esse apoio devessem ser acrescentados os contactos feitos pessoalmente por Adriano Moreira, pelos sócios da Sociedade de Geografia residentes no estrangeiro e por algumas entidades consulares.

Uma consulta das edições seguintes do *Diário de Notícias* permite constatar que, em todas elas, o congresso foi notícia, com especial destaque para a edição n.º 35 479, de 9 de Dezembro, onde a capa mostrava um planisfério com as zonas de expansão portuguesa e, em toda a página 7, apresentava uma reportagem detalhada da inauguração, acompanhada de

Os Congressos das Comunidades de Cultura Portuguesa   169

4 imagens alusivas ao evento e em que surgiam o Cardeal-Patriarca, Adriano Moreira a discursar, uma imagem geral da sessão inaugural com chamada de atenção para a presença de vários membros do Governo e a missa nos Jerónimos.

Nas outras edições, até à n.° 35 486, relativa a 16 de Dezembro, o congresso mereceu honras de 1.ª página e desenvolvimento nas páginas interiores onde, a par de notícias sobre o andamento dos trabalhos e das principais propostas sugeridas pelos congressistas, eram feitas referências aos locais visitados, a elementos simbólicos, como a oferta aos congressistas de uma arca com terra de Guimarães, e as recepções oficiais.

No que se refere ao II Congresso, o *Diário de Notícias* voltou a noticiar o evento em todas as edições a partir do n.° 36 406, de 13 de Julho de 1967, até à edição n.° 36 416, de 23 de Julho de 1967, ou seja, durante todo o Congresso.

No entanto, o teor informativo já deixa escapar uma forte influência do poder central, pois tanto a participação do Ministro do Ultramar na sessão de abertura como a do Ministro dos Negócios Estrangeiros na sessão de encerramento são demasiado referidas e valorizadas, chegando a indicar-se a lista das personalidades que estiveram presentes ou se fizeram representar na cerimónia de despedida no aeroporto.

No mesmo sentido foram apresentadas as palavras do Ministro do Ultramar à chegada, embora no discurso inaugural o mesmo tenha dito que era aos Congressistas que pertenciam os trabalhos e que a sua presença "significa o interesse do Governo pela tarefa que ides realizar e estas minhas singelas palavras não têm outro fim senão o de em seu nome vos saudar e de formular votos para que a vossa estada nesta portuguesa terra de Moçambique, que por ser portuguesa também é vossa, vos seja proveitosa e agradável"[181].

Convém, no entanto, referir que a cobertura noticiosa também contemplou o discurso de Adriano Moreira na sessão inicial e referiu as principais comunicações e temáticas, sobretudo a questão da necessidade de uma política de defesa e promoção da língua portuguesa.

No que se refere ao *Século,* a cobertura dos congressos foi muito menor, apesar de, a partir da edição n.° 29 691, de 8 de Dezembro, e até à edição n.° 29 699, de 16 de Dezembro de 1964, este diário trazer sempre notícias sobre o I Congresso. No entanto, só por duas vezes, nas duas pri-

---

[181] Cf. *Diário de Notícias*, n.° 36 408 de 15 de Julho de 1967, p. 2.

meiras edições, mereceu honras de primeira página e quanto às fotos alusivas ao acontecimento apenas a edição de 9 de Dezembro apresentava uma imagem na capa e outra na página 7 sobre a sessão na sala Portugal.

Este matutino quase que se limitou a noticiar a forma de organização do congresso, o andamento dos trabalhos e as visitas e recepções aos congressistas, dando pouca importância à transcrição de discursos e de comunicações, embora reconhecendo o interesse desses elementos e considerando que "alguns constituiram até estudos valiosos"[182].

A excepção pode encontrar-se na página 7 do n.º 29 692, em que o jornal apresenta o discurso completo, embora entrecortado para colocar em destaque quatro das ideias-chave de Adriano Moreira e do Presidente da República.

No que respeita ao II Congresso, na edição n.º 30 619, de 13 de Julho, era noticiada e com direito a imagem a partida do Ministro do Ultramar para Lourenço Marques e na edição seguinte, na página 10, referia-se a sua chegada e a saudação que tivera na escala em Luanda.

A abertura do congresso foi noticiada na capa do n.º 30 621, de 15 de Julho, edição que reproduzia, na página 9, os discursos de Silva Cunha e Adriano Moreira, considerado como notável e com direito a caixas ou chamadas de atenção.

Na edição n.º 30 622, de 16 de Junho, era reproduzida uma notícia veiculada pela ANI, segundo a qual "mesas-redondas organizadas pelo sr. Prof. Almerindo Leça[183] efectuar-se-ão todas as noites".[184]

Na edição do dia seguinte, na página 2, voltava a ser referida a presença do Ministro do Ultramar em Moçambique, enquanto na página 7 se apontava que o futuro das relações luso-brasileiras deveria ser um dos objectivos do congresso e se mencionavam as intervenções de Tito Lívio Ferreira e Machado Rosa sobre esse assunto.

A edição n.º 30 624 voltava a não mencionar o andamento dos trabalhos e a noticiar, na página 7, a chegada do Ministro dos Negócios Estrangeiros a Moçambique para encerrar o congresso. Aliás, essa participação viria a ser mencionada na edição seguinte, na página 5, bem como a permanência do titular da pasta do Ultramar em Moçambique, na página 2, embora também se apresentasse um breve resumo de algumas interven-

---

[182] Cf. *Diário de Notícias*, n.º 29 694 de 11 de Dezembro de 1964, p. 9.

[183] Na transcrição foi mantida a ortografia original.

[184] Cf. *O Século*, n.º 30 622 de 16 de Julho de 1967, p. 10.

çoes no congresso, na página 5, assunto que voltou a não ser mencionado na edição n.º 30 626, de 20 de Julho.

O carácter político que o Governo queria atribuir ao congresso voltou a fazer-se sentir na edição n.º 30 627, de 21 de Julho, pois na página central era apresentado o discurso do organizador do congresso, que sempre quisera manter o evento apartidário, ao lado da intervenção, marcadamente ideológica, do Ministro dos Negócios Estrangeiros.

De facto, nessa intervenção Franco Nogueira colocou a tónica no contraste entre a África "livre" e a África portuguesa – onde se vivia, segundo ele, em paz, serenidade, segurança e progresso – e, depois de identificar as três ordens de perigos que podiam perturbar Moçambique, concluiu que Moçambique só seria Moçambique enquanto fosse Portugal, clara alusão à política integracionista defendida pelo seu sector de opinião.

Na edição n.º 30 629, de 23 de Julho, *O Século*, que parecia mais interessado na extradição de Tchombé, situação que aliás também se verificava com outros jornais, reservou a última página para o congresso, não para um balanço, mas para noticiar o regresso a Lisboa de Gilberto Freyre, que iria fazer uma palestra no Grémio Literário, e do Ministro do Ultramar, que fez nova declaração, de carácter integrista, sobre a visita a Moçambique, mas não fez qualquer referência ao congresso.

No que se refere à cobertura feita pelo *Diário Popular,* em que o I Congresso mereceu várias vezes figurar na primeira página, foi a única que recorreu a caricaturas dos principais congressistas feitas por Teixeira Cabral[185].

Esta cobertura pode considerar-se interessante, pois, em várias edições, coloca em caixa as ideias das principais comunicações, como é o caso de "A expansão da cultura portuguesa", da autoria de António Vilar, na edição n.º 7 964 de 14 de Dezembro, ou de "O homem português é um ser bicontinental", comunicação feita por Almerindo Lessa, ou "Os descendentes dos Portugueses de Malaca", da responsabilidade de José de Freitas, ambas na edição de 15 de Dezembro.

Além disso, e ainda em caixa, relata as principais propostas e moções e, como balanço final, na edição de 16 de Dezembro, insere a rubrica "O nosso comentário", na qual tece os maiores elogios à organização e

---

[185] As caricaturas representam Adriano Moreira, o comendador João José da Silva, João da Costa Freitas, Roy Teixeira e o comendador Manuel Garcia Cruz.

forma de funcionamento do congresso e alerta para o facto de a tarefa de aproximar as comunidades de cultura portuguesa ainda mal ter começado.

Há ainda um pormenor que valoriza a reportagem feita e que se prende com o facto de o jornal ter contado com um enviado especial, Manuel Magro, no acompanhamento dos congressistas na visita a Guimarães.

Assim, na edição n.º 7963, de 13 de Dezembro, o jornalista pôde transcrever excertos da conversa mantida com Adriano Moreira para dar a conhecer a criação da União das Comunidades de Cultura Portuguesa e os órgãos que a iriam compor: o Congresso, órgão supremo, o Conselho Geral, órgão gestor, para o qual as comunidades residentes no estrangeiro elegeram os seus membros e o Secretariado.

Aquando do II Congresso, o *Diário Popular* contou, como já foi referido, com um enviado especial ao evento, Francisco Pinto Balsemão, sobrinho do proprietário do jornal.

Assim, o *Diário Popular* não necessitou de recorrer a outras fontes para cobrir o acontecimento, como ficou provado pela publicação da crónica intitulada "O Congresso flutuante promete bons resultados", o que teve lugar na página 7 da edição de 14 de Julho, e do balanço do Congresso feito a partir das opiniões de alguns ilustres congressistas, na página 7 da edição de 23 de Julho.

Além disso, neste jornal o congresso mereceu honras de primeira página, embora não ocupando a parte central, como aconteceu na edição n.º 8887, de 14 de Julho, em que era noticiada a inauguração pelo Ministro do Ultramar, embora também se apresentasse uma ideia geral da intervenção de Adriano Moreira.

Aliás, parece interessante verificar que a intervenção do Ministro do Ultramar nunca foi transcrita mas apenas recontada, enquanto a intervenção de Adriano Moreira mereceu transcrições na página 7 do referido número.

No que se refere ao *Diário de Lisboa*, desde a edição n.º 15079, de 7 de Dezembro, que trouxe notícias sobre o I Congresso, embora nem sempre na capa.

Assim, em 7 de Dezembro noticiava a chegada de trinta e duas individualidades com destino ao congresso, apresentava as declarações do presidente da União Portuguesa Continental dos Estados Unidos e referia o editorial do *New York Times* sobre o carácter apolítico do evento.

Na edição 15080, de 8 de Dezembro, na página central, identificava-se o principal objectivo, ligar permanente e efectivamente os dois milhões

Os Congressos das Comunidades de Cultura Portuguesa 173

de portugueses e luso-descendentes, e classificava-se o evento como "ideia lançada pelo seu presidente [da Sociedade de Geografia], prof. dr. Adriano Moreira e logo apoiada em todos os sectores da vida nacional". Talvez, por isso, na edição n.° 15081, a capa reproduzia a imagem de Adriano Moreira a discursar, reservando a página 3 para um aspecto geral do congresso.

Essa edição aponta os nomes e a proveniência dos congressistas encarregados do estudo das bases da Congregação das Comunidades Portuguesas a fim de serem proclamados no final da sessão plenária: Manuel Nunes, Afonso Salgado, José Manuel de Orey e Paulo Brás, do Brasil; João Godinho, Manuel Reis, Alberto Cunha e Roberto Arruda, dos Estados Unidos e Canadá; Álvaro António Pereira, da América Espanhola; Pompeia Viegas, da Ásia Ocidental; Jack Braga, da Ásia Oriental; Jaime de Sousa e Ethelfred Concha, de África; Deolinda da Encarnação da Austrália e Hugo de Macedo da Europa.

Na edição n.° 15082, de 10 de Dezembro, na página 8, surge a síntese dos trabalhos feita por Adriano Moreira e que, embora com algumas reformulações, ainda se revela de uma enorme acuidade no tempo presente:

- uma atitude mais activa de Portugal em relação à conquista dos mercados, especialmente do mercado brasileiro;
- necessidade de transformar em elemento de cultura corrente a problemática do nosso tempo, muitas vezes apagada pelo excesso de preocupações com os problemas históricos;
- necessidade de suprir a falta de presença significativa da cultura portuguesa em grandes centros internacionais.

Na página 17 da edição n.° 15083, de 11 de Dezembro, era referida a sugestão para que se desse à História Luso-Brasileira a linguagem dos homens que a fizeram desde 1500 até 1822 e, na página 3 da edição do dia seguinte, o enviado do jornal a Guimarães recolhia as palavras de Adriano Moreira para clarificar que a "União das Comunidades de Cultura Portuguesa nascida também do presente Congresso e que contrariamente à Academia Internacional, que tem um carácter científico, se propõe estabelecer laços sociais entre as diversas comunidades".

Ainda nesse número, o jornalista questionou Adriano Moreira sobre se o governo apoiava o Congresso. Face ao melindre da questão, Adriano Moreira, que já tinha posto em causa a censura prévia ao afirmar que não podia haver laços entre as comunidades sem uma informação objectiva, respondeu que "o elo de ligação entre a Sociedade de Geografia e o Governo tem sido o Dr. Franco Nogueira [...] pessoa verdadeiramente interessada em contactos da natureza dos que o Congresso proporciona"[186]. Ainda nessa página eram apresentados os pontos de vista de António Vilar sobre o convívio dos portugueses no Mundo.

A edição de 13 de Dezembro apenas noticiou a visita ao Porto, com referência à cerimónia em Guimarães, e a edição de 14 de Dezembro referia, na página 8, a proposta de Paulo Tacla, representante da comunidade portuguesa do Rio de Janeiro, para, face à admiração que a comunidade tinha por Bocage, a colocação de uma lápide em Setúbal e de um busto de Bocage no Rio de Janeiro e a comunicação do reverendo Manuel Rocha sobre o estabelecimento de ensino de nível universitário em Ludlow, nos Estados Unidos "actualmente, somente com seis alunos e quatro professores"[187].

No número 15 087, de 15 de Dezembro, na página 21, para além de se referir à mesa-redonda sobre a expansão bio-social do homem português e às comunicações de Rego Gonçalves, Joseph da Silva e Fernando Castelo Branco, o *Diário de Lisboa* fez referência à intervenção na Assembleia Nacional do Deputado Costa Guimarães sobre a cerimónia da entrega da terra aos congressistas no berço da nacionalidade.

Finalmente, no n.° 15 088, de 16 de Dezembro, este jornal fez uma reportagem alargada sobre o congresso, onde noticiava que o cardeal patriarca presidiria, nessa noite, à cerimónia de encerramento e apresentava, na página central, uma imagem de Adriano Moreira no congresso, referindo que o mesmo tinha sido "designado por aclamação presidente do próximo Congresso que reunirá em Julho de 1966 em território português e, posteriormente, de dois em dois anos". Nessa edição, na página 17, era referida a situação dos portugueses em França e na Escandinávia e apelava-se ao combate à emigração clandestina.

Um aspecto curioso, atendendo ao estudo a que se está a proceder sobre a cobertura do congresso pelos órgãos de informação, prende-se com a visão que os congressistas ou, pelo menos, os organizadores, tinham dessa mesma cobertura.

---

[186] Cf. *Diário de Lisboa*, n.° 15 084 de 12 de Dezembro de 1964, p. 3.

[187] Esta questão viria a merecer uma nova referência na edição n.° 15 089, de 17 de Dezembro, na página 18.

Ora, ainda na edição n.º 15088, o *Diário de Lisboa* noticiava que, por proposta de Adriano Moreira, "foi aprovado um agradecimento à Imprensa e aos outros órgãos de informação pela forma como se referiram aos trabalhos"[188].

No que respeita ao II Congresso, a cobertura feita pelo *Diário de Lisboa* ficou aquém da primeira e denotou clara interferência governamental, pois, sempre que o Congresso mereceu honras especiais, como nas edições de 14 e de 21 de Julho, foi sobretudo, no primeiro caso, para realçar o facto de o Ministro do Ultramar ter presidido à sessão solene de abertura e, no segundo caso, para noticiar o seu regresso a Lisboa depois de ter presidido à sessão inaugural.

De facto, na edição n.º 16009, de 14 de Julho, na capa era noticiada a abertura do congresso pelo Ministro do Ultramar e, na página 8, a exemplo do que se passara no *Diário Popular,* era reproduzido o discurso de Adriano Moreira e recontado o do Ministro do Ultramar.

Depois, no n.º 16016 de 21 de Julho, a capa noticiava o regresso a Lisboa do Ministro do Ultramar e, na página 2, referia que o Congresso fora "ontem encerrado pelo sr. Ministro dos Negócios Estrangeiros". Sobre os trabalhos ou as conclusões do Congresso, não vislumbrei nem uma palavra.

Por último, posição que encontra justificação na cobertura efectuada, importa referir a posição do jornal *República*, vespertino conotado com os ideais do seu fundador, António José de Almeida e que, apesar de se apresentar como o diário da tarde de maior circulação em Portugal, fez uma cobertura pouco desenvolvida dos congressos.

Na verdade, se do I Congresso ainda surgem notícias, se bem que não muito desenvolvidas, o II Congresso foi quase ignorado.

De facto, na edição n.º 12178, de 8 de Dezembro de 1964, o *República* anunciava, na página 8, a inauguração do I Congresso, referia a vontade dos organizadores de que o mesmo tivesse um carácter absolutamente apolítico e mencionava as secções "quase todas elas presididas por gradas figuras da situação". Referia igualmente a proveniência dos representantes das comunidades.

Na edição 12179, de 9 de Dezembro, na página 6, noticiava a criação da comissão destinada a estudar as bases da União das Comunidades Portuguesas e punha ênfase na posição de um delegado do Brasil que

---

[188] Cf. *Diário de Lisboa*, n.º 15088, de 16 de Dezembro de 1964, página central.

pediu "que a assembleia fosse suspensa para que as comunidades escolhessem livremente os seus representantes"[189]. Referia também que, "não obstante a pluricontinentalidade da nossa expansão e a miscigenação que provocámos, era quase nula a presença de mestiços, de negros ou amarelos". Voltava, novamente, a referir-se às secções e apontava os dez pontos a serem tratados na secção de Problemas Sociais.

Quanto à comissão para estudar as bases da Academia Internacional da Cultura Portuguesa, referia que, por proposta de Adriano Moreira, ficou constituída automaticamente por todos os professores universitários presentes no congresso.

Nas edições seguintes, foi apresentado um resumo dos trabalhos, nomeadamente da necessidade de maior assistência ao emigrante e da colocação de uma professora oficial e não de uma regente no campo da instrução dos jovens luso-americanos[190] e das medidas desejáveis para a expansão do livro português nos países onde existem comunidades lusas[191].

Na edição n.° 12 181, de 11 de Dezembro, a cobertura ultrapassou meia página, para abordar a questão da expansão do livro português e para noticiar a ausência do Grémio de Editores e da Sociedade de Escritores "que não se interessaram pelo Congresso". Nessa edição foram ainda referidas as queixas dos portugueses residentes nas Filipinas e na Nova Inglaterra sobre a falta de apoio e de interesse que sentiam por parte de Portugal.

Nas edições de 12 de Dezembro, o congresso não mereceu qualquer referência e, na edição 12 185, de 13 de Dezembro, ficou-se por uma pequena coluna na página 7, para referir as visitas e, novamente, uma pequena coluna na página 7 da edição 12 186, de 14 de Dezembro, para referir as alterações de programa provocadas pela deslocação dos congressistas ao norte.

No n.° 12 185, de 15 de Dezembro, foi referida, na página 9, a mesa-redonda sobre a expansão bio-social do homem português e a comunicação que enalteceu as potencialidades do rádio-amadorismo como veículo de coesão e intercâmbio entre as comunidades portuguesas.

Finalmente, a 16 de Dezembro, na página 6, o *República* referia o encerramento do congresso, ao qual apenas reconhecia o mérito de nele ter

---

[189] Cf. *República*, n.° 12 179, de 9 de Novembro, p. 6.
[190] Cf. *República*, n.° 12 180, de 10 de Novembro, p. 9.
[191] Cf. *República*, n.° 12 181, de 11 de Novembro, p. 9.

Os Congressos das Comunidades de Cultura Portuguesa

sido decidido constituir a União das Comunidades Portuguesas, embora lançasse uma crítica, pois "não vimos, no entanto, os congressistas das várias partes do Mundo serem chamados a pensar o funcionamento eficiente desse futuro organismo, nem tão pouco nós e o público sabe em que bases se vai processar esse funcionamento". Nessa página eram referidas algumas das participações na mesa-redonda, nomeadamente de Costa Pinto, Tito Lívio Ferreira e Salazar Leite.

No que se refere ao II Congresso, a cobertura foi pouco mais que inexistente, como se comprova pelo facto de em oito das edições entre 13 de Julho e 23 de Julho de 1967 não se ter feito qualquer alusão ao evento.

Na verdade, na edição n.° 13 102, de 14 de Julho, na pagina 6, ainda referia a abertura do congresso, apresentava o programa para essa tarde e noite e transcrevia algumas palavras de Adriano Moreira na sessão de abertura, mas na edição seguinte a notícia sobre o andamento dos trabalhos só já ocupava 7 linhas de uma coluna na página 9 e seria necessário esperar pelo encerramento do congresso para que o *República* lhe voltasse a fazer referência, indicando, numa coluna na página 7, o regresso a Lisboa de alguns congressistas, cuja lista apresentava, e noticiando que aos mesmos iria ser oferecido um almoço, no dia 25, pelo presidente da Sociedade de Geografia de Lisboa, depois do qual haveria uma recepção na Estufa Fria dada pelo presidente da Câmara de Lisboa.

Parece pertinente referir que o *República* não apresentou imagens relativas aos congressos e nunca lhes reconheceu honras de primeira página.

Apresentada a visão da imprensa escrita portuguesa sobre os congressos, de tudo o que ficou escrito não parece abusivo concluir que a realização e o êxito destes eventos, numa altura em que Portugal estava cada vez mais isolado internacionalmente, só se mostrou possível pela acção da Sociedade de Geografia de Lisboa e do seu Presidente.

Por isso, permito-me discordar da opinião de Josué Montello sobre o pretenso exílio de Adriano Moreira em Portugal finda a sua participação governativa. De facto, o seu empenho na realização destes certames constitui a melhor prova de que continuava a acreditar nas convicções que tinham motivado a sua acção política.

Assim, em vez de assistir indiferente ou em silêncio ao desmoronar do Império, sabendo que essa queda arrastaria tanto o passivo como o activo, procurou aproximar as comunidades filiadas na cultura portuguesa, como forma de pôr a salvo o activo que urgia salvaguardar para, numa fase posterior, retomar a continuidade lusófona.

Não se tratou – como, numa fase posterior, a extrema-esquerda representada na Assembleia da República defendeu, pela voz de Mário Tomé – de uma manobra de Adriano Moreira "que então aqui os [representantes das comunidades] trazia para falarem de «portuguesismo» e apoiarem internacionalmente a criminosa política colonialista e fascista do antigo regime"[192].

Para o desassossego lusófono não deixará de ser preocupante que, passados trinta e dois anos sobre o ruir do Império, ainda não tenha ocorrido qualquer iniciativa de agregação susceptível de rivalizar com os Congressos das Comunidades de Cultura Portuguesa.

De facto, quando – já na fase pós-25 de Abril – se voltou a recuperar a ideia, Adriano Moreira, então deputado da AD, alertou que seria "uma tragédia que as comunidades venham a ser o campo de disputa dos partidos em busca de filiados e contribuições, em vez de serem uma longa mão e um válido apoio da Pátria, que é de todos, os que partiram e os que ficaram".

No entanto, segundo o deputado da ASDI, Magalhães Mota, os governantes da AD "ao partidarizarem um congresso, ao escolherem uma comissão de afrontamento, ao escolherem representantes das comunidades e dos emigrantes um pouco ao sabor das suas conveniências", tinham contribuído para o fracasso do acontecimento, até porque impediram "a discussão de algumas moções que lhes não convinham".

Voltando à época e à personalidade em estudo, Adriano Moreira continuou a presidir à Sociedade de Geografia e a exercer a função docente e abraçou *o tempo* como tema, numa clara tentativa para alertar as consciências para a necessidade da mudança[193].

No entanto, como o governo apoiado pelo grupo responsável pela Constituição de 1933 não lhe quis dar ouvidos, o regime sucumbiu, arrastando com ele o Império, saneando as tecnoestruturas da sociedade civil e condenando ao exílio algumas das mais prestigiadas personalidades portuguesas que, como Adriano Moreira, ousaram querer ter opiniões próprias.

---

[192] Cf. *Diário da Assembleia da República*, n.º 089, 1.ª série, 30 de Junho de 1981, p. 3563.

[193] Não foi por acaso que o título da sua obra publicada em 1971 era *Tempo de Vésperas: A Agonia do Regime*.

Por isso, e sem que tal tenha significado um desinteresse pela nova realidade portuguesa, Adriano Moreira permaneceu dois anos no Brasil e o retomar da actividade política, agora partidária, só aconteceu após o regresso do exílio.

É sobre essa actividade política, na qual continuou a revelar marcas da sua autenticidade, que se debruça o capítulo seguinte, o porto de regresso.

CAPÍTULO V
A Acção Pós-Exílio

Como já foi referido, Adriano Moreira exilou-se no Brasil para poder continuar a sua actividade académica, uma vez que tinha sido demitido da função pública na sequência do processo n.° 114/CMSR/75 da Comissão Ministerial de Saneamento e Reclassificação do Ministério da Educação e Cultura.

Assim, se o local de destino representou uma escolha, o mesmo não se pode dizer das razões que determinaram a saída de Portugal.

De facto, durante a sua permanência no Brasil, Adriano Moreira continuou a actividade académica porque, como o próprio continua a assumir, necessitava de trabalhar para manter o seu agregado familiar, já que a única herança familiar que recebera fora o respeito pelos valores e a glorificação do trabalho honesto.

Regressado a Portugal em 1977 e recuperados os direitos políticos, foi convidado por Diogo Freitas do Amaral, Adelino Amaro da Costa, Narana Coissoró e Rui de Oliveira a ingressar no Centro Democrático Social (CDS), partido que partilhava a doutrina social da Igreja e, por isso, fazia parte da família europeia da democracia cristã.

A adesão ao CDS aconteceu numa altura em que o reduzido distanciamento relativamente ao 25 de Abril ainda não permitia uma análise objectiva da situação interna portuguesa.

Aliás, o próprio CDS, apesar de ter sido o segundo partido a ser legalizado pelo Supremo Tribunal, em 26 de Janeiro de 1975, tinha visto a sua acção objecto de uma onda de contestação revolucionária, bem nítida aquando do primeiro comício em Lisboa, no Campo Pequeno, em 8 de Fevereiro de 1976, ou na necessidade de autorização do Conselho da Revolução para concorrer às eleições.

Mais tarde, em 1983 foi eleito presidente do Conselho Nacional desse partido e, de 1986 a 1988, foi presidente do mesmo, altura em que também foi vice-presidente da União Europeia das Democracias Cristãs (UEDC).

Como o CDS se coligou com o Partido Popular Democrático/Partido Social Democrata (PPD/PSD) e com o Partido Popular Monárquico (PPM) para formarem a Aliança Democrática (AD), Adriano Moreira integrou as listas desta coligação e foi sempre eleito deputado à Assembleia da República, órgão do qual seria vice-presidente entre 1991 e 1995.

Assim, em 1980, foi eleito pelo círculo de Bragança, o seu torrão natal, sendo depois reeleito, em 1983 e 1985, pelo círculo do Porto e em 1987 e 1991 pelo círculo de Lisboa.

A sua participação na Assembleia da República, apesar de não se tratar do Presidente ou do Secretário-Geral de um dos dois partidos que têm alternado a responsabilidade da chefia da governação no período constitucional pós-25 de Abril e de não ter criado nenhum dos projectos de revisão constitucional[194], revestiu-se de enorme importância para a consolidação da democracia em Portugal, como aliás foi reconhecido pelo deputado Sousa Lara, que, na sessão de 16 de Junho de 1995, afirmou que Adriano Moreira era um dos mais ilustres parlamentares e leu algumas linhas com que as Nações Unidas justificavam a atribuição da medalha dos 50 anos da organização, única atribuída a uma personalidade portuguesa, a Adriano Moreira, "um colaborador incansável e um paladino das causas que a Organização defende, pelo que as Nações Unidas deveriam expressar de alguma forma o seu reconhecimento pela notável acção desenvolvida durante a sua ilustre carreira de académico e de político"[195].

O Presidente associou-se a esta homenagem e toda a Câmara, em uníssono, aplaudiu Adriano Moreira.

Aliás, quando na sessão de 22 de Junho de 1995 Adriano Moreira referiu que aquela seria a última vez que falava com o deputado João Amaral no Parlamento, ou seja, que ia abandonar as funções de deputado, o Presidente da Assembleia, Almeida Santos, do Partido Socialista, referiu a sua pena por essa partida e reconheceu que "nós devemos-lhe alguns dos momentos de maior prazer intelectual dos tempos modernos deste Parlamento. Devo-lhe um importante apoio à jovem democracia portuguesa e devo-lhe também alguns ensinamentos porque, quem é

---

[194] Segundo Marcelo Rebelo de Sousa (1983:22), até às eleições legislativas e parlamentares de 1980, tinha havido três projectos de revisão constitucional: o de Sá Carneiro, no princípio de 1979, o de Jorge Miranda, em 1980 e o de Barbosa de Melo, Cardoso da Costa e Vieira de Andrade, tambêm de 1980.

[195] Cf. *Diário da Assembleia da República*, n.° 088, 1.ª série, 17 de Junho de 1995, p. 2919.

mestre, é mestre, e mestre sempre ensina mesmo quando não concordamos com ele"[196].

Neste ponto, permito-me corrigir a parte final da frase porque, parecendo lícito e justo reconhecer que Almeida Santos, tal como Adriano Moreira, estava interessado na consolidação da democracia, não podia não concordar com ele.

Na verdade, a palavra *concordar* tem na sua origem o étimo latino *cor, cordis*, ou seja, coração, e conta com um prefixo que transmite a ideia de sintonia. Por isso, Almeida Santos poderia, em várias circunstâncias, divergir de Adriano Moreira, mas nunca discordar, pois, na realidade, havia um objectivo que os aproximava.

Aliás, ainda sobre este aspecto e pegando nas palavras de Agostinho da Silva (2002:21), "a discussão só é útil quando se exerce com alguém que já está de acordo connosco (senão onde haveria linguagem comum?)".

O facto de esta intervenção ter sido aplaudida de pé pelos deputados do PS, do PSD e do CDS/PP constitui, por um lado, exemplo inequívoco do prestígio humano e intelectual de Adriano Moreira e, por outro, uma demonstração de que as forças ditas de esquerda revelam clara relutância ou dificuldade de adaptação à mudança e ao regresso à normalidade institucional.

Retomando o fio à meada, importa verificar de que forma o papel de Adriano Moreira foi fundamental para a consolidação da democracia em Portugal.

Em primeiro lugar, aceitando que o 25 de Abril foi um golpe militar rapidamente ampliado para revolta militar e, finalmente, transformado em revolução quando se processou a adesão a modelos incompatíveis com a realidade política anterior, percebe-se que se tratou de um processo lento e propenso a diferentes, para não dizer incompatíveis, interpretações.

Como Vital Moreira (1999:208) referiu, "a questão fundamental das constituições com origem revolucionária, é saber como é que a revolução se transforma em constituição, porque isso significa o próprio suicídio da revolução", pois as revoluções nascem para fazer constituições e estas, quando são aprovadas, acabam com as revoluções.

---

[196] Cf. *Diário da Assembleia da República*, n.º 091, 1.ª série, 23 de Junho de 1995, p. 3144.

Ora, no caso português, a aprovação, com o voto contra do CDS, de uma constituição de matriz vincadamente marxista e o estabelecimento de uma plataforma de acordo MFA-partidos, em 11 de Abril de 1975, pacto que viria a ser reafirmado em 26 de Fevereiro de 1976, bem como a existência do Conselho da Revolução[197], representavam uma forma de *democracia vigiada* e não eram compatíveis com o processo que todas as forças partidárias com assento parlamentar, com excepção do Partido Comunista Português, pretendiam desenvolver para a integração de Portugal na Comunidade Económica Europeia.

Foi nesta conjuntura que Adriano Moreira voltou a pôr toda a sua experiência e sabedoria ao serviço de Portugal, como, aliás, um dos seus críticos, Veríssimo Serrão, acabou por reconhecer, pois, embora acusando--o da ambição ou volúpia do poder, teve de admitir que Adriano Moreira ficaria "na Assembleia para tratar da reforma constitucional". (Serrão, 1994:518).

Não parece fácil para os críticos explicar essa necessidade que o sistema sentia de alguém que, ainda segundo Serrão, "não tem futuro político, por mais que queira", pois Sá Carneiro opunha-se a que fosse presidente da Assembleia e Freitas do Amaral não o deixava ser Ministro dos Negócios Estrangeiros, tudo fruto da imaginação do autor, que não aponta qualquer facto compatível com a circunstância de quem o convidou[198].

Aliás, antes de avançar na explanação das ideias, convém fazer duas breves considerações que permitirão, segundo creio, uma contextualização da justificação da importância que atribuo ao exercício do cargo de deputado por parte de Adriano Moreira.

Em primeiro lugar, na minha perspectiva, a despersonalização da História é tão nefasta e redutora quanto a excessiva personificação da mesma.

Por isso, permito-me discordar de Karl Marx quando, no prefácio d' *O Capital*, afirmou que "aqui só se trata de pessoas na medida em que elas personificam categorias económicas ou substanciam determinados interesses e relações de classes".

---

[197] Só em 14 de Julho de 1982 é que o Parlamento votou e aprovou a extinção deste órgão.

[198] Convirá ler as *Memórias* do Professor Freitas do Amaral para uma cabal compreensão do seu pensamento acerca de Adriano Moreira.

A Acção Pós-Exílio   187

Em segundo lugar, a imagem deturpada que Serrão pretende transmitir a Marcello Caetano de um Adriano Moreira sedento de protagonismo nacional e a insinuar-se junto do poder, não parece merecer uma contra--argumentação, desde logo porque o acusador não fez argumentação, mas, sobretudo, porque os factos posteriores encarregaram-se de provar que a crítica não fazia o mínimo sentido.

Talvez, a exemplo de Baco e fruto da conjuntura vivida, tudo não tivesse passado de uma manifestação de *estâmago* danado.

Feitos estes esclarecimentos, tentarei demonstrar que a acção de Adriano Moreira na Assembleia da República constituiu um dos pilares para a consolidação de um regime verdadeiramente democrático em Portugal, sobretudo porque se tornou uma voz avisada e, por isso, incómoda para aqueles que receiam a inteligência.

Por isso se tornaram frequentes as situações, sobretudo na fase inicial, em que – como o próprio admitiu na sessão de 19 de Maio de 1989 – "não tinha reparado que era um dos poucos cruzados no meio dos mouros"[199].

Para tentar provar a minha hipótese, socorrer-me-ei da opinião do próprio e da análise das intervenções que fez ou suscitou nas várias legislaturas[200]. Neste caso, a 1.ª série do *Diário Electrónico da Assembleia da República*, que faz a transcrição total das sessões, constitui-se como a fonte privilegiada de informação.

Adriano Moreira admite[201] ter tido uma intervenção na definição de Portugal no Mundo, pois foi Presidente das Comissões de Relações Internacionais, de Educação e da Especial Timor.

Por isso, foi no âmbito destas temáticas que fez as suas principais intervenções, chamando, nomeadamente, a atenção para o facto de a nova construção da Europa estar a ser feita à margem dos povos e dos parlamentos nacionais, embora uma das suas intervenções mais referidas na actualidade seja aquela em que defendeu que o regime português estava a evolucionar para um presidencialismo do Primeiro-Ministro, porque os partidos estavam a perder importância e as eleições legislativas serviam quase só para escolher o Primeiro-Ministro.

---

[199] Cf. *Diário da Assembleia da República*, n.º 084, 1.ª série, 20 de Maio de 1989, p. 4076.

[200] Numa entrevista de João de Deus Pinheiro é referida a pertinência de publicar as intervenções ou os discursos de Adriano Moreira no Parlamento.

[201] Em entrevista gravada em 1 de Setembro de 2006.

Também interveio frequentemente nas matérias que diziam respeito aos direitos do homem e ao estatuto da vida.

No entanto, e como passagem para a análise da sua participação, permito-me citar uma das suas críticas ao trabalho da Assembleia e que consistiu em aconselhar que "talvez devêssemos meditar no ordenamento dos trabalhos no sentido de saber como é possível ter uma hierarquia de interesses quando, para discutir um inquérito parlamentar, é reservado o tempo de uma hora e dezasseis minutos e, para discutir a necessidade da revisão constitucional, são reservados apenas quarenta e oito minutos!"[202].

5. A ACÇÃO LEGISLATIVA AO LONGO DOS VÁRIOS ANOS

5.1. 1980: 4.ª sessão legislativa da I Legislatura e 1.ª sessão legislativa da II Legislatura

A análise da participação na Assembleia permite constatar que, em 1980, durante a 4.ª sessão legislativa da I Legislatura e a 1.ª sessão legislativa da II Legislatura, o nome de Adriano Moreira surge em 6 páginas de 5 *Diários da Assembleia da República*, dado que aponta para uma intervenção no Parlamento sem grande proeminência.

De facto, vivia-se ainda uma circunstância que permitia que, por exemplo, na sessão de 21 de Novembro de 1980, o deputado da UDP, Mário Tomé, questionasse se "não foram os Americanos que, para se oporem à ameaça soviética, ajudaram o tenente-coronel Eanes a dar o golpe do 25 de Novembro para que fossem respeitados os direitos do Sr. Prof. Adriano Moreira, do Sr. Almirante Américo Tomás e até do Prof. Marcelo Caetano, embora a título póstumo, e de todos os senhores da CAP, da CIP e da CCP?"[203].

---

[202] Cf. *Diário da Assembleia da República*, n.º 067, 1.ª série, 23 de Maio de 1992, p. 2187.

[203] Como forma de conferir ou confrontar as citações do *Diário da Assembleia da República* importa referir que o *Diário da Assembleia da República* se publica sempre no dia seguinte à sessão.

5.2. 1981: 1.ª e 2.ª sessões legislativas da II Legislatura

Em 1981, durante a 1.ª e 2.ª sessões legislativas da II Legislatura, o nome de Adriano Moreira já surge em 25 páginas de 12 *Diários da Assembleia da República*.

Nessa fase começou a ser mais notória a sua intervenção, apesar de na sessão de 23 de Março ainda se voltar a ouvir o deputado Mário Tomé afirmar que Adriano Moreira "reflecte efectivamente aquilo que é a burguesia no nosso país e em todo o mundo. Ela, principalmente aqui, não tem quaisquer alternativas para mobilizar no sentido de poder defender a sua própria pátria, porque o povo não está disposto a ir morrer para os açougues da guerra para defender os privilégios da grande burguesia, dos americanos"[204].

No entanto, foi nessa sessão que Adriano Moreira fez a sua primeira grande intervenção sobre o papel de Portugal na conjuntura internacional, afirmando nomeadamente que "a medida do nosso envolvimento nos problemas mundiais da guerra e da paz resulta basicamente da acidental relação entre a geografia e os planos estratégicos que outros definem. São dois factores sobre os quais não temos real possibilidade de intervir, o primeiro pela natureza das coisas, e o segundo porque a dimensão do nosso poder não afecta muito seriamente o planeamento global dos estados-maiores debruçados sobre um teatro de operações que abrange hoje a terra inteira"[205].

Por isso, e apesar da forma como a extrema-esquerda e a esquerda[206] se lhe referiam, Adriano Moreira revelou que não se punha a hipótese de

---

[204] Cf. *Diário da Assembleia da República*, n.° 044, 1.ª sessão, 24 de Março de 1981, p. 1529.

[205] Cf. *Diário da Assembleia da República*, n.° 044, 1.ª sessão, 24 de Março de 1981, p. 1526.

[206] Carlos Brito, deputado do PCP, afirmou na sessão de 24 de Março de 1981, "que, na sua ânsia de manipular, vimos aparecer no Telejornal de ontem à noite como a grande figura deste debate o deputado Adriano Moreira. Não sabemos de quem partiu a iniciativa, mas a verdade é que ela se reveste de um raro e espantoso simbolismo. Constitui, seguramente uma homenagem ao papel singular do CDS e, quiçá, ao Sr. Deputado em questão, na génese, na filosofia, na elaboração, na apresentação e na defesa das propostas de lei em discussão. Mas representa, acima de tudo, a caracterização de uma forma inimaginavelmente sugestiva da essência da política económica, financeira e social que as propostas comportam e sobretudo, de modo muito especial, da sua direcção – o 24 de Abril. Além disso, na sessão de 14 de Dezembro de 1981, um deputado do PCP apelidou Adriano Moreira de fascista.

190   *Adriano Moreira*

recuar na História, pois "o tempo dos esplêndidos isolamentos desapareceu e que a decisão de permanecer neutral, de uma forma acidental ou definitiva, fica para além daquilo que os pequenos países podem decidir. Já não é neutral quem quer, apenas o é quem pode, e esta capacidade está condicionada por factores externos que a soberania dos pequenos países não domina"[207].

Nesse ano, Adriano Moreira foi eleito para a Comissão Eventual para a Revisão Constitucional, criada por deliberação da Assembleia de 27 de Maio de 1981, e foi eleito, em 23 de Junho de 1981, para o cargo de Vice-Presidente da Mesa.

5.3. 1982: II Legislatura – 2.ª e 3.ª sessões legislativas

No ano civil de 1982 continuou a II Legislatura com as 2.ª e 3.ª sessões legislativas e na 1.ª série do *Diário da Assembleia da República* o nome de Adriano Moreira surge em 12 páginas de 7 *Diários*.

Nessa fase, Adriano Moreira foi substituído, em 6 de Janeiro de 1982, por Luís Beiroco, na Vice-Presidência da Mesa e acabou por ser substituído, com carácter permanente, na Comissão.

Nessa Legislatura, as suas intervenções mais marcantes prenderam-se com a educação e com a defesa nacional e ocorreram, respectivamente, a 27 de Julho e a 12 de Outubro de 1982.

No primeiro caso, no seu discurso sobre a fiscalização do ensino particular pelo Estado, Adriano Moreira começou por fazer o enquadramento legal da questão ao afirmar que "embora o artigo 43.º, que trata da liberdade de aprender e ensinar, diga no § 4.º que é garantido o direito da criação de escolas particulares e cooperativas, o artigo 75.º, sob o título de ensino público, particular e cooperativo, diz apenas no seu n.º 1 que o Estado garantirá uma rede de estabelecimentos públicos de ensino, que cubra as necessidades de toda a população, e no n.º 2 que o Estado fiscalizará o ensino particular e cooperativo"[208].

---

[207] Cf. *Diário da Assembleia da República*, n.º 044, 1.ª sessão, 24 de Março de 1981, pp. 1526-1527.

[208] Cf. *Diário da Assembleia da República*, n.º 128, 1.ª série, 28 de Julho de 1982, p. 5412.

A Acção Pós-Exílio 191

Depois falou sobre a prioridade e competência conferida ao Estado na fiscalização do ensino particular e cooperativo como garantia da qualidade do mesmo e do cumprimento dos programas propostos por esses estabelecimentos e defendeu que uma boa fiscalização era "útil e necessária como defesa das instituições e garantia da igualdade de oportunidades"[209].

Referiu igualmente que não era contra uma rede de escolas públicas, mas "desejamos, porém, que essa obrigatoriedade não constitua como parece pela letra do artigo 75.º uma estatização do ensino, tolhendo, limitando ou reduzindo o direito da liberdade de ensinar e aprender que deve ser universal e não ficar restringida apenas ao Estado"[210].

Na parte final da sua intervenção, Adriano Moreira contextualizou a questão em termos internacionais e referiu que "em todas as democracias pluralistas, o ensino público e o ensino privado têm hoje igual dignidade e usufruem dos mesmos direitos afirmados, por vezes por pactos sociais escolares que igualizam os custos dos cursos e as oportunidades para o êxito. Estes pactos assentam nas garantias e direitos individuais e nos princípios da subsidiariedade e da co-responsabilidade social"[211].

Por isso, considerava importante a defesa dos direitos e garantias, que asseguravam a todos a liberdade de ensinar e de aprender.

No segundo caso, Adriano Moreira referiu um dado importante: "a disponibilidade da maioria dos partidos e do Governo para encontrar o consenso alargado que a importância da matéria recomenda e que os interesses do País exigem"[212].

Depois, fruto da conjuntura interna que se vivia em Portugal, salientou que a "proposta feita para a realidade que vivemos é de transição, não pôde omitir soluções que as regras logicamente levariam a não consignar. Foi extremamente claro o Sr. Ministro da Defesa em evidenciar o cuidado

---

[209] Cf. *Diário da Assembleia da República*, n.º 128, 1.ª série, 28 de Julho de 1982, p. 5412.

[210] Cf. *Diário da Assembleia da República*, n.º 128, 1.ª série, 28 de Julho de 1982, p. 5412.

[211] Cf. *Diário da Assembleia da República*, n.º 128, 1.ª série, 28 de Julho de 1982, p. 5412.

[212] Cf. *Diário da Assembleia da República*, n.º 136, 1.ª série, 13 de Outubro de 1982, p. 5705.

de não provocar traumas nas Forças Armadas com a transição para o novo regime legal"[213].

No entanto, face à conjuntura internacional da época, acabou quase por suplicar que "o único favor que esperamos merecer, mas esse cada vez parece depender mais da Providência do que dos homens, é que o instrumento da defesa que estamos a construir nunca precise de ser posto em acção"[214].

Na parte final, na sessão de 29 de Outubro de 1982, Adriano Moreira fez uma declaração de voto sobre a Lei n.º 129/II – Defesa Nacional e Forças Armadas, na qual afirmou que "se o governo esteve 8 anos afastado da experiência de lidar com os problemas das Forças Armadas, também estas terão agora de adaptar-se à nova circunstância da subordinação ao poder político, designadamente à forma de Estado regionalizado que a Constituição adoptou"[215].

Era o apelo ao regresso à normalidade constitucional.

Nesse ano, a sua visão da conjuntura internacional também voltou a ser evidenciada na sessão de 22 de Abril, aquando da discussão e votação na generalidade da proposta de Lei n.º 88/II, que aprovou, para ratificação, o Protocolo Adicional ao Tratado do Atlântico Norte sobre a Adesão da Espanha assinado em Bruxelas.

Nessa intervenção, Adriano Moreira voltou a abordar a questão da segurança internacional e alertou para o facto de não estar em discussão "nem a existência do Tratado do Atlântico Norte nem as nossas obrigações dentro da Aliança, mas apenas a questão do alargamento dos participantes pela adesão da Espanha. E por muito que pretendamos assegurar a continuidade daquilo que se chama a paz que começou em 1945, parece geralmente tomado como prova de que crescem os receios europeus, o facto de a Espanha ter decidido alterar uma linha de conduta que a manteve afastada dos conflitos militares que afectaram o mundo neste século, sobretudo porque toma essa decisão na vigência de um regime

---

[213] Cf. *Diário da Assembleia da República*, n.º 136, 1.ª série, 13 de Outubro de 1982, p. 5705

[214] Cf. *Diário da Assembleia da República*, n.º 136, 1.ª série, 13 de Outubro de 1982, p. 5707.

[215] Cf. *Diário da Assembleia da República*, n.º 006, 1.ª série, 30 de Outubro de 1982, p. 0133.

A Acção Pós-Exílio 193

que se proclama fiel aos fins e princípios enunciados na Carta da ONU e na Acta Final de Helsínquia"[216].

Depois lembrou que não se tratava de um Estado militarista que solicitava a adesão, mas de um Estado que desejava a paz pelo direito, até porque, "como declarou o ministro Marcelino Oreja, já em princípios de 1978, toma em conta a possibilidade de se ver envolvido num conflito generalizado, e acredita que nesse caso a sua defesa será melhor assegurada pela integração na NATO"[217].

Era, mais uma vez, a voz que avisava para a necessidade de promover a defesa para garantir a segurança.

5.4. **1983: 1.ª sessão legislativa da III Legislatura**

Em 1983 decorreu a 1.ª sessão legislativa da III Legislatura e Adriano Moreira viu o seu nome surgir em 13 páginas de 8 *Diários da Assembleia da República.*

Nesse ano ocorreu a discussão do Programa do IX Governo Constitucional na qual Adriano Moreira interveio, a partir de 22 de Junho de 1983, para definir a posição do CDS em relação ao programa do Governo em matéria de defesa.

Segundo ele, "o programa de defesa nacional, mesmo não dispondo ainda do conceito estratégico de defesa nacional, do conceito estratégico militar, da concretização das missões das Forças Armadas, dos sistemas de forças e do respectivo dispositivo, precisa de assentar num diagnóstico político da conjuntura estratégica, numa previsão dos desenvolvimentos possíveis da agressão externa e no juízo sobre a equação entre os meios que temos e as prioridades que podemos assumir"[218].

Além disso, nessa intervenção Adriano Moreira apontou para um dado pertinente para a segurança mundial, pois, já depois da votação da

---

[216] Cf. *Diário da Assembleia da República,* n.º 077, 1.ª série, 23 de Abril de 1982, p. 3261.

[217] Cf. *Diário da Assembleia da República,* n.º 077, 1.ª série, 23 de Abril de 1982, p. 3261.

[218] Cf. *Diário da Assembleia da República,* n.º 007, 1.ª série, 23 de Junho de 1983, p. 150.

194 *Adriano Moreira*

Lei da Defesa Nacional, tinham acontecido "modificações importantes nas atitudes da única aliança militar à qual pertencemos, que é a NATO, e que não podem deixar de ser consideradas na formulação de um programa, ou na sua explicação perante a Assembleia da República. Não é sem causa que o ano de 1983 foi chamado o ano dos euromísseis"[219].

Referiu igualmente a necessidade de rodear as Forças Armadas de todas as condições necessárias para que fosse intocável o prestígio, a imagem, a dignidade e a honra da instituição e reagiu a um comentário do deputado do Partido Socialista, António Vitorino, acusando-o de se dedicar predominantemente a ler as entrelinhas, em vez de ler as linhas, único elemento existente no discurso que proferira.

Ainda nesse discurso, afastou a ideia neocolonialista de que Portugal pudesse ser «mandatário da NATO, na África», embora valorizando o incremento das relações com os países africanos de expressão oficial portuguesa e com o Brasil, e indicou a importância de a definição da política de defesa nacional ser de âmbito interministerial, cabendo a todos os órgãos e departamentos do Estado.

Era o reafirmar da pertinência de institucionalizar a lusofonia e da necessidade de encontrar um eixo para a roda da defesa nacional.

5.5. **1984: 1.ª e a 2.ª sessões legislativas da III Legislatura**

Em 1984, durante a 1.ª e a 2.ª sessões legislativas da III Legislatura, o nome de Adriano Moreira surge em 61 páginas referentes a 16 *Diários da Assembleia da Republica.*

Nesse ano, Adriano Moreira sofreu mais alguns ataques pessoais de quem ainda hesitava na procura do seu caminho[220] e teve necessidade de esclarecer que "pessoalmente, já fui julgado por um órgão de soberania – o Conselho da Revolução. Leia o acórdão, Sr.ª Deputada, e verá que todas as acusações que lá estavam minuciosamente enumeradas num longo caderno foram consideradas improcedentes"[221].

---

[219] Cf. *Diário da Assembleia da República*, n.° 007, 1.ª série, 23 de Junho de 1983, p. 150.

[220] Refiro-me à então deputada do PCP, Zita Seabra.

[221] Cf. *Diário da Assembleia da República*, n.° 067, 1.ª série, 26 de Janeiro de 1984, p. 2908.

No entanto, também já começavam a surgir deputados de outros partidos a reconhecer os méritos de Adriano Moreira e a denunciar as injustiças de que estava a ser alvo.

Foi o que aconteceu quando Teófilo Carvalho dos Santos, do PS, afirmou que "a figura do professor Adriano Moreira [...] vem sendo atacada e desfavorecida de tudo aquilo a que o seu talento e o seu comportamento lhe dão direito [...] O professor Adriano Moreira é hoje a figura política que foi antes do 25 de Abril. Não o nega! Não o negou! Portanto, para que se esclareça ou se principie a esclarecer a sua figura, permito-me roubar um minuto à Câmara para citar meia dúzia de factos em relação a alguns dos quais eu sou, mais do que declarante, testemunha. [...] o professor Adriano Moreira praticou actos a favor de muita gente da oposição [...]. O que dói a muitas pessoas que pretendem denegrir o que é e o que pode representar o professor Adriano Moreira é que ele tem qualidades, condições de vida e, melhor dizendo, capacidade de realização que não é fácil encontrar"[222].

Noutro dos temas que lhe é grato, o direito à vida, aquando da discussão, conjunta e na generalidade, dos projectos de lei n.º 5/III, 6/III e 7/III, apresentados pelo PCP, sobre, respectivamente, a protecção e defesa da maternidade, garantia do direito ao planeamento familiar e à educação sexual e interrupção voluntária da gravidez; do projecto de lei n.º 265/III, sobre a exclusão da ilicitude em alguns casos de interrupção voluntária da gravidez, apresentado pelo PS, e ainda dos projectos de lei n.º 267/III e 272/III, apresentados conjuntamente pelo PS e pelo PSD, sobre educação sexual e planeamento familiar e sobre protecção da maternidade e da paternidade, Adriano Moreira voltou a apelar à serenidade, pois era importante "que uma questão tão sensível não fosse nem politizada nem instrumentalizada"[223].

Por isso, e embora sabendo que as sociedades não podem manter invariáveis todos os seus padrões, disse, citando Charles Morgan, que alguns valores, de que o direito à vida constituía um exemplo supremo, eram como o eixo da roda, que acompanha a roda mas não anda.

Nesta Legislatura, no *Diário* de doze de Maio, também é possível constatar a luta de Adriano Moreira pela instalação de uma Faculdade de Direito no Porto, do modelo departamental ou do modelo clássico, mas no

---

[222] Cf. *Diário da Assembleia da República*, n.º 067, 1.ª série, 26 de Janeiro de 1984, p. 2913.

[223] Cf. *Diário da Assembleia da República*, n.º 068, 1.ª série, 27 de Janeiro de 1984, p. 3052.

"respeito pela autonomia universitária, a seriedade que deve regular a fundação de novas instituições, a necessidade de garantir a presença e residência de grupo de doutores que garanta o crescimento e reprodução do corpo docente"[224].

Mais tarde, como consta no *Diário* de quinze de Junho, voltou à questão da autonomia da Universidade, levantada pelo Conselho de Reitores, para afirmar que a mesma "se transformou no aspecto mais absorvente da reforma universitária desde a década de 1960, transbordou para a área da política com a Revolução de Maio que levantou a famosa bandeira «l'imagination au pouvoir», e o poder, com Edgar Faure (1968) desculpou-se, acusando a instituição de não ter permitido à vida que entrasse pelas suas portas"[225].

Nessa intervenção, Adriano Moreira referiu que a experiência mostrava que a medida real da autonomia era um compromisso com o possível em cada época, questionou-se sobre se a universidade ainda respondia aos problemas que tinham estado na sua origem e referiu dois casos que não se reduziam ao modelo clássico: a Universidade das Nações Unidas e a Université de Mutants.

A primeira, ideada em 1969 pelo secretário-geral U. Thant e aprovada em 1973, não tinha campus, nem currículos, nem departamentos, nem corpo docente privativo, não titulava, pois era apenas um laço entre a comunidade académica internacional.

A segunda, criada por Léopold Senghor na ilha de Gorée, apenas fornecia um lugar de encontro, para que os sabedores ou conhecedores se debruçassem em comum sobre os problemas dos países africanos que tinham chegado às responsabilidades internacionais.

Nessa intervenção, Adriano Moreira distinguiu também os conceitos de autonomia e de independência, pois "o problema da independência antecede a questão da autonomia, e a segunda pode ser esvaziada de sentido por uma definição não apropriada da primeira, bastando pensar na alimentação financeira do orçamento para compreender a importância da questão"[226].

---

[224] Cf. *Diário da Assembleia da República*, n.° 106, 1.ª série, 12 de Maio de 1984, p. 4477.

[225] Cf. *Diário da Assembleia da República*, n.° 124, 1.ª série, 15 de Junho de 1984, p. 5364.

[226] Cf. *Diário da Assembleia da República*, n.° 124, 1.ª série, 15 de Junho de 1984, p. 5365.

A Acção Pós-Exílio 197

Referiu, igualmente, a estratégia do cheque de ensino como forma de assegurar uma concorrência sadia entre o sector público e o sector privado, mas defendeu que "a consagração da liberdade de ensinar, com mais este direito, não pode, todavia, transigir com a qualidade, que é uma responsabilidade do Estado em função dos interesses da comunidade. Por isso, é indispensável uma definição, que não existe, da autoridade académica, por via legal, para que esta seja tão responsável quando o ensino é privado como quando é público".

Na última grande intervenção desse ano, na reunião de 11 de Dezembro, falou sobre outro dos temas pertinentes na vida nacional: as grandes Opções do Conceito Estratégico de Defesa Nacional.

Nesse discurso voltou a contextualizar o problema, explicando que não era de esperar que, para defesa da identidade e da viabilidade independente, as respostas fossem continuadamente as mesmas ao longo da história, porque as conjunturas mudam com novos desafios alheios a qualquer experiência passada, e alertou para o facto de "a discussão do conceito estratégico, como todas que a conceitos se referem, pode facilmente ser entendida com alcance menos do que académico, no caso de não se fazer compreender ao País que nele está envolvida a própria concepção da viabilidade independente de Portugal no mundo de hoje"[227].

Depois, lembrou duas concepções diferentes de organizar a defesa, referidas a épocas próximas uma da outra.

A primeira constava do depoimento do 2.º marquês de Fronteira (1655-1729) feita ao naturalista Merveilleux, que a publicou nas suas *Mémoires* editadas em Amesterdão no ano de 1738 e que apontava para comprar a paz com o subdesenvolvimento, deixando aos ingleses, grandes interessados nesse subdesenvolvimento, a missão "de nos proteger e verter a última gota do seu sangue para nos defenderem contra os inimigos que ousem atacar-nos [pois] sem nós, os ingleses não saberiam viver, pois damos-lhes mais lucros que todas as outras nações"[228].

A segunda, defendida pelo marquês de Pombal, na sequência do terramoto que assolou Lisboa, refere uma posição oposta em relação à dependência externa, pois "resultam – dizia o marquês – tão grandes perigos

---

[227] Cf. *Diário da Assembleia da República*, n.º 027, 1.ª série, 12 de Dezembro de 1984, p. 1009.

[228] Cf. *Diário da Assembleia da República*, n.º 027, 1.ª série, 12 de Dezembro de 1984, p. 1009.

198 *Adriano Moreira*

ao nosso povo, que tira toda a sua subsistência primeira de outras nações, que por mais inconvenientes que resultar possam do oposto sistema, não há coisa que possa fazer dúvida de preferência."[229]

Na parte final do discurso, depois de historiar o processo relativo à Europa em formação, Adriano Moreira alertou para a hipótese de não ser "apodítico que as comunidades europeias se mantenham ou que se mantenham com a definição actual, ou que o vector da defesa que as inspirou não mude de formulação mais rapidamente do que podemos pensar"[230].

Por isso, no que à defesa nacional dizia respeito, defendeu que "o nosso legítimo espaço, para além da definição da soberania, é atlântico; que a solidariedade atlântica não deve ser diminuída pela procurada solidariedade da Europa; que a solidariedade com a Europa da frente marítima precede qualquer solidariedade com a Europa continental; que a nossa responsabilidade de matriz de uma área cultural é atlântica, e que os nossos interesses devem procurar nessa direcção uma alternativa que não exclui o europeísmo complementar, mas que não dê à Europa dos ricos a convicção de que estaremos condenados a permanecer à porta, lamuriando com resignação os versos tristes de Guerra Junqueiro sobre os pobrezinhos"[231].

Era, mais uma vez, o entreabrir de uma janela atlântica de liberdade e de afirmação.

5.6. 1985: 2.ª sessão legislativa da III Legislatura e 1.ª sessão da IV Legislatura

Em 1985 terminou a 2.ª sessão legislativa da III Legislatura e começou a 1.ª sessão da IV Legislatura.

O peso crescente de Adriano Moreira nos trabalhos da Assembleia pode aquilatar-se pelo facto de o seu nome constar em 40 páginas de 25 *Diários da Assembleia da República*.

---

[229] Cf. *Diário da Assembleia da República*, n.º 027, 1.ª série, 12 de Dezembro de 1984, p. 1009.

[230] Cf. *Diário da Assembleia da República*, n.º 027, 1.ª série, 12 de Dezembro de 1984, p. 1010.

[231] Cf. *Diário da Assembleia da República*, n.º 027,1.ª série, 12 de Dezembro de 1984, p. 1011.

A Acção Pós-Exílio 199

Nesse ano, verificaram-se três intervenções que reputo de particularmente importantes.

Na primeira, Adriano Moreira referiu que "os factos divulgados pelos meios de comunicação social em relação à visita de S. Ex.ª o Presidente da República Portuguesa à República Popular da China surpreenderam talvez o Presidente e seguramente os portugueses que não tinham qualquer motivo para estarem prevenidos de que esta visita de Estado, que parecia situar-se no campo da cortesia em vista da agenda divulgada, seria o primeiro acto do processo destinado a modificar definitivamente o Estatuto de Macau"[232].

Era a sua forma de demonstrar que o processo não estava a ser conduzido de uma forma aberta, pois "não parece aceitável que matéria de tanto melindre para os interesses de Portugal, e de tanta importância que o texto constitucional se lhe refere em mais de um passo, esteja regido por documentos que parecem resguardados pelo segredo de Estado, a tal ponto que órgãos de soberania como é a Assembleia da República, possam ser eles próprios surpreendidos com a sua aplicação e desenvolvimento".[233]

Esta constatação não implicava que Adriano Moreira não reconhecesse que a China, "habituada secularmente à gestão dos grandes espaços, poderia sempre tomar as medidas que entendesse a respeito do pequeno território entregue à responsabilidade de um pequeno país, não era ignorado por ninguém"[234].

O que estranhava era que a mesma China, coerente nas relações seculares mantidas com Portugal, e " um Estado mestre na arte da diplomacia, cuidadoso sempre de manter a face, pudesse considerar o problema de Macau igual ao de Hong-Kong e prioritário em relação à Formosa, onde lida com interlocutores de maior porte"[235], até porque o próprio Mao-Tsé-Tung afirmara ser Portugal o único país da Europa que tinha permanecido na China sem nunca lhe ter feito guerra.

---

[232] Cf. *Diário da Assembleia da República*, n.° 086, 1.ª série, 29 de Maio de 1985, p. 3211.

[233] Cf. *Diário da Assembleia da República*, n.° 086, 1.ª série, 29 de Maio de 1985, p. 3211.

[234] Cf. *Diário da Assembleia da República*, n.° 086, 1.ª série, 29 de Maio de 1985, p. 3211.

[235] Cf. *Diário da Assembleia da República*, n.° 086, 1.ª série, 29 de Maio de 1985, p. 3211.

200 Adriano Moreira

Mais tarde, na sessão transcrita a 5 de Julho, Adriano Moreira abordou a questão do Acordo de Defesa entre Portugal e os Estados Unidos da América.

Na sua longa intervenção, Adriano Moreira analisou o documento, explicou a conjuntura mundial aquando da sua origem, inventariou as mudanças dessa conjuntura e explicou que não se revelaria necessário proceder à discussão da questão "se correspondesse a alguma realidade o propósito da 6.ª Comissão da Assembleia-Geral da ONU, de estabelecer um «Direito Internacional das Relações Pacíficas"[236], até porque Portugal não era um satélite, já que essa categoria de independência internacional não vigorava no Ocidente, não apenas pela geografia, mas sobretudo pela concepção de vida ainda vigente.

Depois, em 20 de Novembro, Adriano Moreira e o seu grupo parlamentar apresentaram o projecto de lei n.º 39/IV sobre a criação da Faculdade de Ciências do Mar, que foi admitido e baixou à 4.ª Comissão e, no dia seguinte, Adriano Moreira fez uma longa e pormenorizada exposição sobre o Programa de Governo, a evolução do sistema político português ao longo dos últimos 11 anos e a adesão às Comunidades Europeias.

Nesse discurso, Adriano Moreira referiu o normativismo dos factos, pois " o nosso sistema político, por outro lado, não consegue nesta data produzir senão um governo minoritário ou de maioria relativa, expressão que outros preferem para dizer o mesmo. O referido sistema, explicitado numa das mais vastas constituições mundiais, não tem virtualidades para conseguir que a regra da maioria parlamentar de apoio tenha a ambicionada vigência, e por isso temos visto multiplicar uma teoria de figuras subsidiárias para enfrentar a vida corrente: governos de iniciativa presidencial, memorandos constitucionais do Presidente da República a estabelecer o regime de relacionamento dos Órgãos de Soberania, governos com prazo certo, governos de gestão, ministros em suspensão de funções, governos de gestão vigiados pelo Presidente da República"[237].

No que se refere ao Programa de Governo, referiu o conceito de Rougier de que "alimentar uma população, construir casas, aquecer, iluminar, vestir, fornecer trabalho e educação, e manter uma moeda estável, são pro-

---

[236] Cf. *Diário da Assembleia da República*, n.º 102, 1.ª série, 5 de Julho de 1985, p. 3820.

[237] Cf. *Diário da Assembleia da República*, n.º 007, 1.ª série, 21 de Novembro de 1985, p. 0228.

blemas técnicos que a ciência económica e as disciplinas sociais estão suficientemente avançadas para resolver sem a intervenção de sistemas apriorísticos ou de princípios preconcebidos"[238] e alertou para o facto de que Portugal caminhava para a categoria de Estado exíguo interna e externamente, pois "os sistemas apriorísticos ou ideologias, e os princípios preconcebidos, fazem parte da sombria realidade portuguesa, e por isso não se avalia bem a pesada responsabilidade de governar, quando não se reconhece que o problema político condiciona prévia e severamente as capacidades de intervenção técnica"[239].

Ainda neste aspecto salientou a precaridade dos Governos, uma vez que a votação do Parlamento, mesmo quando maioritária, não podia dispensar, para assegurar a manutenção dos mesmos, a continuada confiança dos directórios partidários.

Por isso, Portugal teria de mudar o sistema para "restaurar a vida doméstica, para a partir desta restaurar o estatuto internacional para que os direitos e obrigações internas sejam efectivos, para, finalmente, ser tempo de construir os Jerónimos da nossa época"[240].

Aliás, no que se refere à cerimónia de adesão às Comunidades Europeias, Adriano Moreira considerou que o local da cerimónia deveria ser a Torre de Belém, ponto de partida para o Euromundo, e não os Jerónimos, local que apenas consagrou o resultado do esforço colectivo.

Como se tratava apenas da entrada num projecto de (re)construção europeia, ainda era cedo para comemorar, apesar da promessa, que não era segura, de novas Índias.

Nesse ano, a 29 de Novembro de 1985, o *Diário da Assembleia* referia o projecto de lei n.º 49/IV, apresentado por Adriano Moreira e outros deputados do CDS, que tratava do *forum* das Universidades de Língua Portuguesa e informava que o mesmo fora admitido e baixara à 4.ª Comissão.

Era, novamente, uma tentativa para fazer assumir a cultura lusófona.

---

[238] Cf. *Diário da Assembleia da República*, n.º 007, 1.ª série, 21 de Novembro de 1985, p. 0228.

[239] Cf. *Diário da Assembleia da República*, n.º 007, 1.ª série, 21 de Novembro de 1985, p. 0229.

[240] Cf. *Diário da Assembleia da República*, n.º 007, 1.ª série, 21 de Novembro de 1985, p. 0229.

5.7. 1986: IV Legislatura, 1.ª e 2.ª sessões legislativas

Em 1986, durante a IV Legislatura, 1.ª e 2.ª sessões legislativas, o nome de Adriano Moreira consta em 75 páginas de 32 *Diários da Assembleia da República*.

Se for seguida a ordem cronológica constata-se que, aquando da eleição de Mário Soares para a presidência da República, Adriano Moreira clarificou a diferença de funções do Governo e do Presidente da República e voltou a apelar à construção de um projecto nacional, pois "a população portuguesa está evidentemente cansada de tanta disputa ideológica, que tem sido mais verbal do que construtiva, contribuindo para que se perca o único capital irrecuperável, que é o tempo colectivo, sem que se resolvam problemas essenciais que começam na necessidade de garantir o pão na mesa de cada família"[241].

Mais tarde, a 6 de Março, Adriano Moreira fez um discurso sobre a União da Europa Ocidental, explicando o seu aparecimento e evolução e referindo que naquele momento todas as nações ocidentais estavam dependentes da Aliança Atlântica, pois "as circunstâncias evolucionaram em termos de a Europa Ocidental ter de voltar a ler os escritos de Tocqueville, velhos de 100 anos: todos os países pertencem à zona periférica da estratégia soviética que pretende a superioridade necessária para os controlar, ao menos para fins do seu conceito de segurança, na oposição ao adversário principal que são os Estados Unidos da América"[242].

Por isso, considerava que entrar na Europa implicava estar na União da Europa Ocidental.

Ainda em Março, durante a discussão do Orçamento, em que as receitas globais apenas cobriam metade das despesas previstas, e das Grandes Opções do Plano, Adriano Moreira, em nome do CDS, voltou a abordar a questão europeia e mostrou-se disposto a fazer sacrifícios circunstanciais em favor do bem comum, mas sem "omitir que existem perspectivas e realidades políticas que antecedem o indispensável princípio de impor a disciplina nas finanças públicas"[243].

---

[241] Cf. *Diário da Assembleia da República*, n.º 033, 1.ª série, 19 de Fevereiro de 1986, p. 1087.

[242] Cf. *Diário da Assembleia da República*, n.º 040, 1.ª série, 7 de Março de 1986, p. 1367.

[243] Cf. *Diário da Assembleia da República*, n.º 048, 1.ª série, 21 de Março de 1986, p. 1737.

A Acção Pós-Exílio 203

Segundo ele, não se tratava apenas de ter mais ou menos Estado, mas também de ter mais ou menos soberania e igualdade e de garantir a paz social face à possibilidade de, após a euforia, surgir uma depressão de origem externa determinada pelas condições de competição resultantes da adesão às Comunidades Europeias.

A 2 de Abril, Adriano Moreira falou sobre a Constituição e afirmou que "uma constituição mais se faz do que se escreve, devem ser guias e não dogmas ideológicos emaranhados em dispensáveis artigos"[244] e, como o conceito estratégico nacional em 1986 não podia ser o de 1974, importava fazer uma de duas revisões, ou rever a Constituição, ou a vida real.

De facto, "o passadismo civicamente grave é que se fique parado no tempo, sem ver que o tempo não pára, sem evitar que os conceitos legais são para servir a vida e não para a deter, e que quando revemos é para ver melhor"[245].

Era um regresso ao tema da autenticidade!

Na reunião transcrita no *Diário* de 7 de Maio, por ocasião da visita à Assembleia de José Sarney, Presidente da República Federativa do Brasil, Adriano Moreira referiu o papel da colónia portuguesa do Brasil na preservação da herança portuguesa no património brasileiro, historiou as relações entre os dois países e concluiu dizendo que "os horizontes são largos, e o Presidente do Brasil, sobretudo quando ocupa o cargo depois de ser já uma figura nacional e da comunidade luso-brasileira, está condenado à grandeza. Não esperamos menos"[246].

Ainda em Maio, no dia 27, Adriano Moreira entregou o projecto de lei n.° 222/IV sobre a lei de retorno de capitais portugueses.

A questão da defesa, nomeadamente a proposta de lei n.° 35/IV, que autorizava o Governo a continuar a execução dos programas plurianuais de reequipamento das Forças Armadas, nos termos do disposto no artigo 12.° da Lei n.° 9/86, de 30 de Abril, mereceu uma longa e pormenorizada intervenção de Adriano Moreira na sessão de 23 de Julho de 1986.

---

[244] Cf. *Diário da Assembleia da República,* n.° 050, 1.ª série, 3 de Abril de 1986, p. 1795.

[245] Cf. *Diário da Assembleia da República,* n.° 050, 1.ª série, 3 de Abril de 1986, p. 1796.

[246] Cf. *Diário da Assembleia da República,* n.° 064, 1.ª série, 7 de Maio de 1986, p. 2779.

Nessa intervenção, Adriano Moreira mostrou as suas preocupações por não se definir uma política de defesa para as novas circunstâncias da Aliança, ou da NATO, em geral e do País, em função dos seus interesses privativos.

De facto, apesar de considerar que a Aliança tinha sido "uma estaca americana para suportar a árvore europeia ameaçada de ser abanada para deixar cair os frutos amadurecidos"[247], importava reconhecer que as estacas podem apodrecer e as árvores mudavam com a lei da vida.

No que se referia a Portugal, Adriano Moreira considerava que muita coisa estava por fazer, nomeadamente "o cumprimento do artigo 73.° da Lei de Defesa Nacional, cujo cumprimento não exige outra contrapartida que não seja a de pegar na capacidade, no trabalho e no dever político para formular os textos que, há longo tempo, esperamos: o referido artigo 73.° dessa complexa lei exige a apreciação ou revisão de catorze diplomas e, se não me engano, pondo de lado a Lei do Serviço Militar e os seus complementos"[248].

Como a política de defesa não podia ignorar que "as Forças Armadas são, antes do material que lhes falta, uma organização humana, cuja manutenção, dentro da função constitucional que lhe compete, e cuja decisão e credibilidade, independentemente dos meios, depende de um enquadramento jurídico claro, completo e inspirado pela profunda modificação do Estado e da sociedade civil"[249], Adriano Moreira punha dúvidas sobre se o apetrechamento material iria ser útil face à inexistência de uma política de defesa.

No que se refere a projectos de lei, Adriano Moreira apresentou vários: em 16 de Outubro, projecto de lei n.° 278/IV, referindo-se ao Instituto Internacional da Língua Portuguesa; em 24 de Outubro, projecto de lei n.° 280/IV, sobre a Universidade Internacional Luís de Camões, e em 12 de Novembro, projecto de lei n.° 288/IV, sobre a rede dos liceus portugueses no estrangeiro.

Todos estes projectos foram admitidos e baixaram à 4.ª Comissão.

---

[247] Cf. *Diário da Assembleia da República,* n.° 101, 1.ª série, 24 de Julho de 1986, p. 3863.

[248] Cf. *Diário da Assembleia da República,* n.° 101, 1.ª série, 24 de Julho de 1986, p. 3863.

[249] Cf. *Diário da Assembleia da República,* n.° 101, 1.ª série, 24 de Julho de 1986, p. 3864.

Nas intervenções de Novembro desse ano, durante o debate do Programa do X Governo Constitucional, Adriano Moreira ainda denunciou o "Estado-espectáculo", que prestava atenção ao eleitoralismo e esquecia a angustiante realidade da vida civil, ao ponto de as Forças Armadas, contra todas as previsões constitucionais, se terem de dirigir, de novo, directamente ao País.

Denunciou também várias situações que punham a nu que um dos sinais da debilidade do Estado "que engorda sem criar músculos"[250] estava na incapacidade de acompanhar a complexidade crescente da vida internacional pelo exercício efectivo da representação permanente e recíproca.

O conhecimento que detinha do estado do ensino superior em Portugal levou Adriano Moreira, em 4 de Dezembro, a revoltar-se contra os supostos privilégios que se queria fazer crer que eram detidos pelos professores universitários e pelos investigadores, pois a sua revolta tinha "a ver com as péssimas instalações, com a falta de meios para a investigação científica, com a falta de capacidade de receber os estudantes que chegam à universidade, com a verdadeira anarquia que a última legislação estabeleceu para o ensino superior"[251].

Finalmente, na intervenção feita a 17 de Dezembro de 1986, Adriano Moreira debruçou-se sobre a questão da ratificação do Acto Único Europeu e recordou, talvez premonitoriamente, "as palavras amargas que Ortega escreveu em 1952, quando lhe parecia já evidente que a Europa estava a perder a função directora do Mundo em que lhe aconteceu a ele viver: «se o europeu se habitua a não mandar, bastará geração e meia para que o velho continente, e atrás dele o mundo inteiro, caia na inércia moral, na esterilidade intelectual e na barbárie total»"[252].

Nessa intervenção, Adriano Moreira voltou a salientar que a nova Europa ainda aguardava definição, como se podia comprovar pela posição da Inglaterra, Grécia e Dinamarca em relação à conclusão do Acto Único e avisou dos perigos que Portugal iria enfrentar, pois este Acto alterava o

---

[250] Cf. *Diário da Assembleia da República,* n.º 014, 1.ª série, 21 de Novembro de 1986, p. 0521.

[251] Cf. *Diário da Assembleia da República,* n.º 018, 1.ª série, 5 de Dezembro de 1986, p. 0741.

[252] Cf. *Diário da Assembleia da República,* n.º 023, 1.ª série, 18 de Dezembro de 1986, p. 1006.

sentido de uma política secular porque acarretava "responsabilidades em domínios onde não dispomos, por isso, de qualquer experiência passada; porque é dificilmente sustentável que a resposta nacional possa ser dada se teimarmos em manter um sistema que nos esgota; porque devemos querer ser um Estado participante e não apenas uma região a reabilitar pelo auxílio alheio: e nada disto é possível com a submissão a um Estado patrimonial que nos fala constantemente das ajudas e talvez porque julga que assim suportamos civicamente melhor a dependência"[253].

5.8. **1987: 2.ª sessão legislativa da IV Legislatura e a 1.ª sessão legislativa da V Legislatura**

Em 1987, ocorreu a 2.ª sessão legislativa da IV Legislatura e a 1.ª sessão legislativa da V Legislatura e, durante esse ano, o nome de Adriano Moreira surge em 40 páginas de 21 *Diários da Assembleia da República*.

Nesse ano, Adriano Moreira e outros deputados do CDS apresentaram vários projectos de lei, nomeadamente, n.º 328/IV, Lei de Bases do Sistema Educativo (escolas de artes e ofícios), que consta do *Diário* de 9 de Janeiro; 340/IV, Lei de Bases da Regionalização, *Diário* de 17 de Janeiro; n.º 350/IV, Lei da Autonomia das Universidades do Estado, *Diário* de 5 de Fevereiro e n.º 36/V, projecto de Revisão Constitucional, *Diário* de 17 de Outubro.

Importante foi também a sua interpelação sobre a defesa. Adriano Moreira, depois de referir que a defesa dizia respeito a um domínio dos interesses nacionais em que o consenso devia prevalecer sobre as divergências partidárias, alertou para os riscos a que estava submetido o «triângulo estratégico português», pois eram "riscos que suportamos sem os provocar e sem os poder afastar: o espaço português possibilita o controle marítimo e aéreo do acesso ao Mediterrâneo e à vertente atlântica do Sudoeste europeu; passam pelo nosso mar algumas das rotas marítimas vitais para a Europa; ao longo da nossa costa navegam diariamente mais de 500 navios que transportam, além do mais, dois terços do petróleo importado pela Europa Ocidental; pelas nossas águas transita grande parte

---

[253] Cf. *Diário da Assembleia da República*, n.º 023, 1.ª série, 18 de Dezembro de 1986, p. 1007.

A Acção Pós-Exílio 207

das exportações do Mercado Comum, cujo comércio internacional é marítimo em 70%; das costas portuguesas, ou ao largo das nossas águas, partem ou encontram-se instalados alguns fundamentais sistemas de telecomunicações, especialmente cabos submarinos que ligam o continente europeu à África e à América do Sul"[254].

Além disso, continuou a alertar para a inexistência de um Conceito Estratégico Nacional e a referir que, no que dizia respeito à segurança, considerava que "dificilmente corresponde à conjuntura querer integrar Portugal, com a Grécia e a Turquia, num só programa que tem em vista melhorar a capacidade de defesa convencional e a assistência militar, quando são bem diferentes o flanco sul mediterrânico e a nossa posição geo-estratégica atlântica; que não corresponde aos nossos interesses, nem aos brios, globalizar a região ibero-atlântica, porque isso favoreceria a Espanha dubitativa (à qual interessa o eixo Baleares-Gibraltar-Canárias em face do noroeste africano e da entrada do Mediterrâneo), enquanto a nós pertence naturalmente a área de intervenção do CINCIBERLANT, com justificada extensão aos Açores"[255].

Este tema da segurança voltou a ser abordado por Adriano Moreira na sessão em que se celebravam os 30 anos do Tratado de Roma e a chegada do Acto Único e que consta no *Diário* de 11 de Março, data que acabaria por, em anos futuros, dar razão às preocupações de Adriano Moreira, através de ataques terroristas para os quais Adriano Moreira já alertava.

De facto, Adriano Moreira referiu "que se as tradicionais agressões interiores de uma guerra civil tradicional podem considerar-se eliminadas na Europa livre, por uma mudança e decisão nova dos seus membros, não pode dizer-se o mesmo da paz exterior, que continua fundamentalmente dependente de decisões exteriores nas quais mal participa ou de todo não influi".[256]

Por isso, concordava com Pfimlin sobre a necessidade de "conter a corrida aos armamentos, tendo em vista reduzir a metade as armas nucleares estratégicas, eliminar as armas nucleares de alcance intermédio, inter-

---

[254] Cf. *Diário da Assembleia da República*, n.º 040, 1.ª série, 5 de Fevereiro de 1987, p. 1580.

[255] Cf. *Diário da Assembleia da República*, n.º 040, 1.ª série, 5 de Fevereiro de 1987, p. 1581.

[256] Cf. *Diário da Assembleia da Republica*, n.º 053, 1.ª série, 11 de Março de 1987, p. 2074.

208 *Adriano Moreira*

ditar as armas químicas no mundo inteiro, reduzir de maneira equilibrada as armas convencionais e tornar efectivas as medidas destinadas a repor a confiança"[257].

A forma como a política estava a ser conduzida a nível interno também mereceu a reflexão de Adriano Moreira aquando da discussão de uma moção de censura ao governo, pois, como consta do *Diário* de 4 de Abril, a partir da página 2591, apesar do peso decisório nulo do voto do seu partido, Adriano Moreira não deixou de apontar para a inoportunidade da moção, apresentada durante a ausência do Presidente da República em visita de estado ao Brasil.

Além disso, voltou a apelar à necessidade de estabilidade governativa, materializada num governo de legislatura, que retirasse Portugal da cauda da Europa e, embora sabendo que a Constituição não previa a moção de censura construtiva, a crise só seria aceitável se fosse possível apresentar uma alternativa organizada com viabilidade minimamente crível.

De facto, na sua opinião, e embora essa posição pudesse exigir um preço político a pagar em futuras eleições, "uma crise destas não se provoca quando estão pendentes interesses internacionais do Estado que exigem um governo de competência plena"[258].

Na sessão realizada em 20 de Outubro de 1987, sobre o projecto de resolução n.° 7/V relativo à constituição de uma comissão eventual para o acompanhamento da situação em Timor-Leste, Adriano Moreira voltou a referir os dois genocídios sofridos pelo povo timorense, ao mesmo tempo que constatou a pertinência do reparo que tinha feito, aquando da apresentação do Programa de Governo, de que não podia considerar-se minimamente satisfatório um programa de política externa, para um país dominado por factores exógenos, que não desse conta da debilidade a que tinha chegado o aparelho diplomático.

Por isso, mostrava a sua apreensão pela política externa portuguesa no que dizia respeito a Timor, até porque algumas das informações, como o facto do relatório do Secretário-Geral da ONU de 8 de Setembro mencionar que Portugal e a Indonésia estavam a considerar a possibilidade de a delegação parlamentar portuguesa visitar Timor-Leste com o objectivo

---

[257] Cf. *Diário da Assembleia da Republica,* n.° 053, 1.ª série, 11 de Março de 1987, p. 2075.

[258] Cf. *Diário da Assembleia da Republica,* n.° 065, 1.ª série, 4 de Abril de 1987, p. 2591

de obter informações em primeira mão sobre a situação, apenas eram conhecidas através da imprensa, quando existiam processos constitucionais e regimentais de a Assembleia da República saber das intenções de outro órgão de soberania.

Era, mais uma vez, a denúncia de actos de interesse nacional feitos ao arrepio do Parlamento!

Neste ano de 1987 convirá ainda referir que Adriano Moreira foi eleito, em 12 de Dezembro, como vogal para a representação portuguesa na União da Europa Ocidental, com 100 votos favoráveis, 51 votos contra, 31 abstenções, 16 votos brancos e 1 voto nulo.

5.9. 1988: 1.ª e a 2.ª sessões legislativas da V Legislatura

Em 1988, durante a 1.ª e a 2.ª sessões legislativas da V Legislatura, o nome de Adriano Moreira surgiu em 47 páginas de 17 *Diários da Assembleia da República.*

Na sessão sobre a constituição de uma comissão eventual para apreciação dos projectos de revisão constitucional, Adriano Moreira referiu a posição do seu partido sobre a Constituição, afirmando que a Constituição então vigente não era apropriada e, por isso, "as exigências dos factos obrigaram a recorrer a figuras imprevistas, como os governos de iniciativa presidencial, o governo a prazo certo, o governo minoritário, o ministro em suspensão de funções"[259].

De facto, "uma constituição apenas é boa quando modula tão naturalmente a vida nacional que maioria e minorias deixam de pregar a exigência de alteração porque sentem que estão igualmente protegidas e com elas o interesse nacional. Não foi isto que conseguimos até agora, tantos anos decorridos"[260].

Ainda segundo ele, a Constituição deveria ser a matriz da concórdia, de que falava Juan Luis Vives, e não uma constante fonte de discórdia. Por isso, era importante atender ao interesse permanente do país.

---

[259] Cf. *Diário da Assembleia da República,* n.° 042, 1.ª série, 20 de Janeiro de 1988, p. 1366.

[260] Cf. *Diário da Assembleia da República,* n.° 042, 1.ª série, 20 de Janeiro de 1988, p. 1366.

Na reunião solene comemorativa dos descobrimentos portugueses, realizada em 4 de Fevereiro, Adriano Moreira defendeu que começava a "ser tempo de superar esta contradição, em que temos vivido, de uma parte das vozes que procuram dar forma a um civismo português para o século XXI, condenar a acção portuguesa na gesta das descobertas, conquista, evangelização, e colonização, e ao mesmo tempo venerar os que nessa acção se foram da morte libertando, para os inscrever num património nacional que nos magoa ver silenciado por historiadores estrangeiros, ou diminuído pelo nevoeiro espalhado pelos que, para valorizarem a sua intervenção de vizinhos no processo, consideram necessário que se ignore a grandeza alheia"[261].

Na reunião de 17 de Fevereiro, Adriano Moreira, em nome do seu partido, apoiou as propostas referentes à criação da comissão eventual para contactos com as Cortes Espanholas e à constituição de uma comissão eventual para a cooperação parlamentar entre Portugal e o Brasil e alertou para o facto de as sociedades civis poderem estar a fazer a interpenetração das maneiras novas de os povos se tornarem interdependentes, apesar de os órgãos de soberania não estarem a acompanhar com a mesma diligência a evolução das circunstâncias novas.

Depois, em 31 de Maio, apresentou o projecto de lei n.º 256/V, Lei de Autonomia das Universidades do Estado, que foi admitido, tendo baixado à 4.ª Comissão e, durante a discussão sobre a autonomia universitária, evocou Rocha Saraiva, pois ter quem instrua não é o mesmo que ter professores.

Mais tarde, em 7 de Julho, aquando da apreciação do projecto de lei n.º 65/V – Lei do Segredo de Estado –, Adriano Moreira referiu que "os Estados de direito, todos se defrontam, como foi sublinhado por Claire Charlot, com a necessidade de fazer coexistir o direito à informação dos povos e o direito dos governos ao segredo [pois] a definição do segredo de Estado, indispensável para completar a estrutura de um Estado de direito, salvaguarda e limita o direito do poder ao segredo e estabelece a base para a definição jurídica rigorosa do acesso dos cidadãos à informação. E não apenas dos cidadãos, também dos órgãos de fiscalização política. No caso português, da Assembleia da República"[262].

---

[261] Cf. *Diário da Assembleia da República,* n.º 048, 1.ª série, 4 de Fevereiro de 1988, p. 1591.
[262] Cf. *Diário da Assembleia da República,* n.º 112, 1.ª série, 7 de Julho de 1988, p. 4548.

A *Acção Pós-Exílio* 211

Na sessão de 27 de Outubro, recordando o 43.° aniversário da Carta da Organização das Nações Unidas, Adriano Moreira voltou a discursar para explicar os dois legados presentes no documento e acrescentou que esperava que a magistratura do Secretário-Geral recebesse a definição, o acatamento e a autoridade que não esteve ao alcance do Secretário Hammarskjold, pois, "dessas autoridade e função podem decorrer finalmente soluções justas para casos como o de Timor (que nos interessa a nós) e África Austral, cuja guerra dura há 28 anos, e, finalmente, acabar esta contradição que é querer ao mesmo tempo o armamento e o desenvolvimento com a consequência de fazer coincidir as guerras marginais com a fome"[263].

Finalmente, na sessão de 23 de Dezembro de 1988, solene celebração da Declaração Universal dos Direitos do Homem de 1948, Adriano Moreira afirmou que a mesma tinha a função que Proudhon atribuiu à celebração do Domingo, pois "todos os olhares e pensamentos, dispersos pelas solicitações contraditórias da vida real, devem suspender as circunstâncias menores em que as energias se gastam, para, como se aconselha aos exércitos dispersos, *ritornare al segno*. A declaração foi realmente escrita com essa função ambiciosa: pela primeira vez procurava reunir num texto único e comum a visão do homem de todos os sistemas culturais, políticos, religiosos e étnicos. Foi pena que, segundo diz a lenda, tenha ligado, à assinatura do texto, este pretendido comentário de Jacques Maritain: «chegamos finalmente a acordo, mas não sei sobre o quê»"[264].

5.10. **1989: V Legislatura, 1.ª e 2.ª sessões legislativas**

Em 1989, durante a V Legislatura, 1.ª e 2.ª sessões legislativas, a expressão «Adriano Moreira» foi encontrada em 165 páginas de 39 *Diários da Assembleia da República*.

Logo na sessão de 5 de Fevereiro, no que respeita à questão do ensino superior, evidenciou a confusão reinante entre a Universidade e os Institutos Politécnicos, que "foram semeados um pouco sem ordenamento regio-

---

[263] Cf. *Diário da Assembleia da República*, n.° 005, 1.ª série, 28 de Outubro de 1988, p. 141.

[264] Cf. *Diário da Assembleia da República*, n.° 022, 1.ª série, 23 de Dezembro de 1988, p. 0808.

nal, sendo cada um deles ou o embrião de uma universidade ou de um falhanço"[265], e referiu que "o número de vezes em que se insistiu que era igual a dignidade do ensino politécnico à dignidade do ensino universitário significa, para qualquer analista independente, que a Câmara está profundamente preocupada com a desigualdade efectiva dos dois ensinos"[266].

De facto, mesmo se, face à lei, os objectivos do ensino superior nos dois ramos eram os mesmos, ou seja, os que constavam das alíneas a) a g) do n.º 2 do artigo 11.º, os graus ou títulos atribuídos eram completamente diferentes.

Ainda em Fevereiro, na sessão de 16, Adriano Moreira referiu a importância da criação de institutos tendentes à defesa da Língua Portuguesa, na sessão de 23 apresentou as Ratificações n.º 57/V e, no último dia do mês, abordou a questão da integração europeia e "a circunstância de o próprio projecto português de adesão às Comunidades mudar completamente desde a década de 60"[267], altura em que surgiram as primeiras manifestações europeístas portuguesas, tendo em vista uma alternativa para o fim do ciclo imperial.

Em Abril, no dia 18, Adriano Moreira lembrou a discussão sobre a proposta de Lei n.º 51/V, que concedia ao Governo autorização para legislar em matéria de regime e estatuto da carreira diplomática, invocando como argumento a necessidade de vencer resistências do Tribunal de Contas e referiu que "o golpe de asa traduz-se apenas em abrir maior espaço ao arbítrio do Governo, confirmando as previsões do debate anterior: afastam-se os Decretos-Lei números 44/84, de 3 de Fevereiro, e 248/85, de 15 de Julho; lembra-se que apenas se empurra a porta aberta discretamente pelo Decreto-Lei n.º 116/88, de 11 de Abril; e não pode negar-se seriamente que a politização da carreira está ao alcance de qualquer ministro menos orientado pela moral de responsabilidade do Estado"[268].

Esta crítica tinha em conta que Portugal, "um Estado tão pequeno, o qual possuiu secularmente responsabilidades tão vastas, teve necessaria-

---

[265] Cf. *Diário da Assembleia da República*, n.º 036, 1.ª série, 6 de Fevereiro de 1989, p. 1305.

[266] Cf. *Diário da Assembleia da República*, n.º 036, 1.ª série, 6 de Fevereiro de 1989, p. 1305.

[267] Cf. *Diário da Assembleia da República*, n.º 036, 1.ª série, 28 de Fevereiro de 1989, p. 1625.

[268] Cf. *Diário da Assembleia da República*, n.º 065, 1.ª série, 19 de Abril de 1989, p. 2235.

A Acção Pós-Exílio 213

mente de encontrar apoio numa diplomacia capaz, e se precisa de modernizar os meios e os métodos, não tem vantagem em a politizar ao sabor da mudança das maiorias, dos governos e dos ministros"[269].

Um país que cada vez dependerá mais da sua capacidade de negociação, não pode ficar tranquilo quando o n.º 4 do artigo 11.º do decreto em questão diz: «as promoções para as categorias de ministro plenipotenciário de 2.ª classe e de 1.ª classe e de embaixador serão feitas pelo ministro dos Negócios Estrangeiros com base na livre apreciação do mérito dos serviços prestados"[270].

Ainda em Abril, na sessão de dia 20, Adriano Moreira abordou a questão do direito à diferença das minorias, ou seja, o direito a serem diferentes, mas a serem tratadas como iguais, e voltou a referir que "pela circunstância de ser cada homem um fenómeno que não se repete na história da Humanidade que o CDS dará o seu voto favorável à proposta feita pelo Partido Socialista, garantindo o livre desenvolvimento da personalidade"[271].

A questão da família esteve presente na sessão de 26 de Abril e Adriano Moreira, como chefe de uma família grande, referiu as suas preocupações, não só porque no debate "parece dominar a impressão de que a lei é anterior às instituições e a minha convicção é a de que as instituições antecedem a lei"[272], mas também porque essa família habitual, a família monogâmica, em todo o mundo ocidental parecia estar um pouco em crise.

No entanto, apesar de partidário da concepção ocidental da família, não podia "como deputado, como estudioso das coisas sociais, ignorar que a instituição antecede a lei. A lei tem, pois, de reconhecer a instituição e, volto a dizer, isso foi a tradição portuguesa com a família de facto, isso foi a tradição católica com a Igreja perseguida pelo poder político, isso foi a tradição com os partidos políticos"[273].

---

[269] Cf. *Diário da Assembleia da República*, n.º 065, 1.ª série, 19 de Abril de 1989, p. 2235.

[270] Cf. *Diário da Assembleia da República*, n.º 065, 1.ª série, 19 de Abril de 1989, p. 2235.

[271] Cf. *Diário da Assembleia da República*, n.º 067, 1.ª série, 21 de Abril de 1989, p. 3249.

[272] Cf. *Diário da Assembleia da República*, n.º 070, 1.ª série, 27 de Abril de 1989, p. 3337.

[273] Cf. *Diário da Assembleia da República*, n.º 070, 1.ª série, 27 de Abril de 1989, p. 3337.

A 28 de Abril continuou o debate sobre a revisão constitucional, artigos 40.° e 41.°, e Adriano Moreira voltou a ter uma intervenção importante na discussão sobre o pluralismo religioso na qual referiu que "uma das crises terríveis da nossa época e desta passagem para o século XXI foi o facto de a nossa evolução científica e técnica não ter sido acompanhada da evolução da ética, que se atrasou, e do desenvolvimento dos princípios religiosos nesse domínio"[274], isto apesar de a Igreja Católica, na sua evolução última, afastar toda a dependência ou relação com o poder político e com os instrumentos políticos de organização do Estado.

A questão da família – "que diminuiu de acompanhantes que eram tradicionais"[275] –, da juventude – porque "um dos ministros que mais me aflige em qualquer governo é o ministro da Juventude. Porque ele é o ministro de uma coisa que desaparece todos os dias, é uma energia que não se regenera e deve ser uma aflição todos os dias ter uma matéria-prima que desaparece"[276] –, e da educação – "por que é que mentimos uns aos outros? Por que é que não agarramos no actual sistema e não dizemos que está completamente débil, errado, degradado e que é preciso investir nele"[277] –, voltaram a merecer a atenção de Adriano Moreira em 10 de Maio.

No que se refere ao ensino superior, apontou que "queremos um ensino privado que tenha uma autenticidade que não possa ser posta em dúvida e não queremos que a sociedade portuguesa seja encaminhada no sentido de se perguntar a um licenciado onde é que se licenciou. Eu quero que ele seja licenciado em Portugal e tenha igualdade de condições, seja qual for o estabelecimento de onde venha"[278].

Ainda nessa sessão não calou um lamento: "de vez em quando não fico magoado mas, sim, incomodado, e por brio português e nacional, porque vejo notícias publicadas nos jornais de governantes responsáveis que,

---

[274] Cf. *Diário da Assembleia da República*, n.° 072, 1.ª série, 29 de Abril de 1989, p. 3441.

[275] Cf. *Diário da Assembleia da República*, n.° 077, 1.ª série, 11 de Maio de 1989, p. 3749.

[276] Cf. *Diário da Assembleia da República*, n.° 077, 1.ª série, 11 de Maio de 1989, p. 3749.

[277] Cf. *Diário da Assembleia da República*, n.° 077, 1.ª série, 11 de Maio de 1989, p. 3759.

[278] Cf. *Diário da Assembleia da República*, n.° 077, 1.ª série, 11 de Maio de 1989, p. 3760.

A Acção Pós-Exílio

cada vez que dizemos qualquer coisa aqui, aproveitam para declarar que somos ignorantes, atrasados, que não estamos actualizados, e eu fico muito preocupado porque estudo imenso e fico com muitas dúvidas sobre a minha capacidade de entender quando digo as coisas e os outros nos altos postos chegam a esta conclusão"[279].

Além disso, esta posição dos governantes não estava em consonância com a sua acção, pois, como Adriano Moreira referiu, "na minha juventude, havia três aspirações fundamentais e que estão a desaparecer: ensino para todos e de graça, saúde para todos e de graça e justiça para todos e de graça. Está a desaparecer tudo isto"[280].

Na sessão seguinte, Adriano Moreira voltou à questão do ensino privado, uma conquista da Constituição, mas que "não tem correspondido nos factos às intenções que animaram os constituintes quando estabeleceram esse princípio"[281]. Por isso, era necessário proceder a correcções, habilitando o legislador e o Governo a estabelecerem as correcções que reconduzissem o ensino privado aos objectivos com que foi estabelecido, aceitando o princípio da qualidade.

Ainda sobre o ensino, Adriano Moreira apresentou, em 17 de Maio, a proposta n.° 76/V, relativa ao Decreto-Lei n.° 155/89, de 11 de Maio, sobre criação, suspensão e extinção dos cursos e, em 20 de Novembro, referiu que "a geração que, este ano, ganhou penosamente o direito do acesso às universidades do Estado está completamente perturbada, está com uma total quebra de confiança nas instituições, está magoada"[282], pois as universidades públicas ainda não tinham iniciado o ano lectivo.

Aliás, como frisou em 21 de Novembro, "a batalha da educação é a primeira das prioridades na nova definição da Europa. Realmente, aquilo que enfrentamos neste momento em resultado do exercício autêntico do legado político ocidental, que eu creio que se reconduz a duas vertentes principais, a do humanismo cristão e a do humanismo do socialismo democrático, aquilo que neste momento vivemos, dizia, é tal-

---

[279] Cf. *Diário da Assembleia da República*, n.° 077, 1.ª série, 11 de Maio de 1989, p. 3758.

[280] Cf. *Diário da Assembleia da República*, n.° 077, 1.ª série, 11 de Maio de 1989, p. 3758.

[281] Cf. *Diário da Assembleia da República*, n.° 078, 1.ª série, 12 de Maio de 1989, p. 3791.

[282] Cf. *Diário da Assembleia da República*, n.° 017, 1.ª série, 21 de Novembro de 1989, p. 571.

vez, finalmente, a substituição do uso das armas da guerra pelas armas da paz"[283]

Em 19 de Maio referiu os dois pontos da revisão constitucional para os quais o seu partido dera um contributo necessário para a estabilidade da Constituição e do regime: as leis orgânicas e o sufrágio, para além de voltar a insistir que o estatuto do Presidente da República devia ter saído reforçado da revisão constitucional, reconhecendo-se-lhe o poder moderador, pois "todas as suas intervenções são constitutivas. Não pode haver uma intervenção do Presidente da República que seja meramente declarativa, solene ou notarial"[284].

Por isso, na sessão de 11 de Julho voltaria a lembrar que "no processo de Revisão Constitucional, tivemos ocasião de tomar posição a favor da autonomia administrativa e financeira do órgão de soberania Presidente da República"[285].

Aliás, também em 2 de Junho voltara a referir a necessidade de dignificar os órgãos de soberania, pois "não deve ser gratificante para o Governo falar a um Parlamento vazio, pois isso significa que o Governo teve êxito na sua política de desprestígio da Assembleia"[286].

Por isso, na sessão de 12 de Julho, ao fazer o balanço dos trabalhos, concluiu que ao "percorrer o índice das tarefas a que se dedicou a Assembleia da República e, àparte a revisão constitucional, não encontrei nada de tão notável como o número de pedidos de autorização legislativa votados favoravelmente e o que me parece alarmante, do ponto de vista de uma evolução que venho sublinhando como correspondendo aos factos, e a circunstância de o sistema continuar a desenvolver-se à revelia do que se inscreve nas leis constitucionais"[287]. Segundo ele, a predominância das autorizações legislativas sobre as iniciativas legislativas da Assembleia da República significava que a Assembleia estava a evo-

---

[283] Cf. *Diário da Assembleia da República*, n.º 018, 1.ª série, 22 de Novembro de 1989, p. 579.

[284] Cf. *Diário da Assembleia da República*, n.º 084, 1.ª série, 20 de Maio de 1989, p. 4076.

[285] Cf. *Diário da Assembleia da República*, n.º 104, 1.ª série, 12 de Julho de 1989, p. 5047.

[286] Cf. *Diário da Assembleia da República*, n.º 102, 1.ª série, 3 de Junho de 1989, p. 4590.

[287] Cf. *Diário da Assembleia da República,* n.º 105, 1.ª série, 13 de Julho de 1989, p. 5122.

A Acção Pós-Exílio 217

lucionar para «câmara de ressonância» e não para sede efectiva do poder legislativo.

No que concerne à cultura, o Instituto Internacional da Língua Portuguesa, proposto e esquecido no Parlamento, e a situação pouco prestigiante da Academia das Ciências, voltaram a estar na atenção de Adriano Moreira, na sessão de 29 de Junho, bem como a questão da validade dos manuais escolares, em 4 de Julho.

A questão dos confrontos no Terreiro do Paço entre membros da Polícia de Segurança Pública também lhe mereceu preocupação na sessão de 6 de Julho, pois "há alguma coisa que não está bem na vida portuguesa, nas relações entre o poder político e os cidadãos para que estes acontecimentos se possam dar"[288], para que uma corporação que mereceu a estima do público e manteve a devoção aos interesses dos cidadãos em todos os regimes se envolvesse em confrontos.

A questão da defesa e das despesas militares foi abordada por Adriano Moreira na sessão de 21 de Novembro, durante a qual demonstrou a incompatibilidade entre a posição portuguesa que defendia que a conjuntura internacional estava em tais circunstâncias favoráveis que não se justificava fazer o aumento das despesas militares e a posição inglesa, pois o Primeiro-Ministro "pensa que obteve um grande êxito nas suas negociações com os parceiros das comunidades europeias ao conseguir que o diálogo militar continue através da NATO"[289].

Aliás, em 28 de Novembro, voltaria a falar de segurança para reconhecer a inquietação nas forças armadas, que se tratava de "uma inquietação sadia, que diz respeito à definição de objectivos, à capacidade de o Estado fornecer meios adequados aos objectivos que lhe venham a ser fixados e à redefinição dos nossos conceitos estratégicos e de intervenção militar"[290].

Na parte final do ano, Adriano Moreira falou sobre o renascimento da importância do Conselho da Europa, em 5 de Dezembro, e, ainda nessa data, fez a sua última grande intervenção desse ano sobre a história da

---

[288] Cf. *Diário da Assembleia da República*, n.º 102, 1.ª série, 7 de Julho de 1989, p. 4997.

[289] Cf. *Diário da Assembleia da República*, n.º 018, 1.ª série, 22 de Novembro de 1989, p. 615.

[290] Cf. *Diário da Assembleia da República*, n.º 020, 1.ª série, 29 de Novembro de 1989, p. 673.

Europa no século XX, pois, em 9 de Novembro de 1989, acontecera a queda do muro de Berlim, símbolo da divisão da Europa e do Mundo.

Nesse discurso, Adriano Moreira referiu que "a esperança súbita de que finalmente as armas da guerra sejam substituídas pelas armas da paz exige que os príncipes que nos governam correspondam aos desafios da conjuntura com a autenticidade e grandeza dos milhões de europeus anónimos que pavimentaram com o seu sofrimento, nos dois lados da linha Oder-Neisse, os caminhos dos novos futuros possíveis"[291].

No entanto, não deixou de alertar para o perigo de que esta revisão logística dos impérios pudesse ser acompanhada, havendo "imprudência da desmobilização desatempada, pela velocidade do fenómeno das massas. A falência evidente da utopia soviética não serve os interesses da paz se for acompanhada, não da reforma do regime, mas sim da catástrofe do Estado"[292].

De facto, era preciso construir uma paz confiável e duradoura.

5.11. **1990: 3.ª e 4.ª Sessões Legislativas da V Legislatura**

Em 1990, o nome de Adriano Moreira consta em 133 páginas de 32 *Diários da Assembleia da República.*

Logo na sessão de 4 de Janeiro, Adriano Moreira alertou para a importância da Convenção de Lomé, pois a mesma condicionava a política externa dos países da Comunidade Económica Europeia. Por isso, era importante a existência de um "mecanismo que mantivesse os órgãos de soberania, pelo menos a Assembleia da República, informados dessa teia que se vai construindo e que vai condicionando colectivamente as Comunidades e depois cada um dos países de que são membros"[293], pois a informação existente sobre a cooperação ou mediação de Portugal em África era demasiado escassa.

---

[291] Cf. *Diário da Assembleia da República,* n.º 022, 1.ª série, 6 de Dezembro de 1989, p. 773.

[292] Cf. *Diário da Assembleia da República,* n.º 022, 1.ª série, 6 de Dezembro de 1989, p. 773.

[293] Cf. *Diário da Assembleia da República,* n.º 027, 1.ª série, 5 de Janeiro de 1990, p. 1000.

A Acção Pós-Exílio   219

Convirá, aliás, referir que em múltiplas sessões, e não apenas durante o ano de 1990, Adriano Moreira se queixou da falta de informação sobre assuntos que não deviam passar à margem da Assembleia.

Ainda dentro da problemática da política externa, na sessão de 16 de Janeiro, Adriano Moreira voltou a defender a necessidade da criação de um Conceito Estratégico Nacional "que tome em consideração a evolução que está a decorrer tão aceleradamente diante dos nossos olhos, que nos permita enfrentar com lucidez e sem qualquer omissão o estado absolutamente deficiente e inaceitável do aparelho diplomático"[294].

Nessa sessão, Adriano Moreira manifestou ainda as suas preocupações pelo facto de a Europa Ocidental ainda não ter tomado consciência de que, e apesar de o reclamarem, "as bibliotecas das universidades dessa Europa do Leste, os organismos de investigação e os mecanismos de comunicação registam um completo vazio da produção ocidental nos domínios das ciências sociais, da política, da estratégia e da filosofia dos valores"[295]. Por isso sugeriu a criação de uma fundação destinada a tal desiderato.

A questão da educação voltou a ser referida na sessão de 13 de Fevereiro, quando deu entrada na Mesa o projecto de lei n.° 479/V, da iniciativa de Adriano Moreira e outros deputados do CDS e do PS, sobre o acesso ao ensino superior, que foi admitido e baixou à 8.ª Comissão, e na sessão de 16 de Fevereiro, quando Adriano Moreira afirmou que "a medida do tempo no ensino é como na agricultura: conta-se por anos e, quando se perde algum tempo, foi um ano que se perdeu"[296].

Nesta sessão, Adriano Moreira defendeu que os jovens eram vítimas de um sistema de ensino incerto, pois "em Portugal, aprendemos tardiamente que o aparelho da investigação e do ensino não prepara para a certeza; submetemos o jovem a um processo de integração longuíssimo (no ensino secundário, 12 anos; na universidade, 4 ou 5 anos) e, quando o lançamos na sociedade, a sociedade que lhe ensinámos já lá não está, porque ela evolucionou mais rapidamente do que aquilo que lhe ensinámos. Isso

---

[294] Cf. *Diário da Assembleia da República,* n.° 032, 1.ª série, 17 de Janeiro de 1990, p. 1121.

[295] Cf. *Diário da Assembleia da República,* n.° 032, 1.ª série, 17 de Janeiro de 1990, p. 1121.

[296] Cf. *Diário da Assembleia da República,* n.° 032, 1.ª série, 17 de Fevereiro de 1990, p. 1594.

220   *Adriano Moreira*

obriga-nos a assumir que temos de ensinar para a incerteza e nós não estamos preparados para a incerteza"[297].

Por isso, Adriano Moreira voltou a referir a questão do tempo tríbulo e a "insistir em que não estamos aqui a discutir o tempo do Governo, o tempo do Sr. Ministro, mas o tempo da juventude, o tempo dos outros. E este problema do tempo dos outros é que é um peso enorme, porque quando perdemos tempo, como se perdeu neste caso e se tem perdido em muitos mais, estamos a gastar o tempo dos outros"[298].

A questão da política externa e da relação entre o Governo e a Assembleia foi levantada em 6 de Março e Adriano Moreira lembrou que "o Sr. Ministro dos Negócios Estrangeiros não é o nosso prefeito de estudos e, na realidade, quem tem competência para criticar a política externa do Governo é a Assembleia da República"[299], ao mesmo tempo que mostrou a diferença de atitude entre o Primeiro-Ministro português e a Sr.ª Thatcher, que ia ao parlamento explicar a política externa inglesa.

Nessa sessão alertou ainda para que "não se pode perder a capacidade de estar em minoria"[300] e, referindo-se ao *numerus clausus,* lembrou que na Junta Nacional de Educação "durante muitos anos, foi repetidamente discutida a questão de saber se se deveria, ou não, estabelecer o *numerus clausus* e eu ouvi sempre, por unanimidade, ser recusada a sua aceitação"[301]. Depois, referindo-se à prova geral de acesso e às provas específicas, criticou o sistema, pois tratava-se de um "sistema esdrúxulo de, por três vezes, verificar os mesmos conhecimentos dos estudantes. Na verdade, verifica no 12.º ano, verifica na prova geral de acesso e depois verifica na emenda, se ocorrer algum desastre"[302]. Por isso, como referiu a 6 de Março, "a minha escola, tal como a Faculdade de Direito de Coimbra,

---

[297] Cf. *Diário da Assembleia da República,* n.º 032, 1.ª série, 17 de Fevereiro de 1990, p. 1595.

[298] Cf. *Diário da Assembleia da República,* n.º 032, 1.ª série, 17 de Fevereiro de 1990, p. 1599.

[299] Cf. *Diário da Assembleia da República,* n.º 049, 1.ª série, 7 de Março de 1990, p. 1710.

[300] Cf. *Diário da Assembleia da República,* n.º 049, 1.ª série, 7 de Março de 1990, p. 1736.

[301] Cf. *Diário da Assembleia da República,* n.º 049, 1.ª série, 7 de Março de 1990, p. 1736.

[302] Cf. *Diário da Assembleia da República,* n.º 049, 1.ª série, 7 de Março de 1990, p. 1737.

não quis provas específicas. E porquê? Porque, como referi, as provas gerais que fizeram não são específicas e as provas específicas não são gerais. De modo que o sistema está todo errado"[303].

A questão da educação voltou a ser levantada em 5 de Junho e Adriano Moreira referiu que a velha universidade que "finalmente vai ser completamente renovada, felizmente pela mão daqueles que ela própria educou, foi uma universidade formada e que exerceu a sua função numa comunidade subordinada a um conjunto de valores que exigia fidelidades verticais"[304].

Ora, como o processo de reforma então em curso apontava para a implantação de valores de fidelidades horizontais que desafiavam esses valores verticais, importava verificar que se tratava de uma nova estrutura do Estado e de uma nova definição da função da comunidade e que tudo isso precisava de ser debatido.

Além disso, "a batalha em que o Ministério da Educação está empenhado se verifica numa data em que a maior parte dos instrumentos de integração social tendem a transformar-se em conceitos nominativos, porque perderam o conteúdo antigo e ainda não adquiriram um conteúdo novo"[305].

De facto, a família, cuja capacidade estava diminuída já tinha outra função integradora, a Igreja exigia outras maneiras de intervir e as forças armadas tinham perdido a sua função de espelho tradicional da Nação, factos que desamparavam bastante a acção do Ministério da Educação.

Aliás, na sua óptica, o problema do ensino superior português assentava em que "seja qual for o conceito de universidade, suponho que ela não existe quando não tem a capacidade de reproduzir o seu corpo docente. Essa é que é a natureza institucional da universidade"[306].

Mais tarde, na sessão de 10 de Julho, Adriano Moreira voltou a esta questão, então sobre o ensino privado e cooperativo, para questionar "qual

---

[303] Cf. *Diário da Assembleia da República*, n.º 049, 1.ª série, 7 de Março de 1990, p. 1743.

[304] Cf. *Diário da Assembleia da República*, n.º 082, 1.ª série, 6 de Junho de 1990, p. 2740.

[305] Cf. *Diário da Assembleia da República*, n.º 082, 1.ª série, 6 de Junho de 1990, p. 2741.

[306] Cf. *Diário da Assembleia da República*, n.º 082, 1.ª série, 6 de Junho de 1990, p. 2741.

é a universidade privada que, neste momento, pode dizer ao País que está em condições de reproduzir o seu corpo docente"[307]. Além disso, no que se referia às licenciaturas das várias instituições do ensino privado, e "fazendo a enumeração dos doutores disponíveis em Portugal, gostaria de saber qual a instituição que é capaz de apresentar um índice de relação aceitável entre o responsável pelo ensino e aqueles que procuram exercer o direito de aprender"[308].

Por isso, Adriano Moreira apelou à coragem para não continuar a esconder que "multiplicamos o aparelho do ensino para responder à quantidade, mas que é difícil demonstrar que temos capacidade para desenvolver a qualidade de resposta, que é indispensável. Apaziguamos os sintomas, mas não resolvemos a essência do problema"[309].

De facto, num sistema universitário competente e funcional não lhe parecia possível que a mesma pessoa pudesse ser director de um departamento de investigação de uma universidade do Estado, sendo-o também noutras universidades privadas.

Ainda sobre a educação, na sessão de 13 de Novembro, aquando das comemorações da fundação da Universidade, "uma das raríssimas matérias que faz convergir todas as forças políticas para a unanimidade"[310], Adriano Moreira salientou que "na celebração concorre a vontade dos que passaram os anos da formação noutras áreas e aprendizagens, porque isso demonstra que a Universidade, sendo apenas a *alma mater* de alguns, se transformou no património de todos, preservado de geração em geração, e sem dependência da mudança dos tempos ou das vontades"[311].

No seu longo discurso, Adriano Moreira historiou a formação das universidades, referiu o caso português, tanto no Brasil como em África e na Ásia e concluiu que "dos modelos ocidentais implantados no mundo que esteve submetido à colonização, a instituição universitária foi talvez a

---

[307] Cf. *Diário da Assembleia da República,* n.º 098, 1.ª série, 11 de Julho de 1990, p. 3400.

[308] Cf. *Diário da Assembleia da República,* n.º 098, 1.ª série, 11 de Julho de 1990, p. 3401.

[309] Cf. *Diário da Assembleia da República,* n.º 082, 1.ª série, 6 de Junho de 1990, p. 2741.

[310] Cf. *Diário da Assembleia da República,* n.º 011, 1.ª série, 14 de Novembro de 1990, p. 303.

[311] Cf. *Diário da Assembleia da República,* n.º 011, 1.ª série, 14 de Novembro de 1990, p. 303.

mais preservada em face da revolução descolonizadora mundial que caracterizou o nosso século"[312].

Na parte final da sua intervenção, que mereceu aplauso geral, Adriano Moreira não deixou de manifestar a sua esperança, mas também a preocupação pelo futuro "em face dos desafios novos postos à velha e gloriosa instituição – a internacionalização, a revolução científica e técnica e a dependência de centros dominantes, o atraso da ética, a mundialização dos modelos universitários, a distância entre a estabilidade teórica do modelo de referência para a formação dos estudantes e a instabilidade das estruturas sociais de destino, o conflito entre a explosão da demanda da Universidade pelos jovens e a capacidade de resposta que esta tem, o desencontro entre a limitada resposta e a oferta social de utilização –, deveríamos poder somar às nossas alegrias a convicta afirmação de que a nossa Universidade está pronta, decidida e habilitada a enfrentar os desafios para entrar no século XXI"[313].

A questão do diálogo institucionalizado entre a União da Europa Ocidental e a Aliança Atlântica, bem como a dúvida sobre se devido à adesão de novos membros estava prevista alguma política que fizesse coincidir os participantes na União da Europa Ocidental com os participantes na Comunidade Europeia, foram colocadas por Adriano Moreira em 13 de Março, quando questionou o Ministro dos Negócios Estrangeiros.

Quanto à nova balança de poderes, Adriano Moreira referiu que "a hierarquia das potências não desapareceu nem se alterou significativamente, que o realismo do interesse nacional permanente continua em vasto exercício, que o discurso internacional de todos não é o discurso do poder que só pertence a alguns"[314].

Nessa sessão, Adriano Moreira, em nome do CDS, depois de explicar a evolução conjuntural que se seguiu à II Guerra Mundial, explicou as razões pelas quais o seu partido ia votar a favor da ratificação do Acordo de Adesão à UEO, referindo que "a rápida evolução da conjuntura mostra que estão em causa, pelo menos, dois pontos das tradicionais referências da segurança europeia: a revisão da co-responsabilidade mundial

---

[312] Cf. *Diário da Assembleia da República*, n.º 011, 1.ª série, 14 de Novembro de 1990, p. 304.

[313] Cf. *Diário da Assembleia da República*, n.º 011, 1.ª série, 14 de Novembro de 1990, p. 304.

[314] Cf. *Diário da Assembleia da República*, n.º 052, 14 de Março de 1990, p. 1853.

dos EUA/URSS e a reestruturação do Império Soviético, que colocam no primeiro plano a reunificação da Alemanha e fazem ressuscitar as memórias passadas dos inimigos íntimos e colocam em discussão a identidade eventual do catalisador, pelo que tudo parece aconselhar uma instância de mediação para a mudança, vinculada à integração europeia"[315].

Quanto à questão do segredo de Estado, voltou a ser abordada em 29 de Março, e como "o Governo ainda não apresentou aqui uma proposta de lei que, aliás, já foi anunciada por várias vezes"[316], apesar de já ter disposto de dois anos para o efeito, Adriano Moreira propôs que o assunto fosse discutido porque "o segredo de Estado é uma excepção na vida dos países e ele está a ser invocado, em Portugal, na Administração Pública, como se houvesse uma lei que o autorizasse, e não há!"[317], razão pela qual considerava que o mesmo devia ser regulamentado para que se saiba em que condições podia ser usado.

Na sua opinião, o Governo estava a agir como se tivesse muito tempo para apresentar soluções e o País ainda tivesse mais tempo para esperar por elas, situação que não lhe parecia aceitável.

Ainda sobre este assunto, mas numa perspectiva mundial, Adriano Moreira advertiu para que "os estados directores de ambos os blocos militares que partilharam a regência mundial neste último meio século, sustentam, cada um deles, uma frente de acção clandestina à dimensão do globo, que, de vez em quando, se deixa descobrir em abusos contra a legalidade interna e internacional"[318], apesar da Carta da ONU, a exemplo do que se passara com o Pacto da Sociedade das Nações, o condenar.

Esta constante atitude de atenção e crítica não pode ser confundida com uma oposição destrutiva que o Governo gostava de atribuir às designadas oposições, pois Adriano Moreira sabia valorizar os aspectos positivos na acção do Governo, como se comprovou na sessão de 3 de Abril, quando elogiou a acção do Ministro dos Negócios Estrangeiros: "quero dizer que tenho seguido com justificado interesse a sua intervenção no

---

[315] Cf. *Diário da Assembleia da República*, n.° 052, 1.ª série, 14 de Março de 1990, p. 1853.

[316] Cf. *Diário da Assembleia da República*, n.° 059, 1.ª série, 30 de Março de 1990, p. 2050.

[317] Cf. *Diário da Assembleia da República*, n.° 059, 1.ª série, 30 de Março de 1990, p. 2050.

[318] Cf. *Diário da Assembleia da República*, n.° 059, 1.ª série, 30 de Março de 1990, p. 2050.

A Acção Pós-Exílio

processo político europeu e que presto justiça à sentida responsabilidade com que tem acompanhado esse processo e, também, à tentativa que tem feito no sentido de dar contribuições para encontrar soluções"[319].

Nessa sessão, manifestou a sua preocupação sobre a estabilidade do percurso das «Naus da Índia», face às turbulências conjunturais visíveis, e questionou o Ministro sobre o conceito da unidade europeia e se pretendia, e já tinha informação de que as potências estivessem de acordo, em "substituir o facto real da hierarquia das potências, que lhe faz temer a predominância de uma Alemanha unificada, por uma hierarquia de espaços"[320].

Na altura questionou também se a NATO não estaria a perder o significado militar em favor do político.

Aliás, ainda sobre a alteração da conjuntura, na sessão de 19 de Junho, Adriano Moreira apontou que "é difícil não assumir a prevenção de que um pensamento novo no Leste (a Perestroika) deve exigir uma Perestroika no seio da Aliança Atlântica e das várias organizações europeias"[321].

Nesse discurso, Adriano Moreira traçou as linhas da nova conjuntura, referindo, nomeadamente, que "sendo o Pacto do Atlântico formalmente bem definido e a unidade europeia um conceito ainda nominal, o *Homo Atlanticus* não parece ter sido produzido e o *Homo Europeus* entrou em explosão demográfica"[322] e colocou a questão, também nova, de a construção da casa europeia não implicar com a solidez da casa atlântica. Além disso, alertou para o facto de na nova arquitectura da Europa ser necessário saber onde ficava o centro director do policentrismo nascente na proposta geometria dos círculos europeus e voltou a lembrar que "as defesas jurídicas formais não impediram que as uniões políticas, sujeitas ao princípio da subsidiariedade, sejam hoje federações [e que] a soberania é a defesa dos que não têm o poder contra os excessivamente poderosos, como ensina e pratica Havel"[323].

---

[319] Cf. *Diário da Assembleia da República,* n.° 061, 1.ª série, 4 de Abril de 1990, p. 2095.

[320] Cf. *Diário da Assembleia da República,* n.° 061, 1.ª série, 4 de Abril de 1990, p. 2095.

[321] Cf. *Diário da Assembleia da República,* n.° 087, 1.ª série, 20 de Junho de 1990, p. 2962.

[322] Cf. *Diário da Assembleia da República,* n.° 087, 1.ª série, 20 de Junho de 1990, p. 2963.

[323] Cf. *Diário da Assembleia da República,* n.° 087, 1.ª série, 20 de Junho de 1990, p. 2963.

226 *Adriano Moreira*

Além disso, como referiu, importava desmistificar "um dos elementos dessa utopia em formação de que a sociedade internacional será necessariamente democrática, faltando sempre definir o que é uma sociedade internacional democrática"[324].

Depois, em 28 de Agosto, falando em nome do partido, informou o Ministro dos Negócios Estrangeiros de que "o CDS está de acordo com a participação de Portugal no restabelecimento da ordem internacional, mas pretende, dos ministros presentes nesta reunião da Comissão Permanente, esclarecimentos sobre como estão a ser geridos os riscos nacionais, designadamente sobre que órgão institucional decidiu que Portugal tinha obrigação de cooperar com a acção dos Estados Unidos da América antes de qualquer decisão das Nações Unidas"[325].

A importância do petróleo como poder funcional foi demonstrada por Adriano Moreira na sessão de 28 de Agosto, sessão em que explicou a mudança qualitativa nas relações Norte-Sul após a eleição de Ronald Reagan e a imposição de políticas "de «ajustamento estrutural»: o Terceiro Mundo foi frequentemente olhado como uma propriedade hipotecada e os seus países hierarquizados economicamente, uns integrados no processo da industrialização, outros marginalizados na espiral do endividamento"[326].

Além disso, afirmou que a política tinha razões que a tecnocracia desconhecia e, à luz dessa afirmação, explicou a guerra Irão-Iraque, dizendo, nomeadamente, que "a intervenção dos EUA foi determinada e acompanhada por outras potências, porque não é possível admitir que todos os sistemas ocidentais (económicos, financeiros, militares, de qualidade de vida) possam entrar em disfunção ou funcionar sob a ameaça de a disfunção ser provocada"[327]. Por isso, concordava com a necessidade de reanimar o Conselho de Segurança e que as superpotências cumprissem aquilo com que se tinham comprometido.

---

[324] Cf. *Diário da Assembleia da República*, n.º 100, 1.ª série, 13 de Julho de 1990, p. 3532.

[325] Cf. *Diário da Assembleia da República*, n.º 103, 1.ª série, 29 de Agosto de 1990, p. 3658.

[326] Cf. *Diário da Assembleia da República*, n.º 103, 1.ª série, 29 de Agosto de 1990, p. 3662.

[327] Cf. *Diário da Assembleia da República*, n.º 103, 1.ª série, 29 de Agosto de 1990, p. 3662.

Nessa sessão traçou com realismo o quadro português, ao afirmar que "estamos no Ocidente sem escolha, pertencemos às instituições europeias por decisão soberana, partilhamos a dependência do poder funcional e os resultados da agressão, empenhamo-nos constitucionalmente na defesa da ordem jurídica ocidental e assumimos os riscos actuais por decisão própria de Estado responsável"[328], como se verificara na autorização para que os americanos utilizassem as bases dos Açores durante o conflito Irão-Iraque. Por fim, questionava se, face à debilidade das forças navais e aéreas, "o Governo Português pode evitar que o seu próprio poder funcional, o triângulo estratégico, seja apenas um acidente geográfico, sobre cujo destino e utilização pode perder a voz decisiva"[329].

A questão das relações institucionais dos vários órgãos foi levantada em 6 de Setembro e Adriano Moreira congratulou-se pelo facto de o processo ter entrado "na regularidade política desde que as instâncias foram convocadas. Esperamos que aí se mantenha e que o Conselho dos Chefes de Estado-Maior e o Conselho Superior da Defesa Nacional sejam ouvidos quando necessário e que a participação do Presidente da República e da Assembleia da República seja efectiva[330].

Nessa reunião, e sobre a possibilidade de o Governo ter assinado um acordo secreto com os Estados Unidos, Adriano Moreira voltou a lembrar que a filosofia das Nações Unidas era contra os acordos secretos e que não havia tratado internacional que pudesse ser invocado se não estivesse registado no Secretariado das Nações Unidas e, por isso, "uma Constituição como a portuguesa que põe o acento tónico na defesa do direito internacional não pode ter uma organização política que faça exactamente o contrário"[331].

A reunificação da Alemanha foi objecto de uma comunicação na sessão de 3 de Outubro e Adriano Moreira afirmou que a história servia de

---

[328] Cf. *Diário da Assembleia da República,* n.° 103, 1.ª série, 29 de Agosto de 1990, p. 3662.

[329] Cf. *Diário da Assembleia da República,* n.° 103, 1.ª série, 29 de Agosto de 1990, p. 3662.

[330] Cf. *Diário da Assembleia da República,* n.° 104, 1.ª série, 7 de Setembro de 1990, p. 3692.

[331] Cf. *Diário da Assembleia da República,* n.° 104, 1.ª série, 7 de Setembro de 1990, p. 3692.

lição para que um povo responsável não repetisse os erros do passado e disse que era "com esperança que encaramos a mudança, e lembramos sobretudo os europeístas da resistência, simbolizados nos sacrificados membros do movimento Rosa Branca, que mantiveram viva a chama do legado humanista europeu, a mesma que esta noite brilhou em Berlim, apagando, esperamos que definitivamente, a presença de um passado sem retorno"[332].

Depois, em 8 de Novembro, elogiou o estudo aturado de Jaime Gama em sede da Comissão de Defesa Nacional e questionou-o sobre o conceito de serviço militar, matéria sobre que explicitou os vários sentidos que considerava corresponderem ao mesmo conceito nominal.

Chamou também a atenção para a circunstância de que "a função social integradora das forças armadas, a que correspondia o conceito de espelho da Nação, está ultrapassada em toda a Europa. Mas, se o conceito operacional está ultrapassado, a necessidade social persiste e não parece indicado ignorar o facto num processo decisório sobre os deveres militares"[333]. Por isso, era importante definir a nova atitude que se esperava das forças armadas e, como Portugal não tinha Conceito Estratégico Nacional, era importante inventariar se havia ramos que dependessem do conceito das forças armadas de laboratório.

Numa fase posterior da discussão, questionou se não era necessário "equacionar a despesa pública com a defesa nacional, porque o serviço militar obrigatório tem pouca despesa pública, uma vez que a despesa nacional absorve os custos. Alguém paga os custos! O serviço militar é praticamente gratuito no que toca a despesa pública. Aquilo que estamos a fazer é a organização de um serviço que temos de avaliar em termos de despesa nacional. Se é realmente mais caro, não é apenas em função da despesa pública, o que vai haver é uma transferência de entidades que suportam a despesa"[334].

---

[332] Cf. *Diário da Assembleia da República*, n.º 107, 1.ª série, 4 de Outubro de 1990, p. 3742.

[333] Cf. *Diário da Assembleia da República*, n.º 009, 1.ª série, 9 de Novembro de 1990, p. 265.

[334] Cf. *Diário da Assembleia da República*, n.º 009, 1.ª série, 9 de Novembro de 1990, p. 247.

5.12. **1991: 4.ª sessão legislativa da V Legislatura e 1.ª sessão legislativa da VI Legislatura**

Em 1991, durante a 4.ª sessão legislativa da V Legislatura e a 1.ª sessão legislativa da VI Legislatura, o nome de Adriano Moreira surgiu em 106 páginas de 33 *Diários da Assembleia da República*.

Logo na sessão de 15 de Janeiro abordou a questão da guerra do Golfo, "a mais grave ameaça para a ruptura da paz desde o fim da Segunda Guerra Mundial, naquilo que respeita, pelo menos, à Europa e ao Mediterrâneo"[335].

Devido à gravidade da situação, alertou para o facto de que "as sucessivas decisões do Conselho de Segurança nesta matéria não são, no que respeita à guerra, imperativas; são permissivas, no sentido da autorização e legitimação da iniciativa dos Estados Unidos da América e dos Estados que se lhe associaram. Por isso mesmo o Governo Português deve ser extremamente atento à necessidade de manter informados os outros órgãos de soberania que também têm responsabilidades nas questões da guerra e da paz"[336].

De facto, na sua opinião estava-se "perante um conflito que, para além do confronto de interesses, provoca enfrentamentos gravíssimos de áreas culturais e de patrimónios históricos de queixas"[337].

Em 22 do mesmo mês, voltou a abordar esta questão, mas relacionando-a com a evolução das Comunidades Europeias.

Nessa sessão referiu que "o catalisador da defesa, trazido para o primeiro plano com o conflito do Golfo, demonstrou a total incapacidade das Comunidades, ou de qualquer dos seus membros, para assumir a liderança do processo: cada Estado, França, Alemanha, Inglaterra, avança em ordem dispersa, e não pode haver dúvidas sobre que a construção de um braço armado crível das Comunidades, se for empreendida, vai exigir um tempo muito dilatado para substituir aquilo que existe"[338], e manifestou, mais

---

[335] Cf. *Diário da Assembleia da República*, n.º 030, 1.ª série, 16 de Janeiro de 1991, p. 1032.

[336] Cf. *Diário da Assembleia da República*, n.º 030, 1.ª série, 16 de Janeiro de 1991, p. 1032.

[337] Cf. *Diário da Assembleia da República*, n.º 030, 1.ª série, 16 de Janeiro de 1991, p. 1033.

[338] Cf. *Diário da Assembleia da República*, n.º 033, 1.ª série, 23 de Janeiro de 1991, p. 1102.

uma vez, o desconforto por verificar que "demasiados temas importantes da evolução europeia e do mundo estão a passar em claro sem qualquer intervenção da Assembleia da República"[339].

Este tema voltou a ser focado na sessão de 29 de Janeiro e Adriano Moreira questionou Jaime Gama sobre "a proposta da intervenção da Europa imediatamente delineada para depois do conflito, isto é, a cooperação na reconstrução"[340].

A educação esteve presente na sessão de 14 de Fevereiro e Adriano Moreira, embora elogiando o discurso do Ministro Roberto Carneiro, não deixou de considerar que a Prova Geral de Acesso "começou por ser uma prova destinada a verificar o comando da língua. Depois deslizou para a averiguação da cultura e, finalmente, ancorou na completa inutilidade"[341] e, logo a seguir, questionou "se tem qualquer relação esse crescimento exponencial da demanda que abrange o ensino público e privado e o crescimento do pessoal habilitado a exercer a função docente".

A 19 de Fevereiro foi discutida na generalidade e aprovada a proposta de lei n.º 170/V que alterava a Lei do Serviço Militar (Lei n.º 30/87, de 7 de Julho) e Adriano Moreira manifestou apreço pela intervenção que o Ministro da Defesa Nacional estava a ter nesse domínio importante da governação, embora advertisse que "a proposta que hoje é trazida ao Parlamento parecia completamente orientada pelo método iluminista, pois não temos estudos, apreciações da conjuntura internacional ou inquietações constitucionais"[342].

Além disso, a proposta tinha sido feita "numa conjuntura em que o espírito público e internacional era animado pela perspectiva de uma saída em paz deste século, isto é, depois do desmantelamento do Pacto de Varsóvia, e estamos a discuti-la hoje num momento em que a conjuntura é extremamente grave no que toca à segurança do Médio Oriente e do Medi-

---

[339] Cf. *Diário da Assembleia da República*, n.º 033, 1.ª série, 23 de Janeiro de 1991, p. 1100.

[340] Cf. *Diário da Assembleia da República*, n.º 036, 1.ª série, 30 de Janeiro de 1991, p. 1190.

[341] Cf. *Diário da Assembleia da República*, n.º 042, 1.ª série, 15 de Fevereiro de 1991, p. 1356.

[342] Cf. *Diário da Assembleia da República*, n.º 044, 1.ª série, 20 de Fevereiro de 1991, p. 1430.

A Acção Pós-Exílio 231

terrâneo, e às consequências que todos nós podemos imaginar, pelo menos pelo método comparativo"[343].

Mais tarde, na sessão de 23 de Abril, Adriano Moreira voltaria a falar sobre esta questão ao referir que a lei ia "ter como consequência lógica a desconstitucionalização do dever de prestação do serviço militar"[344], numa altura em que não eram conhecidos quaisquer estudos sobre as circunstâncias portuguesas, mas na qual a Europa não tinha estudos sobre o seu novo conceito de segurança, e a NATO estava a discutir o novo conceito de segurança.

A 6 de Março, novamente sobre a problemática do segredo de Estado, Adriano Moreira referiu que "apenas fomos informados sobre o Estado secreto e não sobre o segredo de Estado"[345] e alertou para o facto de que "o princípio da legalidade, que é observado quando o poder actua no âmbito ou em conformidade com as leis vigentes, não dispensa o exercício discricionário do poder, abrangendo a criatividade governativa, e exclui o exercício arbitrário do poder: o contrário de um poder legítimo é um poder de facto, mas o poder arbitrário é o contrário de um poder legal"[346].

O Centro Cultural de Belém, ou melhor, a sua construção mereceu, pela segunda vez, o reparo de Adriano Moreira, na sessão de 19 de Março, ao referir que a questão tinha muito a ver com os valores fundamentais portugueses e lamentou que fosse "um pouco demais tapar os Jerónimos, que representam séculos de História, por um monumento dedicado a seis meses de tecnocracia"[347], mais a mais quando nem era do domínio público o nome do arquitecto português ou da escola portuguesa de arquitectura que tinha tomado a responsabilidade de assinar o projecto em construção.

Em 2 de Maio, aquando do voto sobre o acordo para a paz em Angola, Adriano Moreira fez uma declaração na qual prestou homenagem ao Secretário de Estado Durão Barroso, que conduziu o processo.

---

[343] Cf. *Diário da Assembleia da República*, n.º 044, 1.ª série, 20 de Fevereiro de 1991, p. 1430.

[344] Cf. *Diário da Assembleia da República*, n.º 067, 1.ª série, 24 de Abril de 1991, p. 2272.

[345] Cf. *Diário da Assembleia da República*, n.º 050, 1.ª série, 7 de Março de 1991, p. 1611.

[346] Cf. *Diário da Assembleia da República*, n.º 050, 1.ª série, 7 de Março de 1991, p. 1625.

[347] Cf. *Diário da Assembleia da República*, n.º 056, 1.ª série, 20 de Março de 1991, p. 1808.

232 *Adriano Moreira*

Nessa declaração, considerou que se estava perante "um acto que diz respeito não apenas à paz geral mas também ao «projecto Euráfrica», à paz da África e à recondução das relações de Portugal e das suas antigas províncias às matrizes históricas do País"[348] e voltou a lembrar que a África tinha sido vítima de uma descolonização sem regras e de uma guerra endémica alimentada por interesses exteriores.

Na sessão de 9 de Maio, voltou a ser tratada esta questão e Adriano Moreira reafirmou o talento da mediação portuguesa aquando do acordo assinado em Nova Iorque, em 22 de Dezembro de 1988, depois de oito meses de negociações, pela África do Sul, Angola, Cuba e Estados Unidos da América, pois Portugal, que não dispunha de um poder representado na balança de poderes em causa, percebeu "a conjuntura e a oportunidade, realizando uma notável intervenção diplomática a favor da paz. E desta depende tudo no continente africano à deriva que, da Mauritânia ao Corno de África, da Etiópia à Namíbia, de Angola à Contra-Costa, escreveu com sangue a história da última década"[349].

Em 14 de Maio, Adriano Moreira teceu considerações sobre a visita do Papa a Portugal, afirmando que "a visita pastoral de João Paulo II deve ser assinalada não apenas pela importância intrínseca que tem para Portugal, mas também porque, pela natureza das coisas, de Fátima enviou uma mensagem ao Mundo"[350].

Além disso, salientou a acção de João Paulo II na criação do espírito de Assis: "chamar à convergência activa todas as religiões e credos, ao serviço da tese comum de que a paz é um bem supremo na Terra"[351] e o balanço que fez de um dos activos da colonização, os cinco séculos de evangelização.

Ainda em Maio, na sessão do dia 28, Adriano Moreira focou a sua atenção na questão do acordo ortográfico, um problema que "tomando por testemunha o relatório do Decreto n.º 35 228, de 8 de Dezembro de 1945, nasceu com a nossa reforma ortográfica de 1911, que o Brasil não adop-

---

[348] Cf. *Diário da Assembleia da República*, n.º 071, 1.ª série, 3 de Maio de 1991, p. 2362.

[349] Cf. *Diário da Assembleia da República*, n.º 074, 1.ª série, 10 de Maio de 1991, p. 2476.

[350] Cf. *Diário da Assembleia da República*, n.º 076, 1.ª série, 15 de Maio de 1991, p. 2515.

[351] Cf. *Diário da Assembleia da República*, n.º 076, 1.ª série, 15 de Maio de 1991, p. 2516.

A Acção Pós-Exílio 233

tou, e não pararam os esforços para depois chegar a um vocabulário orto-gráfico, que limitasse ao mínimo as grafias duplas ou facultativas"[352].

Ao longo do seu discurso historiou todo o processo de relaciona-mento de Portugal com o Brasil, desde o tratado de amizade e paz de 1825, e referiu que as relações culturais, da responsabilidade de personalidades dos dois países e não dos governos, suplantavam largamente as políticas económicas.

Alertou também para o perigo resultante de Portugal não se envolver activamente na resolução da questão, pois "a língua não será nossa mas não podemos deixá-la à iniciativa alheia"[353] e o Brasil parecia estar a assu-mir a liderança do processo, a exemplo do que acontecera na questão da fundação do Instituto Internacional da Língua Portuguesa, ideia portu-guesa que tivera o destino da maioria das ideias não governamentais, para depois ser acolhida pelo Presidente do Brasil, José Sarney, e deixar de ser portuguesa.

A questão da mensagem que o Presidente da República enviou à Assembleia da República sobre a comunicação social mereceu uma in-tervenção de Adriano Moreira na sessão de 5 de Junho, durante a qual referiu que "uma das principais revoluções do nosso tempo é a da comu-nicação e a circunstância de que grande parte da liberdade de decisão dos estados está condicionada pela realidade de a informação estar alienada em centros, em relação aos quais não exercem a menor das influên-cias"[354].

Naquele caso, e como "aquilo que o Presidente da República detém, em grande parte, é apenas uma autoridade e nenhum poder"[355], o mesmo não podia condicionar as decisões da Assembleia e tinha-se limitado, pela primeira vez, a pedir à Assembleia uma reflexão actualizada e, tanto quanto possível, objectiva e rigorosa sobre a complexa problemática da comunicação social. Por isso, considerava que não se tratava de um pro-blema de ingerência e que a Assembleia deveria ter a humildade suficiente

---

[352] Cf. *Diário da Assembleia da República*, n.º 084, 1.ª série, 29 de Maio de 1991, p. 2760.

[353] Cf. *Diário da Assembleia da República*, n.º 084, 1.ª série, 29 de Maio de 1991, p. 2760.

[354] Cf. *Diário da Assembleia da República*, n.º 088, 1.ª série, 6 de Junho de 1991, p. 2887.

[355] Cf. *Diário da Assembleia da República*, n.º 088, 1.ª série, 6 de Junho de 1991, p. 2887.

234   *Adriano Moreira*

para admitir que o Presidente da República, quando pede para reflectir, merece ser escutado.

Aliás, esta questão das relações institucionais viria a ser focada em 14 de Novembro, quando Adriano Moreira referiu que o princípio da proporcionalidade no regime constitucional português tinha "funções variáveis na engenharia dos debates parlamentares: para assegurar a estabilidade não encontra grande favor da parte da maioria, que se constitui a despeito do princípio; para organizar os tempos de intervenção ou a representação da Câmara, interna e externamente, já merece à maioria um respeitoso acatamento"[356].

Daí resultava que "o Governo não tem limite de tempo para transmitir a sua mensagem e, em contrapartida, precisa de escasso tempo para ouvir o que displicentemente chama, por vezes, as oposições e, em ocasiões de maior urgência oratória, chamou, mais simplesmente, os outros"[357].

No que respeita à educação, em 12 de Junho Adriano Moreira apresentou o projecto de lei n.º 780/V – universidades regionais, que baixou à 8.ª Comissão e, em 11 de Novembro, questionou o Primeiro-Ministro quanto "ao apelo feito ao desenvolvimento do programa de investigação e desenvolvimento na área da defesa – que me parece fundamental –, mas em relação ao qual ainda não vejo apontada a articulação do ensino e da investigação militar com o ensino e investigação universitária de que algumas vezes temos falado"[358].

Quanto à questão da política cultural, ou à falta da mesma, na sessão de 18 de Junho, Adriano Moreira alertou para uma pretensa importância paradigmática que estava a ser atribuída a Macau, até porque o mesmo representava uma pequena fatia da presença cultural portuguesa no mundo. Além disso, e embora não desprezando a presença monumental, dava "mais importância às pedras vivas e por isso ocorre-me recordar que, naquela mesma área, em Tóquio, as cátedras de ensino do português são ocupadas por brasileiros"[359], o mesmo se pas-

---

[356] Cf. *Diário da Assembleia da República*, n.º 007, 1.ª série, 15 de Novembro de 1991, p. 149.

[357] Cf. *Diário da Assembleia da República*, n.º 007, 1.ª série, 15 de Novembro de 1991, p. 149.

[358] Cf. *Diário da Assembleia da República*, n.º 004, 1.ª série, 12 de Novembro de 1991, p. 46.

[359] Cf. *Diário da Assembleia da República*, n.º 094, 1.ª série, 19 de Junho de 1991, p. 3176.

sando em Nova Deli, onde o português não era ensinado por professores portugueses.

A juntar a estes exemplos, referiu o encerramento do Centro de Estudos Portugueses de Brasília, o único centro de estudos que a estrutura universitária de Brasília consentiu, e as dificuldades que instituições fundamentais da área portuguesa, como o Real Gabinete Português de Leitura do Rio de Janeiro e o Liceu Literário tinham em suportar as exigências financeiras do seu funcionamento.

Por isso, defendia que "o mecenato do Estado deve exercer-se em relação a estas instituições que foram obra da sociedade civil portuguesa e que são, realmente, pedras vivas que eles próprios ali implantaram"[360].

No âmbito da política internacional, Adriano Moreira proferiu um discurso, na sessão de 21 de Agosto, sobre a relação entre a segurança mundial e a evolução na URSS.

Nessa intervenção, historiou as mudanças levadas a cabo por Mikhail Gorbatchov, nomeadamente no abandono de dois dogmas soviéticos: "primeiro, o de que a URSS, desde a Revolução de Outubro, e especialmente depois da invasão alemã de 1941, estava sob a ameaça permanente dos Estados ocidentais, e, segundo, o de que era exigível a lealdade política absoluta à URSS dos Estados e povos europeus aos quais impusera a supremacia, princípio que, desde a Conferência de 1947, de Szklarska Poreba, se tornou extensivo aos partidos comunistas de fora da área"[361], e conclui que o interesse mundial dava "legitimidade aos Ocidentais para tomarem as medidas que estiverem ao seu alcance no sentido de poderem lidar com um governo da URSS que considerem legítimo e estável e para accionarem os mecanismos internacionais que lidam com as garantias dos direitos dos povos, da segurança dos Estados e da paz geral"[362].

A questão de Timor foi dissecada por Adriano Moreira em 21 de Novembro e, nessa sessão, historiou todo o processo referindo, nomeadamente, que "no que toca à situação jurídica de Timor, [...] durante todo o longo processo da descolonização portuguesa e do conflito de Portugal

---

[360] Cf. *Diário da Assembleia da República*, n.º 094, 1.ª série, 19 de Junho de 1991, p. 3176.

[361] Cf. *Diário da Assembleia da República*, n.º 099, 1.ª série, 22 de Agosto de 1991, p. 3411.

[362] Cf. *Diário da Assembleia da República*, n.º 099, 1.ª série, 22 de Agosto de 1991, p. 3411.

com as Nações Unidas, a Indonésia sempre declarou que não tinha qualquer pretensão em relação ao Timor português"[363], pois estava interessada na Nova Guiné onde havia petróleo.

Por isso, o conflito, resultante da invasão de Timor, não era entre Portugal e a Indonésia, pois "a comunidade internacional não pode omitir-se e nós não podemos continuar a deixar alastrar esta política de fazer correr uma «cortina de fantasia» sobre a responsabilidade directa de Portugal, cobrindo a omissão da comunidade internacional, que é ela a responsável"[364].

Depois de referir os dois genocídios sofridos, no mesmo século, pelo povo de Timor, Adriano Moreira analisou as implicações religiosas do conflito e denunciou que "o Governo da Indonésia, a caminhar para fundamentalista, não dá liberdade à Igreja da Indonésia para se manifestar"[365].

Esta questão voltou a merecer tratamento na sessão de 10 de Dezembro e Adriano Moreira, depois de historiar o processo relativo aos Direitos do Homem, referiu que Portugal era, naquele momento, a voz do povo de Timor e insistiu que "o Conselho de Segurança não pode continuar alheio; a Austrália e os EUA não podem continuar a cobrir o crime cometido pelo seu aliado; as instâncias espirituais que emitiram a mensagem de Assis não podem deixar de exigir o arrependimento activo"[366].

Na parte final da sua intervenção, os dotes oratórios e o domínio das técnicas de argumentação voltaram a ser evidentes quando Adriano Moreira estabeleceu um paralelo entre a situação vivida pelos Timorenses e pelos Iroqueses.

Segundo ele, se os Iroqueses se tinham visto forçados a enviar uma mensagem ao Congresso dos Estados Unidos em que questionavam se deviam desaparecer, uma vez que a raça dos índios da América se tinha tornado pequena e a raça branca grande e famosa, também Portugal, invocando o direito imprescritível dos Timorenses, devia pedir à comunidade internacional que pusesse os factos de acordo com os princípios.

---

[363] Cf. *Diário da Assembleia da República*, n.º 008, 1.ª série, 22 de Novembro de 1991, p. 174.

[364] Cf. *Diário da Assembleia da República*, n.º 008, 1.ª série, 22 de Novembro de 1991, p. 175.

[365] Cf. *Diário da Assembleia da República*, n.º 008, 1.ª série, 22 de Novembro de 1991, p. 175

[366] Cf. *Diário da Assembleia da República*, n.º 012, 1.ª série, 11 de Dezembro de 1991, p. 263.

5.13. **1992: VI Legislatura, 1.ª sessão legislativa**

Em 1992, durante a VI Legislatura, 1.ª sessão legislativa, a referência a «Adriano Moreira» foi encontrada em 190 páginas de 35 *Diários da Assembleia da República*.

Logo em 21 de Janeiro, Adriano Moreira discursou sobre a segurança europeia, numa fase em que ainda não havia Nova Ordem, em resultado da desagregação do bloco de leste e da revisão da NATO, embora "uma das conclusões que parece receber mais generalizado apoio, no seio dos interessados e responsáveis pela aliança, é a de que a segurança a longo termo não dispensa a sua continuação, não apenas porque é indispensável um contrapeso estratégico em face do poder militar que continua a existir nesse complexo geopolítico, em movimento mal ordenado, que é o território do antigo inimigo, mas também porque nasceram outros riscos"[367].

Esses riscos eram, na sua opinião, o ultranacionalismo renascido, as incompatibilidades cíclicas reaparecidas, a proliferação das armas de destruição massiva e a interrupção dos fornecimentos de recursos vitais por actos de terrorismo e sabotagem.

Por isso, importava "proceder a uma reflexão a respeito da segurança europeia numa perspectiva global que, por um lado, deixe de ser monopolizada pelo Leste e, por outro, que não deixe progredir o eurocentrismo em termos de conceber cada ameaça como regional e sua"[368].

De facto, era pertinente atentar na revisão dos conceitos estratégicos europeus, da NATO e da ONU, pois "a revisão é inadiável, não porque tenha melhorado a percepção do mundo, mas porque o mundo não corresponde às velhas percepções"[369].

O tema da educação voltou à ribalta em 30 de Janeiro quando foi submetida à aprovação da Assembleia a instalação da Universidade das Nações Unidas em Macau.

---

[367] Cf. *Diário da Assembleia da República*, n.º 024, 1.ª série, 22 de Janeiro de 1992, p. 590.

[368] Cf. *Diário da Assembleia da República*, n.º 024, 1.ª série, 22 de Janeiro de 1992, p. 590.

[369] Cf. *Diário da Assembleia da República*, n.º 024, 1.ª série, 22 de Janeiro de 1992, p. 591.

Na altura, Adriano Moreira, apesar de considerar que o processo constitucional não estava correcto, pois não se tratava de aprovar uma convenção internacional, regozijou-se com a proposta.

Depois, em 6 de Março, as manifestações de descontentamento sobre a política educativa em Portugal foram analisadas por Adriano Moreira que, no entanto, rejeitou criticar o Ministro da Educação, pois "herdou uma situação, não a herdou a benefício de inventário e, por consequência, o que está neste momento em causa é uma responsabilidade de uma administração longa, que não é dele"[370].

Nessa sessão, apresentou uma reflexão sobre o estado da educação em Portugal, nomeadamente sobre a PGA, que Adriano Moreira, face ao aumento da rede pública e privada de ensino superior, considerava que não existia, pois apenas havia "uma prova que serve de sinalização para escolher os que vão para o ensino oficial e os que vão para o ensino privado, pois ninguém é excluído"[371].

Adriano Moreira identificou ainda o *numerus clausus*, que não tinha nada a ver "com a aptidão dos estudantes, nem com as perspectivas do mercado, nem com as especialidades novas que a sociedade exige, mas apenas com o número de cadeiras disponíveis"[372], como o grande responsável pela produção de resultados viciosos.

Mais tarde, em 28 de Maio, quando se discutia a questão das propinas, Adriano Moreira afirmou que "um dos problemas básicos e essenciais que temos de enfrentar, antes desse problema das propinas, é o de saber que concepção de universidade é que temos na Constituição e nas leis"[373].

Na sua opinião havia três situações: a concepção de universidade que existia na Constituição, uma concepção republicana que caminha para a gratuitidade e presta serviço à sociedade, a concepção empresarial do ensino privado da oferta em função da procura do mercado, e o ensino não oficial que corresponde "à liberdade do ensinar, que é a Universidade

---

[370] Cf. *Diário da Assembleia da República*, n.° 037, 1.ª série, 7 de Março de 1992, p. 1119.

[371] Cf. *Diário da Assembleia da República*, n.° 037, 1.ª série, 7 de Março de 1992, p. 1119.

[372] Cf. *Diário da Assembleia da República*, n.° 037, 1.ª série, 7 de Março de 1992, p. 1120.

[373] Cf. *Diário da Assembleia da República*, n.° 069, 1.ª série, 29 de Maio de 1992, p. 2253.

Católica, e essa concepção já não é nem empresarial, nem republicana, é a defesa livre de uma concepção de vida, legítima de acordo com a Constituição, e a frequência não deve derivar de dificuldades da oferta e da procura no ensino oficial mas, sim, da adopção de matrizes educacionais que preferem o ensino católico"[374].

Na sessão de 19 de Março, sobre o referendo na África do Sul, Adriano Moreira afirmou que esperava que o mesmo representasse um passo fundamental na história da eliminação dos mitos raciais como pontos de referência da vida política, cultural e religiosa, mas lembrou que "a implantação desses mitos raciais não diz apenas respeito à África, em geral, e à África do Sul, em particular, mas também em relação à Europa, onde o seu peso não desapareceu"[375].

Segundo ele, os mitos, quer se tratasse do mito do negro, do mito do mestiço, do mito do judeu ou do mito ariano eram obstáculos graves à vida regular das sociedades civis. Por isso, prestava homenagem a todos os que lutavam contra os mitos como De Klerk e Mandela. O primeiro porque, embora pertencendo "à igreja holandesa reformada, que ensina que os negros são os danados e os condenados de que fala a Bíblia"[376], tinha sabido ultrapassar esse condicionamento cultural, e o segundo porque, tendo estado preso pelo regime do seu país, "retomou a vida pública, ultrapassando qualquer ressentimento para pôr em evidencia apenas a necessidade de congraçar a sociedade mista a que pertence"[377].

Em 2 de Março, aquando da proposta de resolução n.° 4/VI, Adriano Moreira informou que o seu partido iria votar favoravelmente, porque "estamos num momento em que é absolutamente inaceitável que qualquer governo neste mundo possa colocar os objectivos políticos ou a defesa de imagem acima da necessidade de preservar os interesses gerais da Humanidade"[378].

---

[374] Cf. *Diário da Assembleia da República,* n.° 069, 1.ª série, 29 de Maio de 1992, p. 2254.

[375] Cf. *Diário da Assembleia da República,* n.° 042, 1.ª série, 20 de Março de 1992, p. 1277.

[376] Cf. *Diário da Assembleia da República,* n.° 042, 1.ª série, 20 de Março de 1992, p. 1277.

[377] Cf. *Diário da Assembleia da República,* n.° 042, 1.ª série, 20 de Março de 1992, p. 1278.

[378] Cf. *Diário da Assembleia da República,* n.° 047, 1.ª série, 3 de Abril de 1992, p. 1501.

240 *Adriano Moreira*

Além disso, lembrou que o problema não se reduzia ao nuclear, pois englobava investigações orientadas para a guerra bacteriológica e química, e alertou que como "a Espanha tem centrais nucleares, podem afectar as nossas águas, precisamos de aviso rápido para dominar os efeitos que podem decorrer dessa circunstância"[379].

A cultura, mais concretamente a questão da identidade portuguesa face à integração no espaço europeu, mereceu uma longa intervenção na sessão de 29 de Abril.

Nessa sessão, Adriano Moreira referiu a formação do povo português e as várias vicissitudes da sua história, nomeadamente o papel desempenhado no euromundo, mas pôs igualmente a tónica na acção da sociedade civil, até porque o poder político nem sempre compreende que "os dinheiros públicos que distribui são uma restituição, não são concessões, e talvez a mudança da semântica corrente ajudasse a não confundir actos de gestão com doações à comunidade"[380].

Segundo ele, o mecenato, sem dúvida socialmente útil, já vinha das civilizações grega e romana, só que era feito com "o património próprio e não com os recursos do erário público"[381].

A questão cultural voltou a ser debatida na reunião de 18 de Novembro, quando Adriano Moreira questionou o Governo sobre as razões que tinham determinado que a Academia das Ciências tivesse circulado de tutela, "uma coisa que parece ter passado despercebida aos Portugueses e que, provavelmente, não é lisonjeiro para a Academia das Ciências, porque devíamos dar por isso"[382].

A questão da pouca intervenção da Assembleia da República no processo que culminou na aprovação do Acto Único Europeu, um documento que abriu caminho para a redefinição das soberanias, voltou a ser lembrada em 22 de Maio e Adriano Moreira afirmou que "não se poderia continuar a ignorar a necessidade de um vasto debate nacional, até então evitado, porque estava em curso uma mudança radical da função internacional

---

[379] Cf. *Diário da Assembleia da República*, n.º 047, 1.ª série, 3 de Abril de 1992, p. 1501.

[380] Cf. *Diário da Assembleia da República*, n.º 056, 1.ª série, 30 de Abril de 1992, p. 1772.

[381] Cf. *Diário da Assembleia da República*, n.º 056, 1.ª série, 30 de Abril de 1992, p. 1772.

[382] Cf. *Diário da Assembleia da República*, n.º 015, 1.ª série, 19 de Novembro de 1992, p. 0502.

do País quando se saltara sobre um dos mais antigos baluartes das soberanias nacionais, ao definir uma estrutura legal para a cooperação politica europeia"[383].

Criticou também os *confidencialistas*, que "chamam «velhos do Restelo» aos que pedem debate e prudência, reparando mal em que os descendentes do velho é que herdaram o discurso destinado a evitar a aventurada audácia, e agora preferem a confidencialidade ao discurso"[384], e lembrou que "todo o processo europeu, o da resistência, o da paz, o da reconstrução, o actual da mudança qualitativa, guiado por dinastias onde aparecem o Prof. Huber e os seus alunos todos decapitados, Raymond Aron, Roujemont, Daniel Rops, Spinelli, os experientes da guerra como Winston Churchill ou Jean Monnet, e os organizacionistas como Coudenhove-Kalergi, sempre assumiu que o Estado soberano clássico estava em causa, que os grandes espaços vinham a caminho para suprir as suas insuficiências, que a soberania estaria em revisão"[385].

Por isso, considerava que o Estado devia assumir a realidade e, sem hipóteses de anunciar o futuro, defender a razoabilidade das soluções possíveis, pois "negar que a soberania está em causa parece uma atitude tributária do temor reverencioso pelo modelo clássico e contrária ao realismo com que os factos devem ser assumidos tentando repudiar os embaraços semânticos"[386].

Adriano Moreira voltou a esta questão na sessão de 4 de Junho e, depois de historiar toda a conjuntura saída do segundo conflito mundial, referiu que "em 1989, a queda do muro de Berlim teve, entre outras consequências, a de fazer com que a Europa, perdido o apoio a que se encostava, caísse novamente no mundo, com novos desafios e novas dúvidas"[387].

---

[383] Cf. *Diário da Assembleia da República,* n.º 067, 1.ª série, 23 de Maio de 1992, p. 2188.

[384] Cf. *Diário da Assembleia da República,* n.º 067, 1.ª série, 23 de Maio de 1992, p. 2188.

[385] Cf. *Diário da Assembleia da República,* n.º 067, 1.ª série, 23 de Maio de 1992, p. 2188.

[386] Cf. *Diário da Assembleia da República,* n.º 067, 1.ª série, 23 de Maio de 1992, p. 2189.

[387] Cf. *Diário da Assembleia da República,* n.º 073, 1.ª série, 5 de Junho de 1992, p. 2394.

Ainda nessa sessão, referindo-se ao "não" da Dinamarca, Adriano Moreira considerou que o mesmo não devia ser entendido como a negação da União Europeia, em progresso de alargamento e de aprofundamento.

A questão da defesa também foi focada em 17 de Junho e Adriano Moreira questionou o Ministro sobre se a cadeia de comando estava em crise, pois "houve movimentações significativamente importantes na sociedade portuguesa, que indiciam, designadamente, que o sindicalismo militar ganhou força, que os corpos, nomeadamente os sargentos, autonomizam as suas acções em relação aos corpos dos oficiais superiores, que há manifestações de desgosto, de frustração, por parte das Forças Armadas"[388].

A defesa, mas na vertente costeira ou marítima, foi objecto da atenção de Adriano Moreira na sessão de 19 de Outubro, quando questionou o Ministro sobre a não criação de uma guarda costeira, até porque, com a extinção da Guarda Fiscal, organismo a quem competia a vigilância do sistema de radares, que já estava instalado e era muito valioso, importava saber quem iria herdar essas funções.

Além disso, lembrou que, "como a Marinha já tem 12 missões de interesse público, não se lhe pode, clara e definitivamente, entregar toda a responsabilidade de assegurar a segurança marítima"[389].

Mais tarde, em 3 de Julho, Adriano Moreira congratulou-se com "a dignidade com que foi exercida a presidência portuguesa neste período",[390] e colocou em evidência a capacidade de intervenção do aparelho diplomático, apesar de o mesmo dispor de fraquíssimos recursos.

Depois, questionou o Governo sobre a preparação dos instrumentos e dos mecanismos institucionais previstos no plano jurídico para a execução do Tratado de Maastricht, sobre o objectivo que foi fixado de chegar aos acordos de associação com os cinco países do Leste europeu e também em relação à redefinição da política da vertente atlântica.

A questão do referendo foi levantada em 3 de Julho por Adriano Moreira, porque considerava que o mesmo serviria "para obter uma maior

---

[388] Cf. *Diário da Assembleia da República,* n.º 078, 1.ª série, 19 de Junho de 1992, p. 2547.

[389] Cf. *Diário da Assembleia da República,* n.º 003, 1.ª série, 20 de Outubro de 1992, p. 0047.

[390] Cf. *Diário da Assembleia da República,* n.º 083, 1.ª série, 4 de Julho de 1992, p. 2728.

A Acção Pós-Exílio   243

legitimação da nossa opção europeia, sobretudo antevendo eventuais dificuldades no futuro"[391] e por isso questionava a razão pela qual era inconstitucional o referendo e não era inconstitucional aprovar o Tratado.

As relações internacionais voltaram a merecer uma intervenção de Adriano Moreira na sessão de 12 de Novembro. Na altura, falou sobre a tomada de posse do novo Secretário-Geral da ONU e da inusitada participação de Chefes de Estado e de Governo na primeira reunião do Conselho de Segurança, demonstração inequívoca de que era "evidente a consciência de que começava uma nova era, com uma segunda dinastia de responsáveis, de alguma maneira fundamentalistas em relação aos grandes princípios proclamados pelos fundadores e, entretanto, paralisados pelos factos da guerra-fria e por uma inconfessada, mas actuante, percepção da história"[392].

Dessa reunião saíram dois documentos: uma agenda para a paz e uma memória sobre o trabalho da Organização do 46.° até ao 47.° períodos de sessões da Assembleia-Geral, "uma espécie de relação, a beneficio de inventário, da herança da época que findou com a queda do Muro de Berlim, em 1989"[393].

Adriano Moreira mostrou o seu desconforto pelo facto de nesse documento, em que figuravam cinco conflitos em que a ONU estava envolvida e que representavam o pico da gravidade das ofensas aos princípios da paz, não haver uma só linha sobre Timor, nem sobre o tema da autodeterminação, "que teve lugar tão destacado na Carta e preenche algumas décadas de intervenção das Nações Unidas"[394].

Na sua opinião, era "impossível deixar de apontar a grave omissão, porque ela ajuda a remeter para a categoria de povos dispensáveis todos aqueles – e são, certamente, nesta data, mais de 50 milhões de pessoas – que ainda não conseguiram voz internacional"[395].

---

[391] Cf. *Diário da Assembleia da República*, n.° 082, 1.ª série, 3 de Julho de 1992, p. 2735.

[392] Cf. *Diário da Assembleia da República*, n.° 013, 1.ª série, 13 de Novembro de 1992, p. 0361.

[393] Cf. *Diário da Assembleia da República*, n.° 013, 1.ª série, 13 de Novembro de 1992, p. 0362.

[394] Cf. *Diário da Assembleia da República*, n.° 013, 1.ª série, 13 de Novembro de 1992, p. 0362.

[395] Cf. *Diário da Assembleia da República*, n.° 013, 1.ª série, 13 de Novembro de 1992, p. 0362.

244 *Adriano Moreira*

Por isso, um ano após o massacre de Santa Cruz, Adriano Moreira voltava a referir que, no caso de Timor, Portugal, na qualidade de potência administrante, teria de se empenhar para que a questão fosse vista como "um conflito entre a Indonésia e a comunidade internacional, uma rebelião da Indonésia contra a Carta das Nações Unidas, uma responsabilidade do cargo de Secretário-Geral das Nações Unidas e o resultado de uma cumplicidade de interesses, entre outros, dos Estados Unidos da América, em face do seu poderoso aliado que é a Indonésia, e da Austrália, a executar o seu novo conceito estratégico de se tornar asiática, solidária com o seu poderoso vizinho co-interessado no petróleo, o que, tantas vezes, é uma calamidade que acontece aos povos pobres"[396].

Na sessão de 19 de Novembro, sobre as Grandes Opções, Adriano Moreira aproveitou a circunstância de que "a sequência da revisão constitucional e do debate orçamental, tudo já condicionado pelo projecto da União Política Europeia, definem uma conjuntura temporal que não se repetirá com frequência, pelo que fundadamente se pode falar em jornadas históricas da Assembleia da República"[397] para falar dos valores fundamentais dos debates.

Começou por referir que "um problema básico, especialmente posto em evidência no capítulo das opções que lida com a função e projecção de Portugal no mundo, diz respeito ao valor da Nação e do Estado nacional, porque, neste caso, a programação em apreço ocupa-se de uma identidade à qual o qualificativo não pode ser negado"[398] e, por isso, "quando se procede à revisão da história do conceito e realidade desse Estado nacional, não pode deixar-se de surpreender alguma contradição entre a novidade da referência na política e no direito internacional, a escassez de estados-nações que existem no mundo e a dimensão do clamor que não distingue espécies de nacionalismos e diversidade de políticas nacionalistas"[399].

Referiu-se, depois, à literatura que iria surgir para tentar desvendar os futuríveis de uma ordem internacional sem o protagonismo do estado

---

[396] Cf. *Diário da Assembleia da República*, n.° 013, 1.ª série, 13 de Novembro de 1992, p. 0362.

[397] Cf. *Diário da Assembleia da República*, n.° 016, 1.ª série, 20 de Novembro de 1992, p. 0544.

[398] Cf. *Diário da Assembleia da República*, n.° 016, 1.ª série, 20 de Novembro de 1992, p. 0544.

[399] Cf. *Diário da Assembleia da República*, n.° 016, 1.ª série, 20 de Novembro de 1992, p. 0544.

nacional e defendeu que "aquilo que está em causa, no mundo a que pertencemos e em cuja gestão não desistimos de participar, é o Estado soberano, é o ocidente dos Estados soberanos, não é a Nação, nem os raros Estados-nações que existem"[400].

Por isso considerava que era necessário e possível haver melhor Estado, pois "quando uma comunidade como a nossa tem a natureza, em face do mundo, de comunidade nacional, o reconhecimento da crise mundial dessa criatura que foi o Estado de soberania absoluta é um primeiro passo lúcido no sentido de preservar a Nação e os seus valores, um afã que tem de chamar-se nacionalismo, por muito que outros abusem dos sentidos possíveis da palavra e, neste sentido, as Grandes Opções do Plano não admitem equívocos"[401].

A última grande intervenção de Adriano Moreira em 1992 aconteceu na sessão de 9 de Dezembro.

Nesse discurso referiu que "quando o sistema do Ocidente dos Estados entrou em disfunção a caminho do desastre foi o conde Richard de Coudenhove-Kalergi que desde 1923 inspirou o Movimento Pan-Europeu [...] em busca de uma resposta para esta pergunta que formulou no Manifesto de 1924, e que cito: «será possível que, na pequena quase ilha europeia, vinte e cinco Estados vivam lado a lado na anarquia internacional, sem que um tal estado de coisas conduza à mais terrível catástrofe política, económica e cultural?"[402].

Foi graças à acção de Coudenhove-Kalergi que se conseguiu a "convergência do humanismo cristão e do humanismo laico no sentido de encontrar soluções institucionais que definitivamente impedissem as guerras civis europeias"[403], situação que foi, no entanto, insuficiente para evitar o segundo conflito mundial e levou à conjuntura iniciada em 1945, o ano zero da nova Europa.

Nesse longo período, Adriano Moreira identificou dois catalisadores dependentes, mas dinamizando processos diferenciados: "o catalisador da

---

[400] Cf. *Diário da Assembleia da República,* n.º 016, 1.ª série, 20 de Novembro de 1992, p. 0545.

[401] Cf. *Diário da Assembleia da República,* n.º 016, 1.ª série, 20 de Novembro de 1992, p. 0545.

[402] Cf. *Diário da Assembleia da República,* n.º 018, 1.ª série, 10 de Dezembro de 1992, p. 0630.

[403] Cf. *Diário da Assembleia da República,* n.º 018, 1.ª série, 10 de Dezembro de 1992, p. 0630.

246   *Adriano Moreira*

ameaça militar teve resposta na organização bipolar da defesa, com a NATO e o Pacto de Varsóvia; e por outro lado, no discurso pronunciado no Congresso de 1972 de Friedrich-Ebert-Stiftung, Monnet dizia, frente ao catalisador especificamente europeu, que [...] é a base que liga progressivamente os países membros por interesses comuns organizados"[404].

Por isso, "no território europeu – ao mesmo tempo protegido e ameaçado pela estrutura defensiva geral –, não foram nem o extremismo federalista de Spinelli, herdeiro do europeísmo da resistência, nem o apelo gaulista à Europa das pátrias, herdeiro da luta pela libertação nacional, que forneceram o padrão de referência; foi o gradualismo de Monnet"[405], que se entregou ao desenvolvimentismo para chegar ao Acto Único, "uma clara prova de que o constrangimento sistémico da CEE sobre os Estados punha em causa a redefinição das soberanias"[406], confirmada na declaração da Cimeira de Estugarda de 1983, no Projecto de União Europeia de 1984 do Parlamento Europeu e no Relatório da Comissão Ad Hoc de 1985.

Depois de historiar todo este processo, Adriano Moreira analisou-o do ponto de vista dos interesses de Portugal e voltou a criticar a falta de discussão, pois Portugal, na mesma geração, mudou de definição de fronteiras por três vezes, sem decisão interna, sendo obrigado a mudar de estrutura territorial e de função internacional, perante a insensibilidade de um "europeísmo confidencial [que] assumiu o erro e a responsabilidade de não entender que estes valores exigem debate público"[407], pois alterava o sentido de uma política secular, visto que acarretava responsabilidades em domínios onde Portugal não dispunha de qualquer experiência.

Por isso, Adriano Moreira considerava que "a limitação do debate, incluindo a sua forma de referendo, não é um serviço prestado à unidade da Europa, em grande parte surpreendida pelo avanço do processo integrador"[408], numa fase em que era real a ameaça de substituir o gra-

---

[404] Cf. *Diário da Assembleia da República*, n.º 018, 1.ª série, 10 de Dezembro de 1992, p. 0630.

[405] Cf. *Diário da Assembleia da República*, n.º 018, 1.ª série, 10 de Dezembro de 1992, p. 0630.

[406] Cf. *Diário da Assembleia da República*, n.º 018, 1.ª série, 10 de Dezembro de 1992, p. 0630.

[407] Cf. *Diário da Assembleia da República*, n.º 018, 1.ª série, 10 de Dezembro de 1992, p. 0631.

[408] Cf. *Diário da Assembleia da República*, n.º 018, 1.ª série, 10 de Dezembro de 1992, p. 0631.

A Acção Pós-Exílio 247

dualismo do passado pelo federalismo imposto no futuro sem referência
a um modelo.

A concluir, Adriano Moreira serviu-se de exemplos, como o tumulto
da opinião pública, a turbulência do sistema monetário, a incerteza sobre
os fundos europeus e as dúvidas manifestadas pelo Governo sobre a inte-
ligibilidade da letra do Tratado, para considerar que talvez se tivesse im-
primido excessiva urgência ao processo e questionou se "o funcionalismo
e o gradualismo serão capazes de domesticar – como prometem os governos – ambições directoras às quais a Europa mais de uma vez pagou tri-
butos severos"[409].

5.14. **1993: VI Legislatura – 2.ª e 3.ª sessões legislativas**

Em 1993, durante a VI Legislatura, 2.ª e 3.ª sessões legislativas,
o nome de Adriano Moreira é referido em 139 páginas de 31 *Diários da
Assembleia da República*, embora muitas dessas citações se destinem
a referir a sua participação na condução dos trabalhos da Assembleia,
como aconteceu, por exemplo, em 4 de Fevereiro, quando o seu nome surgiu em 12 páginas.

Por vezes, o seu nome também é referido ou citado por outros deputados, como se verificou a 5 de Janeiro, quando o deputado do PSD, Fernando Amaral, mencionou que "a queda do muro de Berlim terá sido, na
simbologia dos fenómenos que fazem história, o ponto de viragem que
obrigou o Mundo à prospecção de novos caminhos, de tal modo que o
Sr. Professor Adriano Moreira com a lucidez, a competência e a autoridade
que lhe são próprias e admiramos com singular respeito, o assinalou como
o começo do ano zero"[410].

As questões da educação e de Timor-Leste voltaram a estar no centro
das suas preocupações.

Assim, no *Diário* de 20 de Janeiro, Adriano Moreira falou sobre o
problema da extinção do INIC, que estava integrado no Ministério da Edu-

---

[409] Cf. *Diário da Assembleia da República,* n.º 018, 1.ª série, 10 de Dezembro de
1992, p. 0631
[410] Cf. *Diário da Assembleia da República,* n.º 025, 1.ª série, 6 de Janeiro de 1993,
p. 0945.

248 *Adriano Moreira*

cação e foi transferido para o Ministério do Planeamento e da Administração do Território, para ser extinto e para fazer regressar às universidades os centros que dele dependiam e que foram integradas nas universidades seleccionadas, tendo o Governo reparado que apenas existiam a Universidade Técnica de Lisboa, a Universidade de Lisboa e a Universidade Nova de Lisboa.

Ora, a Adriano Moreira não lhe parecia "acertado que o Ministério da Educação seja afastado da coordenação científica, [pois] 80% da responsabilidade pela investigação científica em Portugal ainda pertence às universidades"[411] e, além disso, o modelo de investigação e desenvolvimento nas ciências sociais não tinha nada a ver com o que tinha vigorado até à década de 80.

Adriano Moreira alertou também para "a internacionalização da ciência e da técnica nas áreas da Natureza implicar a maior das atenções das comunidades mais pequenas, como acontece com o nosso país, para os emblemas da identidade, da cultura e, por consequência, das ciências sociais"[412].

Mais tarde, na sessão de 11 de Março, revelou as suas preocupações pelo facto de o debate sobre o ensino ter como ponto de referência das inquietações públicas a questão das propinas, enquanto "ainda não fomos conduzidos à circunstância de acrescentar ao quadro das contestações o estatuto remuneratório do pessoal docente universitário"[413].

Segundo ele, o Governo ainda não tinha compreendido que "no debate internacional não se encontram referências de valia sobre a questão das propinas, mas encontram-se muitas sobre o estatuto do pessoal docente, sobre a autonomia universitária, sobre o funcionamento das instituições e sua relação com a liberdade de investigar e ensinar, sobre o efectivo direito e a real liberdade de aprender, e sobre a natureza e qualidade das instituições públicas e privadas intervenientes no processo"[414].

---

[411] Cf. *Diário da Assembleia da República,* n.º 031, 1.ª série, 20 de Janeiro de 1993, p. 1112.

[412] Cf. *Diário da Assembleia da República,* n.º 031, 1.ª série, 20 de Janeiro de 1993, p. 1112.

[413] Cf. *Diário da Assembleia da República,* n.º 047, 1.ª série, 12 de Março de 1993, p. 1681.

[414] Cf. *Diário da Assembleia da República,* n.º 047, 1.ª série, 12 de Março de 1993, p. 1681.

A Acção Pós-Exílio 249

Ainda neste ponto, alertou para a situação do ensino superior particular, pois, "antes da Constituição vigente, já existiam estabelecimentos privados do ensino superior, no geral com o nome de institutos, os quais atravessaram o período revolucionário e continuam num exercício que não tem atraído reparos, conferindo os graus de licenciatura; uma universidade católica, enquadrada pelo regime concordatário, serviu de ponto de referência"[415].

Numa segunda fase, a proliferação de estabelecimentos privados da segunda geração que prestam à comunidade nacional um serviço frequentemente com deficiências visíveis, só foi possível numa época e numa área definidas porque o Estado não prestava serviço nenhum.

Ora, "na rede privada da nova geração aconteceu que o princípio da liberdade de ensinar, o qual derivava da legitimidade dos pluralismos das concepções do mundo e da vida, foi muitas vezes superado pela simples concepção da economia de mercado, a inspirar respostas rápidas para uma procura explosiva, inflaccionada esta pela crise da rede pública"[416].

Por isso, "depois de tantos anos de empirismo não pode adiar-se mais a correcção dos defeitos, suficientemente diagnosticados, para conseguir que a rede pública e a rede privada se complementem"[417] e a primeira injustiça que deveria ser remediada era que a simples insuficiência da oferta pública continuasse a remeter tantas dezenas de milhares de estudantes para a rede privada, por essa falta de capacidade do Estado em receber quem deseja frequentar o ensino superior público.

Nessa intervenção, Adriano Moreira referiu os objectivos da investigação e do ensino, sistematizados por Schelling, Humboldt, Jaspers, Ortega, Braga da Cruz, Ferrer Correia e Veiga Simão e o modelo da universidade funcional em alastramento, desenvolvido por Dréze e Debelle, sobretudo depois da crise de Maio de 1968. Apontou ainda, ao longo de seis pontos, o caminho a seguir:

> "I – Não podemos deixar de racionalizar globalmente a rede privada e a rede pública, problema prioritário para responder simul-

---

[415] Cf. *Diário da Assembleia da República,* n.º 047, 1.ª série, 12 de Março de 1993, p. 1681.

[416] Cf. *Diário da Assembleia da República,* n.º 047, 1.ª série, 12 de Março de 1993, p. 1682.

[417] Cf. *Diário da Assembleia da República,* n.º 047, 1.ª série, 12 de Março de 1993, p. 1682.

250   *Adriano Moreira*

taneamente à exigência dos modelos funcionalistas e ao desafio transnacional: II – Uma falta de resposta atempada cria condições de debilidade para a defesa da própria identidade nacional; III – É necessário reconhecer o facto de as funções de ensinar-investigar-divulgar a cultura, não se reunirem já em todos os estabelecimentos, públicos ou privados, mesmo universitários, e que os critérios de avaliação e excelência, assim como a definição dos incentivos e custos, devem variar em atenção a esse facto, racionalizando a afectação dos meios escassos; IV – A avaliação do sistema deve ser global e subordinada à exigência da excelência dos estabelecimentos sem excepção; V – O recrutamento e a circulação do pessoal docente entre as instituições deve respeitar regras gerais de qualificação que assegurem a equivalência da qualidade e a justa circulação dos estudantes; VI – A plurititularidade do pessoal docente deve em regra assentar em protocolos estabelecidos entre estabelecimentos das redes públicas e privadas, não sendo de excluir instituições que englobem simultaneamente estabelecimentos públicos e privados"[418].

Além disso, voltou a fazer notar a falta de tempo da Assembleia para proceder à discussão destes problemas e reforçou que a autonomia universitária exigia que o Estado entendesse e praticasse que as dotações financeiras não são doações com eventuais gratas contrapartidas políticas, mas distribuições dos recursos de que o gestor, assim como a universidade, deve entender e praticar que o seu único privilégio é servir a Nação.

Quanto à situação de Timor-Leste, foi tema da sessão descrita no *Diário* de 3 de Fevereiro, pois foi apresentado, pela Comissão Eventual para Acompanhamento da Situação em Timor-Leste, um voto sobre os acontecimentos que então aí se viviam.

Adriano Moreira, por sua iniciativa, fez uma declaração sobre o julgamento de Xanana Gusmão, que estava a acontecer em Díli. Na sua opinião, esse julgamento, que era levado a cabo num período de transição do mundo bipolar para uma ordem ainda incerta, violava "vários princípios fundamentais do direito internacional vigente e desafia o normativismo possível da nova ordem internacional em gestação"[419].

---

[418] Cf. *Diário da Assembleia da República*, n.° 047, 1.ª série, 12 de Março de 1993, p. 1683.

[419] Cf. *Diário da Assembleia da República*, n.° 035, 1.ª série, 3 de Fevereiro de 1993, p. 1264.

Segundo Adriano Moreira, Portugal tinha "duas legitimidades neste caso: a de potência signatária das Convenções de Genebra e a de potência administrante que fala em nome do povo de Timor, de cada um dos timorenses, da Carta da ONU, e da Declaração Universal dos Direitos do Homem"[420], enquanto a Indonésia, como potência invasora não tinha legitimidade nem para julgar, nem para executar, nem para perdoar, pois só detinha os privilégios da força e contava com a passividade de regimes ditos democráticos e respeitadores dos direitos humanos.

Também o problema diplomático entre Portugal e o Brasil, relacionado com a imigração brasileira, mereceu a atenção de Adriano Moreira na sessão de 12 de Março, embora recusando o inflacionar da questão levantada pelo Presidente do Brasil, bem como a forma de "tratar destes problemas sérios da circulação na Europa com a invocação do racismo, da xenofobia, que transportam imediatamente para um plano ideológico escusado problemas que precisam de ser tratados em função de critérios de segurança pública e de respeito efectivo pelos direitos do homem"[421].

Não deixou, no entanto, de sugerir que os Ministros "fariam bem em habituar-se à necessidade de, com frequência, consultarem o Ministério dos Negócios Estrangeiros antes de, pura e simplesmente, accionar os mecanismos formais dos diplomas que estão em vigor. Esta questão foi levantada nestes termos na Comissão de Negócios Estrangeiros, Comunidades Portuguesas e Cooperação, onde recebeu um consenso bastante generalizado por parte dos Srs. Deputados"[422].

Ainda em Março, na sessão de 17, Adriano Moreira prestou a última homenagem a Natália Correia, "uma das mulheres-símbolo dos jovens da geração que, com ela, está a despedir-se da vida, neste fim de século"[423].

Depois, em 4 de Junho, Adriano Moreira fez uma importante intervenção sobre a crise do estado nacional face ao fim da guerra fria e às consequentes mudanças da estrutura da comunidade internacional.

---

[420] Cf. *Diário da Assembleia da República,* n.° 035, 1.ª série, 3 de Fevereiro de 1993, p. 1264.

[421] Cf. *Diário da Assembleia da República,* n.° 047, 1.ª série, 12 de Março de 1993, p. 1713.

[422] Cf. *Diário da Assembleia da República,* n.° 047, 1.ª série, 12 de Março de 1993, p. 1714.

[423] Cf. *Diário da Assembleia da República,* n.° 049, 1.ª série, 18 de Março de 1993, p. 1729.

Sobre este tema referiu que "a minha primeira prevenção é a de que não está em crise o Estado nacional mas, sim, o Estado soberano. Todo este problema está relacionado com um valor fundamental: o da fronteira"[424], pois, até à década de 60, Portugal era um país multicontinental, que tinha fronteiras físicas em vários continentes, mas a fronteira política era exclusivamente com ocidentais, excepto no caso da China. Mais tarde, após o fim do Império, Portugal passou a ter uma única fronteira, europeia, ocidental e, provavelmente, a mais importante, uma fronteira marítima, pois era no Atlântico que assentava em grande parte o futuro de Portugal.

Na sessão de 1 de Julho, sobre o estado da Nação, Adriano Moreira salientou a confusão existente entre o discurso do estado da Nação e o discurso do estado e da acção do Governo e ironizou quando referiu que concordava "com o apelo que [o governo] faz à necessidade de reformar as mentalidades. Tenho grande esperança nisso. O País vai conseguir, sobretudo porque não há nenhum ministro encarregado de gerir esse sector"[425].

Também se mostrou crítico em relação às Grandes Opções Estratégicas, pois considerava que se baseavam numa pretensa solidez, clareza e definição da política norte-americana, que estava longe de corresponder à realidade.

Depois, em 2 de Setembro, a respeito das visitas presidenciais ao estrangeiro, exprimiu as suas dúvidas sobre se "a autorização que o Chefe de Estado tem de pedir à Assembleia da República tem a ver com o objectivo da viagem que irá empreender"[426], pois considerava que o Parlamento apenas decidia sobre se as circunstâncias do país aconselhavam a ausência do Chefe de Estado.

A última grande intervenção ocorreria em 27 de Outubro sobre a vida de Azeredo Perdigão, "sabedor das leis e da jurisprudência, conhecedor das minúcias dos processos que assumia, de memória rápida a responder às imprevisíveis circunstâncias da audiência, elegante na presença e no gesto, hábil no lidar com depoentes, preciso no discurso, usando uma cor-

---

[424] Cf. *Diário da Assembleia da República*, n.º 080, 1.ª série, 5 de Junho de 1993, p. 2561.

[425] Cf. *Diário da Assembleia da República*, n.º 091, 1.ª série, 2 de Julho de 1993, p. 2991.

[426] Cf. *Diário da Assembleia da República*, n.º 093, 1.ª série, 3 de Setembro de 1993, p. 3238.

A Acção Pós-Exílio   253

tesia fria em relação aos magistrados, preservando a lealdade nas relações com os colegas"[427].

Para Adriano Moreira, a lição de vida de Azeredo Perdigão fora marcada pela "capacidade de intervenção e liderança da comunidade sem ter o poder político, sem aliança com o poder político, sem compromisso com o poder político"[428]. Por sua proposta a Assembleia viria a proclamar Azeredo Perdigão como <u>Benemérito da Pátria</u>.

5.15. **1994: VI Legislatura – 3.ª e 4:.ª sessões legislativas**

Na VI Legislatura, no período entre 1 de Janeiro e 31 de Dezembro de 1994, verificaram-se a 3.ª e a 4.ª sessões legislativas e, nesse período, a expressão «Adriano Moreira» foi encontrada em 223 páginas de 43 *Diários da Assembleia da República*, tendo as maiores frequências ocorrido na sessão de 20 de Abril, em que surgiu 26 vezes, na de 30 de Junho em que apareceu 23 vezes e na de 15 de Maio em que consta de 17 páginas.

Na abertura da 3.ª sessão legislativa, e num tema que lhe é grato, a educação, Adriano Moreira mostrou a sua elevação moral não alinhando com, ou patrocinando, medidas populistas sobre a questão das propinas.

De facto, depois de relativizar a questão, pois "não está a ser fácil este fim de século, com guerras civis e internacionais na área da segurança europeia, com o continente africano de língua oficial portuguesa mergulhado num dos maiores desastres humanos conhecidos, com a crise económica e o desemprego a cercarem as esperanças europeias, com a marginalidade multinacional a desafiar as soberanias"[429], Adriano Moreira alertou para o facto de a questão das propinas não poder ser a mais instante da vida política portuguesa, ao ponto de marcar o início dos trabalhos parlamentares.

---

[427] Cf. *Diário da Assembleia da República,* n.º 004, 1.ª série, 28 de Outubro de 1993, p. 0097.

[428] Cf. *Diário da Assembleia da República,* n.º 004, 1.ª série, 28 de Outubro de 1993, p. 0096.

[429] Cf. *Diário da Assembleia da República,* n.º 023, 1.ª série, 7 de Janeiro de 1994, p. 0785.

Segundo ele, tratava-se de "um debate que representa todo um esforço dispensável, a bem da economia de recursos, porque este reenvio da questão ao Parlamento apenas vai servir para demonstrar o sabido, isto é, que o Governo e a sua maioria são apegados às suas decisões e talvez para recordar o esquecido, isto é, que os factos são ainda mais firmes e que as propinas serão aumentadas, porque os factos o exigem e ganham sempre"[430].

Na sua opinião, para "justificar as propinas e a sua actualização, bastava uma modesta teoria das taxas que a opinião pública entende e aprova, sem misturar a justiça social e a acção social escolar, que com elas – propinas – não se confundem e que elas não visam satisfazer, interpretando simplesmente o preceito constitucional da marcha para a gratuidade em função das disponibilidades do tesouro"[431].

Ainda neste campo, a pertinência das suas intervenções pode ser comprovada pelo facto de a Ministra da Educação, Manuela Ferreira Leite, ter afirmado em pleno hemiciclo que não podia "deixar de começar por cumprimentá-lo pela sua intervenção, dado o contraste que ela introduziu neste debate, já que apresentou temas que, neste momento, são as verdadeiras questões no sistema de ensino"[432].

De facto, Adriano Moreira conseguia ver as questões concretas, como a realização de provas globais, a repetência no ensino superior ou o *numerus clausus*, sempre inseridas na conjuntura global e na situação real do país. Por isso questionava se o país podia adiar a exigência da qualidade do ensino e alertava para a necessidade de averiguar as responsabilidades para que a culpa, mais uma vez, não morresse solteira.

O problema de Timor voltou a ser levantado por Adriano Moreira em várias sessões. Assim, no que se refere aos trabalhadores que integravam o Quadro Privativo e que, segundo dados da União de Refugiados de Timor, seria da ordem de 300, Adriano Moreira referiu que " ao ponderarmos sobre esta matéria, deve ter-se em atenção que até a linguagem precisa de ser actualizada. Na verdade, os peticionários não estavam apenas ao serviço da Administração portuguesa mas ao serviço da soberania por-

---

[430] Cf. *Diário da Assembleia da República*, n.º 023, 1.ª série, 7 de Janeiro de 1994, p. 0785.

[431] Cf. *Diário da Assembleia da República*, n.º 023, 1.ª série, 7 de Janeiro de 1994, p. 0785.

[432] Cf. *Diário da Assembleia da República*, n.º 077, 1.ª série, 27 de Maio de 1994, p. 2511.

tuguesa. Não se trata, portanto, de um caso de contrato de trabalho mas de submissão cívica às consequências de uma estrutura do Estado e de uma política em cuja definição não colabora. Não se trata de um problema que deva ser tratado com a frieza tecnocrática habitual do Estado mas de um problema humano exigente, que não é compatível com esta demora de 15 anos, tantos são os que já decorreram desde que eles exigem a justiça a que têm direito"[433].

Aliás, na sessão de 27 de Abril, Adriano Moreira viria a historiar os processos de Timor e de Macau e afirmaria que "no caso de Timor, sempre pareceu à generalidade dos intervenientes que Portugal, que não pode, pelas responsabilidades históricas e morais, e pela qualidade assumida de potência administrante, ceder nos direitos dos timorenses, quer como povo, quer como homens, assumiu nessa função desafios e debilidades que têm um preço algumas vezes elevado"[434].

Sobre a possibilidade de diálogo com a Indonésia, Adriano Moreira afirmou que como "a situação do território de Timor impede totalmente Portugal de exercer as suas competências e de desempenhar-se das suas responsabilidades, de que só a ONU o poderia dispensar, desde que se atreva, ou quando se atrever, a dar o caso por consumado. É o opressor indonésio que tem de praticar medidas de confiança, para se reabilitar para o diálogo"[435].

Depois, em 14 de Julho, referiu que "a diplomacia da Indonésia tem-se mostrado profissionalmente muito eficaz e tem desenvolvido todos os métodos no sentido de tornar mais aceitável a sua posição e intervenção na vida internacional e até, no que toca às convicções e crenças religiosas dos povos, tem-se mostrado de uma atenção extraordinária"[436]. Referiu, a propósito, uma visita de peregrinação a Fátima, prova de que a Indonésia utilizava esses valores ao sabor das suas conveniências. Nessa sessão, alertou também para o facto de que "ao lado desta pragmática

---

[433] Cf. *Diário da Assembleia da República,* n.º 026, 1.ª série, 14 de Janeiro de 1994, p. 0891.

[434] Cf. *Diário da Assembleia da República,* n.º 064, 1.ª série, 28 de Abril de 1994, p. 0891.

[435] Cf. *Diário da Assembleia da República,* n.º 064, 1.ª série, 28 de Abril de 1994, p. 0891.

[436] Cf. *Diário da Assembleia da República,* n.º 092, 1.ª série, 15 de Julho de 1994, p. 2993.

acção diplomática destinada a suavizar a situação, a Indonésia mostra a sua arrogância cada vez que encontra um apoio das potências com importância na vida internacional".

Por isso desmascarou a hipocrisia internacional: "os anúncios de benevolência do Presidente Clinton dos Estados Unidos, mais uma vez em relação ao poder que considera o seu principal aliado naquela área" e o "acto isolado da Alemanha quando vendeu uma esquadra à Indonésia, omitindo que essa esquadra servia para fazer a polícia das águas territoriais onde se faz a exploração do petróleo"[437].

Mais tarde, na sessão de 21 de Julho, Adriano Moreira voltou a chamar a atenção para a continuada violação dos direitos humanos em Timor-Leste e, finalmente, na sessão de 19 de Outubro, lembraria que "há dias, João Paulo II, de uma forma explícita sem equivalente anterior, referiu publicamente a exigência de os direitos dos timorenses serem respeitados pelo invasor e amparados pela comunidade internacional"[438].

5.16. 1995: VI Legislatura – 4.ª sessão legislativa e VII Legislatura – 1.ª sessão legislativa

No ano civil de 1995, ocorreram a VI Legislatura, 4.ª sessão legislativa, e a VII Legislatura, 1.ª sessão legislativa.

Nesse período, o nome de Adriano Moreira surge em 25 sessões, sendo que em várias delas surge em mais do que uma página do *Diário da Assembleia da República*. De facto, aparece em 119 páginas de 27 diários, como orador, como referência de outros oradores, ou ainda nas fases em que, na qualidade de Vice-Presidente, substituía o Presidente na condução dos trabalhos.

As maiores frequências absolutas verificam-se no *Diário* n.º 89, relativo à sessão legislativa realizada em 20 de Junho, em que o nome de Adriano Moreira surge em 11 páginas e no *Diário* n.º 88, relativo à sessão de 16 de Junho, em que está em 31 páginas.

---

[437] Cf. *Diário da Assembleia da República*, n.º 092, 1.ª série, 15 de Julho de 1994, p. 2994.

[438] Cf. *Diário da Assembleia da República*, n.º 001, 1.ª série, 20 de Outubro de 1994, p. 0005.

A Acção Pós-Exílio   257

Particularmente importante e pedagógica parece-me a intervenção feita na sessão de 26 de Janeiro, sobre a temática do escândalo da reparação, feita pela OGMA, dos motores de helicópteros da Indonésia, potência que ocupava Timor.

Nessa sessão Adriano Moreira aproveitou para lembrar à Câmara que o debate estava a ser transmitido em directo para o povo português e que, na sua opinião, "não prestámos hoje, nesta Casa, um serviço ao desenvolvimento da autoridade do Parlamento e à relação de confiança e autenticidade que tem de existir entre a população e os órgãos que exercem a soberania, [pois] numa questão tão grave como esta, talvez não devamos ceder à tentação de misturar o debate crítico recíproco, e político, com aquilo que é o interesse, o direito, a dignidade e a sobrevivência de um povo tratado como dispensável"[439] e de um conflito que já tinha provocado mais de 200 000 vítimas.

Ainda nessa intervenção, Adriano Moreira lembrou que "o povo de Timor, na vida da mesma geração, foi submetido a dois genocídios e, neste momento, está a sofrer o segundo. O povo de Timor está a ser tratado pela comunidade internacional, em função dos interesses das grandes potências, como um povo dispensável. O povo de Timor é dos que inspira a nova definição de Direitos dos Homens e dos Povos que é posta à discussão mundial este ano, em 1995, por iniciativa das Nações Unidas".

Ainda no aspecto dito pedagógico, parece oportuno referir que, nessa sessão, Adriano Moreira, ao responder a Pacheco Pereira, afirmou que "está longe da minha prática, e sobretudo da minha consciência, a capacidade de convencer os outros a mudar de comportamento"[440], mesmo quando alguns deputados pareciam seguir o exemplo histórico de um dos grandes tribunos históricos que, no seu discurso, tinha à margem de um parágrafo: *argumento fraco; falar mais alto*.

De facto, naquela sessão, quando os oradores falavam mais alto "foi exactamente quando os argumentos eram mais fracos, porque foi quando houve toques na dignidade de algumas das pessoas, ou na sua credibilidade política, ou na sua posição no aparelho político, que o argumento

---

[439] Cf. *Diário da Assembleia da República*, n.º 036, 1.ª série, 27 de Janeiro de 1995, p. 1328.

[440] Cf. *Diário da Assembleia da República*, n.º 036, 1.ª série, 27 de Janeiro de 1995, p. 1331.

fraco provocou falar mais alto e o esquecimento de que a causa determinante deste debate é Timor"[441].

Nessa sessão legislativa, durante uma intervenção no plenário e para surpresa geral, inclusivamente dos deputados da sua bancada, informou que aquela seria a sua última intervenção no hemiciclo de São Bento, pois tinha decidido abandonar a actividade político-partidária "com a convicção de que todos nós devemos lucidamente medir o nosso tempo e escolher a nossa intervenção"[442].

Depois de assinalar os anos enriquecedores que passou no Parlamento, Adriano Moreira reafirmou "toda a esperança de que a estrutura política portuguesa, finalmente, se consolide para responder aos desafios de um futuro que não podemos definir completamente mas que podemos enfrentar com decisão, com determinação e com esperança"[443].

Assim, na despedida[444], Adriano Moreira voltava a realçar a crescente internacionalização da vida privada e a defender que Portugal deveria ter voz, ainda que não absoluta, na definição do seu futuro.

---

[441] Cf. *Diário da Assembleia da República*, n.º 036, 1.ª série, 27 de Janeiro de 1995, p. 1328.

[442] Cf. *Diário da Assembleia da República*, n.º 091, 1.ª série, 23 de Junho de 1995, p. 3146.

[443] Cf. *Diário da Assembleia da República*, n.º 091, 1.ª série, 23 de Junho de 1995, p. 3146.

[444] Cf. Depoimento do então Presidente da Assembleia da República Barbosa de Melo.

NÓTULA FINAL

Esta pequena nota final, uma súmula da investigação realizada, ocupa o lugar que, num trabalho de índole académica, estaria destinado a uma conclusão.

Trata-se, afinal, de dar conta da forma como o processo decorreu e, pese a pretensão, da importância que o mesmo pode merecer para a problemática em estudo.

A primeira ilação a tirar prende-se com a modéstia com que Adriano Moreira fala de si e da sua acção.

Na verdade, Adriano Moreira sempre recusou qualquer marca de messianismo e fez questão, a exemplo de Leibniz, de salientar a estatura daqueles que o antecederam. A importância que atribui aos seus mestres, sobretudo a Rocha Saraiva, demonstra claramente que também ele considera que, se conseguiu ver mais longe, foi porque subiu aos ombros de gigantes.

De facto, nem a circunstância de ter sido pioneiro em Portugal da emancipação da Ciência Política e das Relações Internacionais constituiu motivo suficiente para requerer o protagonismo a que muitos outros, e por actos incomensuravelmente inferiores, mesmo que verdadeiros, se julgaram com direito.

Por isso, "a sua capacidade de admirar os outros"[445] revela, de uma forma nítida, que Adriano Moreira assume que a solidez dos alicerces da sua doutrina se ficou em grande parte a dever à elevada estatura de outros homens, embora não necessariamente àqueles com quem conviveu na mesma circunstância temporal, pois, como refere, "também me tem acontecido que me encontro na mesma geração de homens que nunca pude ver,

---

[445] Cf. Depoimento de Barbosa de Melo.

morreram há séculos, e tenho dificuldade em encontrar-me na mesma geração de muitos contemporâneos"[446].

Adriano Moreira considera-se apenas, a exemplo de Monnet, um homem que aceitou responder afirmativamente aos desafios que as diferentes circunstâncias da vida se encarregaram de lhe lançar.

Convém, no entanto, referir que esta perspectiva volta a pecar por modéstia, pois, como Maquiavel (2000:34) afirmou tomando como referência Moisés, Ciro, Rómulo e Teseu, "sem a ocasião, os seus talentos e o seu espírito ter-se-iam perdido; sem os seus talentos, a ocasião teria surgido em vão".

Esta sua atitude encontra justificação na sua dimensão humana e no desejo de ser útil aos outros, sobretudo àqueles cuja voz não consegue fazer-se ouvir senão de uma forma indirecta. Por isso, afirma: "não consigo ter resposta para quem se assume em nome de uma geração. Mas posso ter alguma palavra em nome daqueles que depois são as vítimas de todos os projectos que depois não resultam".[447]

É este desejo de justiça e de utilidade que explica, em grande parte, a atenção que Adriano Moreira dedica ao estudo das diferentes conjunturas, procurando surpreender e denunciar as situações que não se mostrem consentâneas com a dignidade da pessoa e dos povos.

Como Chantre admitiu, "o ónus, para nós que fomos e continuamos a ser alunos de Adriano Moreira, é que não podemos alegar ignorância pois ele bem se esforçou para que nada disso nos ficasse oculto".

Um segundo aspecto que considero digno de destaque prende-se com a forma como Adriano Moreira abordou a questão do tempo.

De facto, na senda do olhar, que Manuel Patrício define como completo, de Jano bifronte, Adriano Moreira concebe o tempo presente como uma composição de um passado analisado, que não se repetirá, e dum futuro, pré-visionado, que não acontecerá.

Por isso, a ênfase que deu à necessidade de educar para uma "incerteza controlada", pois o tempo presente é sucedendo e antecedendo, já que o passado e o futuro são inseparáveis.

Como Inês Dentinho salientou, Adriano Moreira enquanto professor "usava a antiga técnica das parábolas para ensinar: explicava a doutrina,

---

[446] Cf. *Diário da Assembleia da República*, n.º 082, 1.ª série, 6 de Junho de 1990, p. 2742.

[447] Cf. *Diário da Assembleia da República*, n.º 082, 1.ª série, 6 de Junho de 1990, p. 2742.

contava a história concreta que lhe dava corpo mas não lhe anunciava o desfecho. Essa resposta ficou sempre entregue à liberdade esclarecida do aluno, em cada momento e lugar onde se encontre"[448].

Para além disso, como Vieira Matias afirmou referindo-se ao Mestre, "a sua actualização era permanente e imediatamente elaborava sobre os temas, com a autoridade, o conhecimento e a inteligência que todos lhe reconhecemos e invejamos". Por isso, não havia entre os alunos e professores militares, quem não recordasse o fascínio dos intervalos, quando, no muro do varandim, Adriano Moreira "se via cercado por todos os auditores, ansiosos por ouvirem o "Mestre" responder a questões sobre política nacional ou internacional, às vezes relacionadas com factos surgidos a público na mesma manhã"[449].

Ainda neste ponto, convirá reforçar duas ideias.

A primeira prende-se com a constatação que, apesar de não ser possível definir claramente os futuríveis, se mantém, ou melhor, se intensifica, a necessidade de estudar as conjunturas para poder seleccionar as estratégias que se mostrem mais plausíveis face à incerteza do futuro.

A segunda prende-se com o uso que aqueles que detêm responsabilidades na condução dos países fazem do tempo, pois estão a usar um elemento que não é susceptível de recuperação e "quando o tempo se perde, é a vida que se esbanja. A vida dos outros. Os projectos dos outros. O destino dos outros. A plenitude dos outros. A salvação de todos"[450].

Por isso, Adriano Moreira apela à participação activa e vigilante dos povos na construção do seu destino e denuncia todas as situações de secretismo que, fruto do trabalho de pretensos iluminados, tendem a apresentar uma política dogmática e de factos consumados.

Um terceiro aspecto que a investigação permitiu constatar prende-se com a influência que o elemento religioso tem ocupado na vida de Adriano Moreira.

De facto, tanto a sua actividade política como a cívica reflectem claramente a sua ideia de ecumenismo universal como forma de resolver a fonte do maior problema do mundo e que consiste em aprender a viver juntos sabendo que somos diferentes.

---

[448] Cf. Depoimento de Inês Dentinho.

[449] Cf. Depoimento do Almirante Vieira Matias.

[450] Adriano Moreira, 1986, *Tempo de Vésperas: a Agonia do Regime,* 3.ª Edição, Lisboa, Edições Gauge, p. 63.

Adriano Moreira, fortemente influenciado pela doutrina social da Igreja, não se deixou cair na tentação da utopia de construir um mundo melhor através de simples declarações de intenção e, no respeito pelo ideal franciscano, convocou, mais que convidou, à acção, única força capaz de alterar as situações em que o homem continua a não ser visto como um fenómeno único e que, por conseguinte, não se pode repetir.

Como Manuel Chantre afirma, "Homens como Adriano Moreira constituem uma barreira eficaz à barbárie e enquanto viver entre nós, este é, seguramente, um mundo melhor".

Na verdade, tanto a sua vida pessoal como a actividade política foram orientadas no sentido da valorização da pessoa.

Por isso, foi a conjugação deste humanismo religioso com o papel que sempre tem advogado como dever, primeiro de Portugal, depois de Portugal e do Brasil e, finalmente, de todo o mundo lusófono, que serviu como fundamento para que ousasse denominar a doutrina de Adriano Moreira como ecumenismo lusófono.

Sendo certo que esta designação, se bem que fundamentada, representa uma escolha pessoal, espera-se que outros autores, por ventura possuidores de mais elementos ou diferentes visões, considerem o tema pertinente e, em nome da falsificabilidade popperiana, rejeitem esta proposta e apresentem novas designações, pois, como Adriano Moreira (2000:19) afirmou, referindo-se ao luso-topicalismo, "não teria qualquer fundamento admitir que a perspectiva [...] está isenta de aperfeiçoamento crítico, e até eventualmente de abandono justificado pela formulação de um ponto de vista mais abrangente dos conhecimentos mais alargados".

Um último elemento que merece reflexão, até porque ainda persiste na actualidade, prende-se com a vida académica de Adriano Moreira.

Em primeiro lugar, e no que diz respeito às relações com os alunos, embora sendo produto de uma escola rígida na preservação dos usos e costumes, Adriano Moreira escolheu seguir o modelo de flexibilidade que aprendera com uma das poucas excepções ao sistema, Rocha Saraiva.

Por isso, numa das situações de crise do seu Instituto, pôde dizer aos estudantes "seja o que for que acontecer, nunca lamentarei os anos passados convosco"[451].

Além disso, apesar de herdeiro de uma tradição de ensino que "tinha uma condicionante não escrita, excludente das correntes marxistas ou apa-

---

[451] Cf. Adriano Moreira, 1975, *Saneamento Nacional*, Lisboa, Dom Quixote, p. 64.

rentadas, tratadas com breve exposição e definitiva crítica"[452], Adriano Moreira considerava que a liberdade de escolha só se constitui verdadeiramente como liberdade se aquele que escolhe estiver na posse dos elementos susceptíveis de avalizar ou justificar a escolha.

Por isso, a importância que atribuiu ao estudo de matrizes que estavam longe de corresponder aos seus ideais, como as teses marxistas, nomeadamente à tese marxista da estrutura do poder e à proposta marxista para a nova ordem[453].

De facto, na actividade docente como na vida, "o principal traço distintivo da personalidade de Adriano Moreira era que ele não tem medo da inteligência"[454].

Aliás, como Inês Dentinho referiu, a independência de pensamento de Adriano Moreira fazia com que nunca tivesse uma prática facciosa no ensino, pois " abordava, com igual fleuma, a perspectiva neo-kantiana, estruturalista ou marxista promovendo a heterogeneidade no arco de «ensinados». Era claro, para cada um de nós, o seu pensamento político, detectável por vezes na condução dos argumentos e acontecimentos apresentados nas aulas. Mas o alinhamento dos alunos pela mesma linha «ideológica» não era premiado. O professor preferia ser muito bem questionado a ser bem lido"[455].

Dito doutra forma, Adriano Moreira nunca procurou formar gerações, mas apenas dotá-las de instrumentos teóricos, de rigor científico e de exigência de qualidade que lhes permitisse autonomia.

Ao concluir este trabalho resta-me esperar que os compromissos emocionais que faço questão de assumir não me tenham levado, nem por um momento, a desviar da direita estrada.

A autenticidade da vida e da obra de alguém que sempre tem caminhado pelas sendas da justiça e pelas vias do direito dispensam os panegirismos e desaconselham os semideiros escuros!

---

[452] Cf. "Sobre o Último Presidente do Conselho da Constituição Portuguesa de 1933", pp. 3-4.

[453] Sobre esta temática consulte-se a obra de referência *Ciência Política,* Coimbra, Almedina.

[454] Frase da autoria de Narana Coissoró e constante do depoimento de Manuel Chantre.

[455] Cf. Depoimento de Inês Dentinho.

ANEXO I
Depoimentos

PREVER O FUTURO

Prof. Doutor Ives Gandra da Silva Martins[456]

Um rápido depoimento sobre o Professor Adriano Moreira. Conheci-o em 1964, durante o 1.º Congresso das Comunidades Portuguesas, em Lisboa, no mês de dezembro[457] daquele ano.

O congresso foi fantástico. Participaram delegações de mais de uma trintena de países, inclusive do Brasil.

A fundação da União das Comunidades de Cultura Portuguesa e da Academia Internacional da Cultura Portuguesa, em Guimarães, com a presença de autoridades de muitos países, inclusive do Ministro da Presidência, saldada com salva de tiros, no cair da tarde, foi algo memorável. Lembro-me, ainda hoje, que o arcebispo primaz de Braga discursou sobre a saga portuguesa, à luz dos vitrais dos Jerônimos.

A idéia da fundação da União das Comunidades de Cultura Portuguesa – é a expressão que me parece mais adequada da epopéia dos portugueses e seus descendentes – teve intensa repercussão nas diversas entidades lusíadas espalhadas pelo mundo. Quando eu e meus companheiros voltamos ao Brasil, nas instituições de que participávamos, muitos aderiram, de imediato, aos entes jurídicos criados durante o Congresso, como ocorreu, por exemplo, com o Elos Clube do Brasil.

Em São Paulo, principalmente, acentuou-se a idéia, lançada por Adriano Moreira, da formação de uma entidade agregadora das diversas instituições espalhadas pelo mundo com sede em Portugal. Foi, pois, enorme a repercussão, como o próprio Professor Adriano Moreira teve oportunidade de constatar, nas viagens que, nos anos seguintes, realizou ao Brasil.

---

[456] Professor Emérito das Universidades Mackenzie, UNIFMU, UNIFIEO e da Escola de Comando e Estado-Maior do Exército, Presidente do Conselho de Estudos Jurídicos da Federação do Comércio do Estado de São Paulo, do Centro de Extensão Universitária e da Academia Paulista de Letras e Congressista participante no I Congresso das Comunidades de Cultura Portuguesa.

[457] No Depoimento respeitou-se a grafia do português padrão do Brasil.

A Academia Internacional, então criada, permanece até hoje como instituição cultural de repercussão transcendente, tendo inspirado a fundação da Academia Lusíada de Ciências, Letras e Artes, com sede em São Paulo.

Estou convencido de que a idéia de integração das diversas comunidades portuguesas e seus descendentes espalhadas pelo mundo, se não tivesse sido abandonada em 1974, poderia ter permitido a formação de um bloco supranacional tão forte como o da Comunidade Britânica, tese, aliás, que defendi, em 1980, em Lisboa, durante um outro Congresso das Comunidades, inspirado em Adriano Moreira e dirigido pela Secretária de Estado, Professora Maria Manuela Aguiar.

Quero, todavia, destacar, na personalidade de Adriano Moreira, aspecto que sempre me inspirou, em diversas obras (*O Estado de Direito e o Direito do Estado* – 1977; *O Poder* – 1986; *A nova classe ociosa* – 1987; *Uma visão do mundo contemporâneo* – 1996; *A era das contradições* – 2000 e *A queda dos mitos econômicos* – 2004), ou seja, a sua percepção do mundo, com pertinente diagnóstico e propostas que, se adotadas, teriam força para transformá-lo num lugar melhor.

Um de seus livros publicado no Brasil, "A comunidade internacional em mudança" (Ed. Resenha Universitária), no início da década de 70, projetou muitos dos problemas que a humanidade hoje enfrenta e de cuja solução longe estamos de visualizar. Adriano, quase profeticamente, expôs o que necessariamente aconteceria no concerto das grandes nações e nas suas relações com os países emergentes, num mundo de extrema competitividade e de convivência obrigatória entre os mais variados regimes políticos, formações culturais e estágios de desenvolvimento social.

Vislumbrou, com clareza, a crise da virada do século e propugnou por um diálogo entre os povos, como forma de reposição da estabilidade e tolerância das maneiras de ser diversas dos povos e das nações.

Lembro-me, em palestra, no Rio proferida, quando Adriano estava no Brasil, na década de 70, das referências que fiz ao ineditismo de sua obra e de sua visão prospectiva para uma comunidade que estava em mudança e continua, em ritmo acelerado, a mudar.

Adriano, de rigor, é como aqueles profetas bíblicos que prevêem o futuro e alertam sobre os obstáculos dos caminhos para torná-los menos árduos para a humanidade. Só que as suas profecias são decorrentes do uso fantástico da razão, da lógica e de sua cultura enciclopédica. Por isto é tanto admirado em Portugal e fora de seu país.

Convenço-me, pois, que, das grandes expressões do mundo lusíada do século XX e do início do século XXI, pelo arrojo de suas idéias e pela visualização correta de futuro, o Professor Adriano Moreira pontifica como uma de suas mais elevadas expressões.

Julho de 2006

O PORTUGUÊS DE OURO

Almirante Vieira Matias[458]

Sou aluno do Senhor Professor Adriano Moreira desde 1973 e apenas discordei dele uma única vez. Foi em Novembro de 1989, quando, acabado de receber a Medalha Naval de Vasco da Gama das mãos do reconhecido Almirante Chefe do Estado-Maior da Armada, declarou publicamente, e retive de memória, que a Marinha não lhe devia qualquer agradecimento e que a inversa é que seria verdadeira.

Fui, de facto, aluno do Senhor Professor durante o ano lectivo 1973/74, no Instituto Superior Naval de Guerra, mas, informalmente, nunca deixei de o ser, nos bancos das salas de conferências, quais escolas de oportunidade, nas páginas dos livros e jornais que escreve e no privilégio dos momentos de convívio desfrutado. Por isso, registei essa diferença de opinião como mais uma manifestação da humildade e da grandeza de alma do Professor que já levava três décadas de generosa difusão de saber aos seus alunos oficiais superiores e que o fazia numa relação de afecto e de orgulhosa pertença da Marinha.

Esclarecida esta discordância, penso que partilho um sentimento comum com os comandantes e almirantes por si ensinados no Instituto Superior Naval de Guerra e que é de inquestionável dívida de gratidão, estima e respeito pela excelência do académico, a integridade do servidor público e a estatura intelectual e cultural do cidadão. Trata-se, de facto, de um sentir sustentado numa longa ligação, que foi iniciada em 1958, através de uma estreita colaboração com o Instituto, primeiro na qualidade de conferencista e, depois, como professor do seu Corpo Docente, no qual é formalmente integrado a partir de 4 de Janeiro de 1968.

---

[458] O Almirante Nuno Vieira Matias comandou unidades navais e de fuzileiros, foi professor da Escola Naval e do Instituto Superior Naval de Guerra, Comandante Naval, "Commander-in-Chief Iberian Atlantic Area" e Chefe do Estado-Maior da Armada de 1997 a 2002. É membro do Conselho das Ordens Honoríficas Portuguesas e Professor Convidado do IEP da Universidade Católica.

270 Adriano Moreira

Nessa escola de ensino superior da Marinha, o Professor Adriano Moreira largou velas ao ensino da política internacional, como assinala em vários dos seus escritos. *"Foi no Instituto Superior Naval de Guerra que primeiro abordei, com autonomia curricular, a disciplina de política internacional, matéria que logo passou também a ser versada nos meus cursos do Instituto Superior de Ciências Sociais e Políticas da Universidade Técnica de Lisboa"*.[459]

No entanto, a sua acção didáctica foi mais envolvente e contribuiu para suprir lacunas dos alunos nos conceitos essenciais da ciência política, enquanto lhes alargava os horizontes da cidadania e os estimulava a raciocinar com isenção. Recordo o elevado sentido do dever patriótico que perpassava as suas aulas, em que o propósito da defesa do interesse nacional estava sempre presente, num desafio para nos mantermos *au dessus de la mélée*.

Mais tarde, voltei como professor ao Instituto Superior Naval de Guerra, em 1989/90, e aproveitei a oportunidade para assistir às aulas que o Professor Adriano Moreira ministrava aos diversos cursos, nessa altura já em âmbito mais alargado. Foi para mim um privilégio raro e um modo de actualização e de enriquecimento pessoal que considerei de enorme valor, sobretudo porque tinha acabado de frequentar o curso superior de um ano no Naval War College, nos Estados Unidos da América. Pude usufruir da visão esclarecida e de experiência abrangente do Professor e, ao mesmo tempo, verifiquei com enorme prazer, tocado por uma pontinha de luso orgulho, que o nosso Instituto Superior Naval de Guerra não desmerecia em comparações internacionais. Revi-me também na postura dos alunos perante o Professor Adriano Moreira, traduzida num texto do último director dessa prestigiada Escola, o Almirante Rebelo Duarte, de que transcrevo um excerto: *"De facto, nos domínios das Relações Internacionais, Ciência Política e Política Internacional, apresentou as questões fundamentais para a compreensão dos mundos de ontem e de hoje, conseguindo, com raro talento e grande clareza despertar o interesse dos seu alunos e auditores militares para aquelas áreas do saber, que se embeveciam com a luminosidade das sínteses substantivas, sem perder de vista os tais contextos de enquadramento e prospectiva. Tudo era escutado e absorvido com indisfarçável sofreguidão, porque o "Mestre" conseguia penetrar os oficiais com sustentáveis conceitos "operacionais", no sentido instrumental de leitura interpretativa da realidade"*.

O Instituto Superior Naval de Guerra, *"que também foi a minha escola"*[460], no dizer do Professor, recebeu dele, além da actividade docente, a participação, sempre prontamente disponibilizada, para conferências, debates, tutorias e todo o

---

[459] Adriano Moreira, *Teoria das Relações Internacionais*, Coimbra, 1996, Livraria Almedina.

[460] Adriano Moreira, *Estudos da Conjuntura Internacional,* Lisboa, 1999, Publicações D. Quixote.

Anexo I 271

tipo de actividades que contribuíssem para o desenvolvimento multifacetado dos alunos e para a reflexão estratégica de interesse nacional. Ora organizador, moderador, orador, editor das intervenções desses eventos, ora promotor de outras actividades conexas, de toda essa variada acção resultou uma cobertura extensiva e eficaz e um tratamento consistente das questões da área da defesa e segurança, onde se inscreve o instrumento militar e o processo de modernização das Forças Armadas. Outra mais valia se juntou a esse labor, resultante da orientação e supervisão que dedicou à realização de estudos e trabalhos de investigação dos corpos docente e discente, assim como o brilhantismo que deu às sessões solenes de abertura dos anos lectivos, em especial quando convidado para proferir a lição inaugural, a última das quais no início do ano lectivo 2002/03, relativa ao tema, bem actual, dos *"Encontros e desencontros na história das nações ibéricas"*.

A afinidade que se gerou e reforçou continuamente entre o ilustre Professor e o *seu Instituto* está sempre bem presente, mesmo nos detalhes, na memória de comandantes e almirantes da nossa Marinha e também na de muitos representantes de marinhas estrangeiras que foram seus alunos. Quem mais alguma vez se esqueceu ou deixou de utilizar conceitos como os de *"soberania de serviço"*, *"Estado exíguo"*, *"revolta dos passivos"*, *"comunidades transfronteiriças"*, *"colónias interiores"*, só para evocar alguns, que, a par dos novos conceitos de fronteiras que desenvolveu em finais dos anos oitenta, são construções densas, mas simples e facilitadoras no enquadramento e descodificação de cenários geopolíticos e geoestratégicos que o exercício de funções militares não dispensa.

E quem, entre alunos e professores militares, não recorda o fascínio dos intervalos? Terminada a primeira metade da aula, dizia: *"vamos lá fora descansar"*. Sentava-se no muro do varandim e logo se via cercado por todos os auditores, ansiosos por ouvirem o "Mestre" responder a questões sobre política nacional ou internacional, às vezes relacionadas com factos surgidos a público na mesma manhã. A sua actualização era permanente e imediatamente elaborava sobre os temas, com a autoridade, o conhecimento e a inteligência que todos lhe reconhecemos e invejamos. Mais tarde, com a melhoria das instalações, o muro foi substituído pela antecâmara da sala de aula do 3.º piso, que ficou conhecida pelo "cantinho do Professor Adriano Moreira", o cantinho das amenas e instrutivas cavaqueiras matinais.

Importa clarificar que as referências ao Instituto Superior Naval de Guerra têm o tempo passado, porque, de facto, ele já não existe. Foi extinto, em 29 de Setembro de 2005, por decisão do Ministro da Defesa Nacional. Era uma árvore com raízes no Decreto 5076, de 1918, com uma filosofia de ensino tradicionalmente assente na abertura ao exterior, através da colaboração de distintos académicos e relevantes personalidades públicas, muito frugal nos gastos, de vigorosa frutificação e generosa na protecção de uma liberdade académica que deixava acolher a discussão de todas as ideias. E era humilde, porque não apontava soluções, esperava antes que os alunos aprendessem a encontrá-las. Mas as árvores também se abatem e esta caiu de um só golpe do machado legislador.

Da mensagem de despedida do seu último e distinto Director, o Almirante Rebelo Duarte, extraio:

"Por aqui passaram sucessivas gerações de Marinheiros, milhares de oficiais, cujas carreiras, e até comportamentos, foram indelevelmente influenciados pelas doutrinas expressas e conhecimentos adquiridos nos diferentes cursos.

A Marinha, a nossa Marinha, foi a principal beneficiária desse processo de qualificação dos seus quadros e bem se pode orgulhar da Escola que dedicadamente a serviu.

O Instituto Superior Naval de Guerra cumpriu a sua Missão."

Os Marinheiros, mesmo os mais habituados a "sudoestes rijos" sentiram a perda. Entre eles estava, naturalmente, o Professor Adriano Moreira, que, na ocasião, escreveu ao Almirante Chefe do Estado-Maior da Armada, referindo, entre outros aspectos, os seguintes:

"No dia 29 de Setembro (2005) estarei presente nas cerimónias que marcarão a extinção do ISNG, ao qual está ligada muita da minha vida, do meu afecto, da minha gratidão, do meu serviço público....Peço que V. Exa. dê oficialmente por finda a minha função de Professor com efeito na mesma data, entre outras razões porque me conforta simbolicamente o sentimento de ter acompanhado a minha Escola até ao último dia."

A justa resposta do Almirante foi consonante com o sentimento de elevada consideração e venerando respeito existente na Marinha e soa também ao toque de alvorada que se segue a uma noite escura. Para a claridade, a Marinha pede a continuação do apoio do Professor, como se infere do resumo:

"O Senhor Professor sabe que faz parte do património de afectos de todos que prestaram serviço no Instituto, principalmente dos que tiveram o privilégio de terem sido seus auditores e alunos... É muito difícil encontrar forma de reconhecer cabalmente a gratidão da Marinha pelos serviços prestados por Vossa Excelência. Mas é ainda mais complicado dispensar a referência em que o Senhor Professor se constituiu no âmbito do Corpo de Oficiais da Armada... Cumprirei como solicitado para, oficialmente, dar por finda a sua função de Professor... No entanto, rogo-lhe que mantenha a sua disponibilidade para podermos contar com o Senhor Professor na qualidade de conferencista e, mais do que isso, como Amigo e Artífice da construção de uma Marinha sempre melhor...".

Na verdade, há que fazer ressaltar que a ligação entre a Marinha e o Professor Adriano Moreira, há muito que tinha ultrapassado o âmbito do Instituto e, por isso, não se extinguiu com aquele. Recordo, por exemplo, que o Almirante que terminou as funções de Chefe do Estado-Maior da Armada em Abril de 2002, lhe enviou também a sua última carta, onde indicava, na dedicatória: *"Permita-me que o considere como membro da Marinha e, como tal, também destinatário da minha última carta. Com ela vai o profundo reconhecimento da Marinha por aquilo que tem feito por ela e pelo País."*

A resposta revelou a dignidade de sempre, a compreensão do momento da Marinha e a afinidade de quem, há muito, usava, por merecimento acumulado, o "botão de âncora".

Daí que as expectativas e a necessidade do apoio do Professor Adriano Moreira já não ao *seu Instituto,* mas à "sua Marinha" sejam muito fortes e num âmbito muito vasto. Tão vasto, que assume a dimensão de Portugal, carente de uma estratégia nacional, assente nos nossos valiosos atributos da "maritimidade", do "atlantismo" e da "lusofonia", pilares estruturantes de um conceito que de tanta cogitação impregna os textos e os discursos do Professor. Quem não espera que do seu apostolado em prol dessas bases resulte reforçado o elo transatlântico e seja reinventada a comunidade lusófona do "Mar Moreno" com que alcunhou o Atlântico que fala português?

Os serviços prestados à Marinha pelo Senhor Professor Doutor Adriano Moreira foram considerados extraordinários, muito relevantes e muito distintos, assinalados em cerimónia de reconhecimento público com Medalha Militar de Serviços Distintos –Ouro, em 13 de Novembro de 2000. De ouro, é também o Português que tem sabido ser, o exemplo de portugalidade que continuamente dá e o labor que generosamente oferece ao mundo lusófono, numa afirmação de verdadeiro "Talent de Bien Faire".

Outubro de 2006

O MESTRE QUE NADA OCULTOU

Doutor Manuel Chantre[461]

1. Frequentei o Instituto Superior de Ciências Sociais e Política Ultramarina entre 1965 e 1970, era então seu director o Professor Adriano Moreira.

Vindo de Moçambique, do quadro administrativo, beneficiava de uma licença especial para frequentar o Curso de Administração Ultramarina, ao abrigo de um decreto-lei do ano anterior, destinado a promover a qualificação de funcionários da administração civil.

A insurreição armada estava, então, instalada em todos os territórios coloniais portugueses da África Continental.

A reputação do Professor Adriano Moreira já a conhecia da sua brilhante passagem pelo Ministério do Ultramar onde provocou uma autêntica revolução no modo de pensar e tratar a questão ultramarina, traduzida sobretudo na famosa legislação de 6 de Setembro de 1961, de que se destacava a abolição do regime do Indigenato, secundada pelo Código do Trabalho Rural, então considerado internacionalmente como dos mais avançados na matéria.

Penso que foi sobretudo isso que me impeliu a vir cursar o ISCSPU. Isso e também a forma abrupta como terminara essa experiência governativa fulgurante, na sequência dos decepcionantes resultados da histórica reunião do Conselho Ultramarino, de 1962, que tantas esperanças suscitara.

Lembro-me, a propósito, que o *Notícias* de Lourenço Marques fora punido com dias de suspensão por ter colocado na primeira página um anúncio da "Funerária Luso-Africana", imediatamente por baixo do título que noticiava o fracasso daquela reunião.

---

[461] Antigo aluno do ISCSPU, onde se licenciou em Ciências Sociais e Política Ultramarina; exerceu funções administrativas em Cabo Verde, Moçambique e Portugal; gestor empresarial; serviu no Governo de Cabo Verde como Ministro da Economia, Ministro dos Transportes e Comunicações e, mais tarde, como Ministro dos Negócios Estrangeiros.

Penso ser lícito dizer que, com Adriano Moreira, se perdeu a última oportunidade para a solução política do problema Ultramarino, que nos teria, a todos, poupado tanto sofrimento. Geração traída![462].

No que respeita a Cabo Verde, por exemplo, aquando da sua visita em 1962, levava na bagagem, para discussão, a proposta do estatuto de adjacência para as ilhas.

Nessa altura, porém, a elite intelectual caboverdiana considerava que já tinha passado o tempo para uma tal solução. No entanto, a História poderá vir a demonstrar que esse tempo estava para vir, ainda que sob forma diferente.

Mais tarde o Professor comentaria numa aula, com perplexidade e amargura, que "os sábios de Cabo Verde, ora se reúnem para pedir a adjacência, ora para a rejeitar".

2. Em 1965 estava já em vigor a reforma que sob a inspiração e liderança de Adriano Moreira integrara na Universidade Técnica de Lisboa, o Instituto Superior de Ciências Sociais e Política Ultramarina por transformação do ISEU – Instituto Superior de Estudos Ultramarinos, herdeiro da antiga Escola Superior Colonial.

O ISCSPU passava a ministrar o curso de Administração Ultramarina, o Curso de Serviço Social e o Curso Complementar conduzindo à licenciatura em Ciências Sociais e Políticas para além do Curso de Aperfeiçoamento Profissional destinado a funcionários dos quadros ultramarinos. Mais tarde, juntar-se-ia a licenciatura em Ciências Antropológicas.

A simples análise dos respectivos curricula mostra como foi necessário transaccionar a inclusão de disciplinas como a Ciência Política, a Sociologia e afins, tal era a desconfiança e mesmo hostilidade com que tais matérias eram vistas pelo regime então vigente.

Mas sobretudo para nós, que vínhamos do Ultramar, era uma espécie de fruto proibido que suscitava um interesse intelectual muito especial, atraindo centenas de novos alunos, até de outras escolas superiores e não apenas do espaço lusófono.

Acreditava-se que só a visão, lucidez e o enorme prestígio académico e político do Professor Adriano Moreira, tinham permitido vencer esse Adamastor. Mas não se ficara por aí.

Explorando o sucesso, como se diz em linguagem militar, promovia logo a seguir, no ISCSPU, os "seminários pedagógicos", designação minimalista como convinha, para um processo extremamente inovador e fecundo – uma espécie de revolução permanente – de reflexão participada envolvendo estudantes, professores, autoridades académicas e, até, funcionários, caso único na Universidade portuguesa de então, pois punha em discussão e análise os temas que são hoje objecto de preocupação do Ensino Superior. Tive, como delegado permanente do meu curso, o privilégio de neles participar e, até, de presidir a algumas sessões.

---

[462] Referência ao sugestivo título de uma conhecida obra do Prof. A. Moreira.

Anexo I 277

Graduação em dois ciclos, cursos hoje ditos de banda larga, educação para a vida, a extensão universitária, a cooperação interinstitucional e internacional, o ensino ligado à investigação, tudo a antecipar de quarenta anos a moderníssima Declaração de Bolonha!

Com a finalidade de preparar os estudantes para enfrentar e promover a mudança considerada necessária na sociedade portuguesa, pretendia-se que o Instituto se transformasse numa autêntica escola de ciências sociais e políticas, moderna e aberta, mantendo ao mesmo tempo a tradição de se ocupar, como centro de excelência, dos problemas específicos dos países em desenvolvimento, como agora se diz.

3. Leccionaram no Instituto de Ciências Sociais e Políticas no decorrer da sua história, excelentes professores como Mendes Correia, Francisco Tenreiro, Jorge Dias, Almerindo Lessa, Martins de Carvalho, para só mencionar alguns dos que já partiram.

Conferencistas como Gilberto Freyre, Vitorino Nemésio, Orlando Ribeiro e tantos outros que por ali passaram, maravilhando com o seu saber e brilho intelectual.

Mas ninguém como Adriano Moreira marcou tão profundamente a instituição, como dirigente e como Professor. As suas aulas, fossem da cadeira de Princípios Gerais do Direito do 1.º ano, de Política Ultramarina ou de Relações Internacionais, pode dizer-se que constituíam, de facto, o centro de gravidade de toda a actividade académica no Instituto.

De uma ética pedagógica irrepreensível, jamais faltava a uma aula, sem uma muito boa razão, apesar da hora matinal que preferia para as suas lições. Preenchia o tempo, do primeiro ao último minuto, reservando o último quarto de hora para discussão aberta e livre de temas e opiniões. Este era o período mais desejado pelos alunos.

A sala estava sempre apinhada, o absentismo era fenómeno desconhecido, até porque as lições escritas, sempre disponíveis, se tornavam de mais difícil abordagem a quem não tivesse assistido à exposição oral nas aulas.

4. Quando começaram a soprar, em Portugal, os ventos do Maio de `68, vivia-se no ISCSPU, com os seminários pedagógicos já referidos, um ambiente de grande actividade académica, cultural e associativa, intelectualmente muito estimulante, tudo decorrendo dentro dos limites da normalidade que sob a liderança do Director Adriano Moreira eram, diga-se, muito amplos.

Narana Coissoró costumava dizer que o principal traço distintivo da personalidade de Adriano Moreira era que "ele não tem medo da inteligência".

Mas, pelos vistos, havia quem tivesse…

É que esse fatídico ano de 1968 juntara a dupla Marcelo Caetano / Hermano Saraiva que pareciam ter como tarefa principal do Governo, na Educação Nacional, o ataque à obra de Adriano Moreira.

A história é conhecida.

O que podia ter sido uma experiência de auto-reforma única na Universidade Portuguesa, que o País parece ainda reclamar, como então reconheceu o próprio Reitor Herculano de Carvalho na sessão de apresentação das primeiras conclusões dos seminários, tornava-se numa amarga desilusão com a demissão do Director, a invasão das instalações pela polícia de choque, a mobilização de estudantes para a guerra colonial, enfim, a desmoralização geral, rude golpe de que só com o passar dos anos viria o ISCSPU a recuperar.

5. Falar de um homem como Adriano Moreira que, neste início do século XXI, faz a unanimidade do Portugal pensante e cuja influência se estende para além das fronteiras do seu País é, obviamente, uma audácia que só me permito confiante na generosa amizade com que me tem privilegiado, indulgente em relação às minhas qualidades pessoais.

Homem de pensamento e de acção como poucos, a sua vasta obra continua a suscitar a admiração de todos pelo vigor do seu intelecto e longevidade da sua presença no panorama intelectual do mundo que se expressa em língua portuguesa e não só. Como cientista político e mestre pensador previu e ensinou sobre os grandes acontecimentos nacionais e mundiais que haviam de vir, do desfecho da guerra colonial e suas consequências, às vulnerabilidades do colosso soviético, designadamente devido à questão das nacionalidades, dos problemas com a cintura islâmica do planeta, da precariedade da organização política dos Balcãs e da emergência da China como superpotência, às alterações na Balança Mundial dos Poderes.

Lembro-me a esse respeito de um conferencista estrangeiro, convidado por Adriano Moreira, nos finais dos anos sessenta, ter na sua apresentação discutido uma fórmula que equacionando matematicamente as variáveis território, demografia, recursos naturais e cultura, concluía, em relação à China, aquilo que hoje está à vista desarmada de todos.

O ónus, para nós que fomos e continuamos a ser alunos de Adriano Moreira, é que não podemos alegar ignorância, pois ele bem se esforçou para que nada disso nos ficasse oculto.

Só não sabíamos é que tudo se iria passar em catadupa "no espaço do nosso próprio tempo", para usar uma expressão de um seu amigo, o Doutor Almerindo Lessa.

Mas a grandeza desse homem não reside apenas na sua estatura intelectual.

Ocupando as elevadas posições que ocupou e ocupa, sempre encontrou forma de demonstrar o seu horror à injustiça, atendendo com grande humanidade a problemas e situações concretas, afectando a vida das pessoas, sendo inúmeros os casos que mereceram a sua atenção, discretamente como manda a virtude cristã que pratica.

Homens como Adriano Moreira constituem uma barreira eficaz à barbárie e enquanto viver entre nós, este é, seguramente, um mundo melhor.

Novembro de 2006

A VISÃO HUMANISTA

Prof. Doutor Manuel José dos Santos Silva[463]

Constitui para mim uma grande honra que o meu nome fosse indicado para escrever algumas palavras sobre o Prof. Adriano Moreira; em primeiro lugar, pela riqueza do seu perfil de homem e de universitário, detentor de tão vasta e profícua experiência que não é possível aqui enumerar, por outro lado, pela demonstração de estima que tal gesto representa.

Esquivar-me-ei a escrever um depoimento sobre a obra e o pensamento do Professor Adriano Moreira, pois se a primeira é extraordinariamente fecunda, também o segundo é extenso e englobante. Estou certo, todavia, de que seria uma tarefa agradável, tal é o fascínio que representa a sua visão prospectiva do espaço da língua portuguesa e a sua apaixonante capacidade de inovar em âmbitos tão diversos como a Ciência Política e as Relações Internacionais.

É surpreendente a capacidade do Professor Adriano Moreira de observar as questões sob diferentes pontos de vista, recorrendo ora à perspectiva histórica, ora à razão sociológica ou aos motivos políticos, num articular ilimitado de referências que espelham a sua paixão de pensar, de compreender a sociedade contemporânea à luz de toda uma conjuntura.

---

[463] Manuel José dos Santos Silva é Professor Catedrático do Departamento de Ciência e Tecnologia Têxteis da Universidade da Beira Interior, de que é Reitor desde 1996. É membro do Conselho Nacional de Educação, do Conselho Nacional para a Acção Social no Ensino Superior e do Conselho Consultivo para o Plano Tecnológico. Investigador responsável da Unidade de Investigação de Materiais Têxteis e Papeleiro, é autor de diversas publicações e detentor de patentes. Foi galardoado com os prémios Gulbenkian de Ciência e Tecnologia (1982), o Prémio da Boa Esperança (1989). Pelos serviços prestados à cultura francesa, foi nomeado, em 1999, "Officier dans l'Ordre des Palmes Académiques", pelo Primeiro-Ministro da República Francesa. A Ordem Internacional da Fraternidade Brasil Portugal concedeu-lhe o Grau de Grã-Cruz da "Ordem de Mérito do Descobridor do Brasil Pedro Álvares Cabral", em 2005.

Ao longo da sua vida, o Professor Adriano Moreira tem assumido uma postura de procura incessante de respostas, analisando a realidade portuguesa a partir das experiências do passado e projectando-a nos valores que deverão ser preservados no futuro. Na sua obra sobressai uma visão humanista extraordinariamente ampla, própria de um homem cuja natureza reflectida o desvia de questiúnculas inúteis, permitindo-lhe manter o espírito disponível para a arte de pensar e aberto à análise de problemas fundamentais que, apesar do já longo percurso como pensador e investigador, permanecem absolutamente actuais.

O seu prestígio como professor universitário e as suas qualidades de pensamento estratégico conduziram ao estabelecimento de sólidas relações de cooperação com diversas universidades nacionais e estrangeiras, entre as quais a Universidade da Beira Interior, com a qual colabora desde 1993, na qualidade de membro do Conselho Científico.

A sua experiência de mais de 50 anos como professor e a acção determinante que assumiu na vida pública não o impediram de responder com a maior disponibilidade e empenho às diversas solicitações que lhe têm sido feitas pela Universidade da Beira Interior, à qual vem dando uma inestimável colaboração para o seu desenvolvimento pedagógico e científico, fruto do seu grande domínio sobre assuntos de natureza científica, pedagógica e organizacional.

Neste âmbito, a par da participação em programas de doutoramento e respectivos júris, é de salientar o valioso contributo na coordenação da obra "Luso--Tropicalismo – Uma Teoria Social em Questão", conjuntamente com o Professor José Carlos Venâncio, Professor Catedrático desta Instituição, que, no ano 2000, foi galardoada com o Prémio Gilberto Freyre, atribuído pela Fundação Oriente.

Aliás, paralelamente às suas intervenções na vida política, em que desenvolveu um importante conjunto de acções jurídicas, diplomáticas e de aprofundamento cultural e social, entre as quais se salienta a criação dos Estudos Gerais Universitários em Angola e Moçambique, organizou os congressos das Comunidades, lançou o Movimento da União das Comunidades de Língua Portuguesa e fundou, conjuntamente com outros académicos e intelectuais, a Academia Internacional da Cultura Portuguesa, dando largas à sua identificação e preocupação com o mundo da Língua Portuguesa, facto pelo qual é considerado um dos paladinos do Luso-Tropicalismo, teoria devida a Freyre, explicativa da presença portuguesa no mundo.

Como Presidente do Conselho Nacional de Avaliação do Ensino Superior (CNAVES), cargo desempenhado com a mesma competência que põe em tudo quanto faz, prestou um enorme contributo na dinamização da avaliação do ensino superior público e privado e na consequente melhoria do sistema de ensino superior em Portugal. Também neste âmbito usufruiu a Universidade da Beira Interior dos seus conselhos e autorizadas opiniões.

Anexo I

Pensar a universidade portuguesa é, com efeito, a par da sua acção e obra relativa aos problemas ultramarinos, um dos seus legados mais importantes à sociedade portuguesa. É pela ponderada intervenção do Professor Adriano Moreira que a universidade portuguesa chega ao presente. Na sequência da globalização do ensino superior e do consequente aumento da capacidade de resposta, o Professor Adriano Moreira, na qualidade de Presidente do CNAVES, teve a serenidade de criar mecanismos de avaliação científica, pedagógica e administrativa, sem esquecer o diálogo Universidade-Meio e a acção social escolar.

A sua acção, estendida à totalidade do Ensino Superior em Portugal, permitiu proceder a uma reflexão alargada acerca desta realidade, promovendo um melhor conhecimento sobre a mesma e dando um inestimável contributo para a melhoria de uma cultura de qualidade nas instituições de Ensino Superior e perspectivando também a necessidade de, num futuro próximo, as universidades e os institutos politécnicos garantirem a qualidade das formações dos diplomas e dos graus académicos perante os diversos intervenientes e a sociedade civil, apontando as linhas indispensáveis para a reforma do mesmo.

Quem assume a investigação como razão de ser do homem, em si e em comunidade, e quem aprendeu todo o valor e riqueza da participação na melhoria da sociedade, espalhando a luz do progresso sem se perder dos caminhos do saber, conquista uma envergadura humana que faz dele, homem português, um cidadão do mundo.

Dezembro de 2006

O PROF. ADRIANO MOREIRA
E A CULTURA ESTRATÉGICA EM PORTUGAL

General Abel Cabral Couto[464]

1. A autonomização das Relações Internacionais (R.I.) como área de estudos específica, ao nível universitário, para além dos tradicionais Direito Internacional e História Diplomática (que, em certa medida, passavam a subsidiários), inicia-se em Inglaterra, nos finais da 1.ª G. M.. De afirmação e expansão inicialmente lentas (e objecto de reservas académicas de vários sectores), a novel área de estudos e de investigação conheceu um desenvolvimento e expansão acelerados no final da 2.ª G. M., em consequência do extraordinário desenvolvimento da Sociedade Internacional. Em breve, nos principais países surgiram cursos, centros de estudo, institutos, etc. vocacionados para o estudo, investigação e formação no domínio das R. I.. Talvez se possa dizer, simplificando, que as abordagens, tendo em vista uma teorização geral, se desenvolveram segundo três grandes eixos: o normativista, centrado na problemática da Ordem Internacional e da governança mundial; o economicista, essencialmente preocupado com o desenvolvimento económico e social mundial; e o polemológico, privilegiando o problema da guerra e da paz e do choque de poderes. Nesta última perspectiva, as R. I. podem ser encaradas como a envolvente geral do fenómeno estratégico.

Quanto à Estratégia, no mundo ocidental continuou a ser entendida com uma dimensão exclusivamente militar até ao fim da 1.ª G. M.. Mas fenómenos variados, entre os quais avultam a evolução dos vectores, o desenvolvimento de meios de comunicação de massa, o sucesso de movimentos revolucionários inicialmente desprovidos de capacidade militar significativa e a criação de armas de destruição maciça capazes de porem em causa toda a Humanidade, levaram progressivamente a um alargamento do conceito de estratégia, que acabou por invadir todos os domínios de acção de um actor e atender a todos os seus recursos e

---

[464] Tenente-General do Exército (Reformado) e Professor Catedrático Convidado (Aposentado) do Instituto Superior de Ciências Sociais e Políticas.

284 *Adriano Moreira*

capacidades, tangíveis e intangíveis. Em especial, o facto nuclear fez que o problema estratégico central passasse a ser o de como evitar um determinado tipo de guerra. Para o seu tratamento, as Grandes Potências apelaram às suas elites intelectuais nos mais variados domínios, desde as ciências exactas à economia, psicologia e sociologia. A breve trecho, assistiu-se à proliferação de centros de estudos estratégicos, de prospectiva, de estudos de segurança e de defesa, de investigação da paz, etc.. Secundariamente, tal contribuiu poderosamente, por um lado, para o derrube das tradicionais barreiras entre os universos civil e militar e, por outro lado, para a permeabilização do mundo civil aos modelos e à terminologia próprios da esfera militar.

2. Em Portugal, a Universidade manteve-se, durante meio século, alheia a esta evolução e a uma problemática de interesse vital. É certo que, quanto à estratégia e segurança e defesa, os Institutos Superiores do Exército e da Armada foram acompanhando as tendências mais modernas a seguir à 2.ª G. M., mercê da frequência de cursos (e do estudo da documentação carreada) pelos seus quadros docentes nos EUA, França e Inglaterra, no âmbito da OTAN, bem como através da bibliografia que era adquirida. Mas funcionando, na época, em ambiente monacal, era praticamente nula a influência dessa relativa modernidade no meio civil. Além disso, os elementos mais sensíveis às questões estratégicas tinham consciência de que, com o alargamento do conceito de estratégia, esta exigia um tratamento multidisciplinar, a contribuição de vários ramos do saber, de que aqueles Institutos eram carentes. Coube ao Gen. Câmara Pina a abertura da primeira grande brecha nesta situação, ao impulsionar a criação do actual Instituto da Defesa Nacional, de que foi o primeiro Director, e especificamente vocacionado para congregar altos quadros civis e militares na análise e discussão das grandes questões internacionais e nacionais, com reflexos na defesa nacional.

E deve-se ao Prof. Adriano Moreira o alinhamento da Universidade com os padrões dos países mais modernos, no domínio das R. I., da Segurança e da Defesa. Assim, num primeiro tempo, cria e ensina a cadeira de Política Internacional no ainda ISCSPU e que vinha também desenvolvendo no Instituto Superior Naval de Guerra; no Brasil, para onde emigrara na sequência da Revolução de Abril, funda um Instituto de Relações Internacionais e de Direito Comparado, adstrito à Universidade Pontifícia; regressado a Portugal, uma vez estabilizada a situação política, lança uma pós-graduação em R. I. na recém-criada Universidade Livre; seguidamente, depois de reintegrado na função pública e no ISCSP, promove a criação da licenciatura e, pouco depois, do mestrado, em R. I. e torna-se o primeiro docente, em Portugal, duma disciplina de Teoria das Relações Internacionais; e, finalmente, num acto audacioso e altamente original e inovador, impulsiona a criação de um mestrado em Estratégia, sem licenciatura específica a montante, numa clara visão da sua natureza multidisciplinar.

Anexo I 285

Assinala-se que na sua teorização das R. I. o Prof. A. Moreira privilegia o problema da paz e da guerra como principal determinante da autonomia científica daquela área de estudos, na linha de R. Aron, que em 1962 publicara uma obra seminal sobre o assunto. E daí a evidente atracção do Prof. A. Moreira pela problemática estratégica, no quadro da Ciência Política em geral e das R. I. em particular, talvez também alimentada pela temática sugerida pelos Institutos Superiores Militares, de que foi, desde cedo, docente ou conferencista habitual, em Portugal como no Brasil. Esse interesse é ainda confirmado pela criação do Instituto Português da Conjuntura Estratégica, que, além de outras actividades, promove a edição da revista "Estratégia", onde são em regra publicados trabalhos relevantes elaborados em licenciaturas e mestrados, embora nem todos sejam de evidente cariz estratégico.

3. Assim, mercê da sua invulgar estatura de Homem não apenas de pensamento mas também de acção, a primeira dimensão relevante da influência do Prof. A. Moreira na cultura estratégica, em Portugal, é de natureza institucional, criando os instrumentos adequados à sua afirmação e desenvolvimento, abertos a civis e militares, e que, por seu turno, se tornaram semente que acabou por se multiplicar através de outras iniciativas afins, ao longo do País, e de natureza pública ou privada. Paradoxalmente, há hoje o risco de uma proliferação excessiva e pulverizada, em que a quantidade comprometa a qualidade.

A segunda dimensão daquela influência, derivada da actividade docente, respeita ao campo da teoria pura ou epistemológico, influência essa mais profunda, naturalmente, na área das R. I.. Mas conceitos – escolhidos a título de exemplo – como "sistema de pactos militares", "tempo tríduo", "logística do império" e "soberania funcional" têm, ou uma raiz estratégica, ou forte ressonância na teoria estratégica. Esta influência é amplificada pelo facto de os cursos que ministrou terem sido, depois, publicados em livros, que se têm tornado sucessos editoriais e passaram a ser de referência.

Uma terceira dimensão da influência do Prof. A. Moreira é como analista e comentador atento, sensível, arguto e permanentemente actualizado dos grandes problemas político-estratégicos do seu tempo, nacionais e internacionais. Esta acção, de dimensão quase ciclópica, tem sido desenvolvida ao longo de centenas de conferências nos mais variados "fora", civis e militares, e através da publicação de centenas de artigos, não só em revistas especializadas, mas também na imprensa diária, e de entrevistas noutros meios de comunicação social, acção que, com uma regularidade impressionante, resiste, ainda hoje e felizmente, ao que poderiam ser os constrangimentos da idade. Este labor reflecte um invulgar vigor intelectual e físico.

Finalmente, julgo de assinalar como uma quarta dimensão de influência, o papel do Prof. A. Moreira como político. Num primeiro momento, como ministro, foi responsável por um sector, na altura determinante, da estratégia nacional, onde agiu com visão e determinação. Vinte anos mais tarde, como deputado, trouxe à reflexão da Assembleia da República temas político-estratégicos em regra omissos da ordem de trabalhos e influenciou significativamente, pela sua reconhecida autoridade, a legislação relacionada com as questões de segurança ou de defesa. Neste âmbito, destaque-se o seu combate por um "conceito estratégico nacional", noção por vezes entendida de forma ambígua e potencialmente perigosa (no caso de subordinante da Política), mas que traduz a clara percepção de que a actual expressão legal " conceito estratégico de defesa nacional "é epistemologicamente oca, é terminologicamente redundante e perturbadora, é na prática um placebo e, além disto, é viciosa, já que, segundo o entendimento comum e na prática da acção governativa, respeita apenas às forças armadas e à acção militar, ao arrepio das bases conceptuais expressas na própria lei.

4. Não é do âmbito desta nótula qualquer referência a outros aspectos da multifacetada actividade e da dimensão intelectual, noutros domínios do saber, do Prof. Adriano Moreira. Mas, no fundo, o móbil da reflexão estratégica é o problema da segurança ou, mais profundamente, da sobrevivência. Ora parece-me evidente que, com maior ou menor propósito aparente ou, por vezes, sob mantos mais ou menos diáfanos, a grande questão que está por detrás do diversificado e imenso labor do Prof. Adriano Moreira como Homem, como Intelectual e como Político tem sido eminentemente estratégica: Como assegurar a sobrevivência de Portugal e com dignidade?

Tal como R. Aron, de quem foi leitor atento e admirador crítico, o Prof. Adriano Moreira tem sido um observador atento e empenhado dos grandes problemas do seu tempo, é detentor de uma cultura por vezes esmagadora e é fautor de uma produção escrita quase torrencial. Além disso, dotado de uma capacidade de iniciativa e de realização excepcionais, pertence ao grupo restrito dos criadores, dos que deixam marcas e marcos duradouros por onde passam. Mas Aron nunca foi um político activo e, por outro lado, viveu num meio intelectual rico de grandes personalidades e de ideias, pelo que foi partícipe em grandes debates e, consequentemente, contestado e contestável. Em Portugal, o Prof. Adriano Moreira emerge solitário, Mestre incontestado e incontestável e naturalmente reconhecido, pelo grande público, como um sage.

Janeiro de 2007

LICENÇA PARA ESTUDAR

Inês Dentinho[465]

À distância de 25 anos, a memória de uma aluna sobre o ensino de Adriano Moreira revela-se através das grandes linhas do seu pensamento (1) e, também, de pormenores que fazem única a sua pedagogia (2).

1) Em termos gerais, fica a ideia concreta de alguém que construiu em Portugal uma Ciência Política de base anglo-saxónica, finalmente autónoma do Direito. Desde o início que os seus textos fogem ao academismo português que anteriormente ligava estas matérias ao Direito Constitucional. Neles são determinantes o conceito de poder; da sede do poder; a relevância das relações internacionais e a percepção da evolução histórica.

Adriano Moreira foi, assim, o pioneiro, autor fundacional no nosso País de uma escola de Ciência Política autónoma das ciências jurídicas que, mais tarde, se traduz na autonomia também do estudo das Relações Internacionais. Fê-lo apesar das rupturas históricas e políticas a que a sua vida assistiu e protagonizou. O Professor soube captar, de cada momento, a oportunidade para melhor estudar os fenómenos da política com um distanciamento de observação quase estranho em relação a um objecto de estudo mutante e demasiado próximo do seu percurso pessoal.

Terá sido vital nesta capacidade de análise a noção muito clara que Adriano Moreira tem da mudança. Na «Political Science» de Adriano Moreira está sempre presente a dimensão do câmbio ou da relatividade. A propósito de diferentes aspectos da cadeira, o Professor ensinava que «todo o poder é relação» e não «algo em si mesmo».

---

[465] Licenciada em Comunicação Social pelo ISCSP, instituição que frequentou de 1980 a 1984 e onde foi aluna do Professor Adriano Moreira; jornalista (1984-2002); assessora política (2002-2005) e responsável por projectos editoriais (2005-2007).

Adriano pratica este conceito no campo do ensino que aqui nos detém. Por exemplo, antes de 1974, no Instituto Superior de Ciências Sociais e Política Ultramarina (ISCSPU), revela a necessidade de um modelo de transição que passa pela formação das elites locais sendo a primeira relação de formados mais ligada à gestão ultramarina e à diplomacia. E depois do regresso do Brasil em 1978 – onde vivera os anos que se seguiram à revolução de 25 de Abril de 1974 – Adriano Moreira cumpre o mesmo conceito de globalização no «novo» Instituto Superior de Ciências Sociais e Políticas (ISCSP), ao manter a linha de admissão de jovens dos Países de Língua Oficial Portuguesa com regimes especiais.

Nesta altura o ISCSP ganha uma nova dimensão na gestão da administração pública, da sociologia e da comunicação social. A Ciência Política ministrada pelo professor surge ainda mais marcada com um pendor anglo-saxónico, porventura fruto da sua presença académica no Brasil. A francesa «Cience Po» – cultural e geograficamente mais próxima – não dará o mesmo contributo uma vez que permanece ligada às histórias do Direito tradicional sobre os direitos do Estado.

2) E como nos transmitia Adriano Moreira o seu saber e a vontade de alcançar um conhecimento próprio? Como exercia a sua pedagogia?

Ao longo de hora e meia sistematizava o conceito, dava exemplos históricos e, finalmente, admitia tirar dúvidas. Fernando Roboredo Seara, seu Assistente desde o final da década de 70, sistematiza três aspectos que Adriano Moreira administrava magistralmente nas aulas: «a sistematização, a sedução e a motivação».

A «sistematização» – exposição da matéria partindo do princípio de que a construção científica parte de realidades substantivas. O Professor explicava, sem dificuldade, os elementos da ciência política «how it works». Por complexa que fosse a matéria ou a realidade, não parecia difícil de entender. Mas a simplicidade esgotava-se na explicação. O estudo e a avaliação demonstrariam depois que «a licença para estudar sozinho» não se alcançava com bom ouvido.

A «sedução» – pequenos episódios, de alcance universal, eram contados com autenticidade e capacidade de síntese, concretizando os conceitos antes expostos. A título de exemplo, Adriano Moreira contava a forma como a Santa Sé preparara a transição da Igreja para a era pós-colonial através do protagonismo eloquente do bispo de Beira, D. Sebastião de Resende. «Fazia-nos entrar naquele filme» como me dizia também outra das suas alunas com quem agora recuperei memórias. Vinha gente de fora para o ouvir e havia quem repetisse a cadeira no ano seguinte, para novo deleite.

A «motivação» – período para perguntas dos alunos onde, se bem me lembro, o Professor alternava um entusiasmo contido com uma certa impaciência, igualmente contida, ao ritmo da pertinência da questão, da invulgaridade do ângulo ou da inteligência do aluno. Não gostava de ser interrompido nas exposições iniciais, o que, sabendo-se, era suficiente para silenciar a assembleia. Neste detalhe encarnava o que ensinava nas primeiras páginas de «Ciência Política» sobre a diferença entre a «autoridade» e o «poder», medida na capacidade de alguém se fazer obedecer: a primeira pelo consentimento, o reconhecimento da legitimidade de quem manda ou o carisma; a segunda pela força. Cabia-lhe a primeira. Ora a clareza da exposição e a amplitude dos conhecimentos detinha, seguramente, os mais polidos. Mas, por vezes, falava mais alto ouvi-lo ainda mais num qualquer detalhe, por exemplo, sobre o impacto das palavras de Maquiavel em Napoleão Bonaparte, sobre os bastidores da Conferência de Bandung ou, ainda, sobre a «eficácia do poder» do pacifismo de Ghandi. Mais tarde fixei particularmente esta expressão da «eficácia do poder» quando Adriano Moreira me disse que «precisava» que a estudasse melhor pois não tinha tempo para o fazer.

Entre colegas do corpo docente, Adriano Moreira era visto com uma certa reverência não encomendada, mas bem recebida. Os conselhos que Adriano Moreira dava a estes professores (alguns que agora consultei) – e que também indiciam as suas preocupações pedagógicas – revelam a preocupação que tinha na relação com os alunos: «Os alunos são o centro»; «É importante estar sempre disponível»; «É preciso conhecer os alunos um por um».

Dir-se-á que não se trata de uma característica invulgar, que essa será a preocupação de qualquer docente. Mas com Adriano Moreira a proximidade revelava-se de uma forma paradoxal: «O Professor tinha a seu favor uma característica inestimável para quem ensina: é um actor, distante e próximo do seu público, a cada momento. Representa o papel de Pai sabedor», dizia um dos seus assistentes, e acrescentava: «o Pai/próximo e o sabedor/distante». A estima que tinha pelos alunos era, por isso, sentida e admitida. Com interesse e cerimónia.

Por outro lado, não se pode dizer que houvesse no Professor a preocupação de «formar» uma ou mais gerações. A meu ver, o seu objectivo sempre foi o de alastrar, ao maior número possível de discípulos, a exigência da qualidade e a procura de uma verdade que tivesse na base a capacidade de observação à luz das constantes do fenómeno político e de uma cultura alargada pela leitura dos melhores autores universais.

Assim se explica a diversidade do «colectivo» dos seus alunos que não saíam da Universidade formatados nem mesmo formados mas, como dizia, «licenciados, ou seja, com licença para estudarem sozinhos». Não há, por isso, uma escola de Adriano Moreira mensurável na homogeneidade dos frutos. Haverá, talvez, uma sequência de gerações beneficiada pela partilha de uma raiz comum que lhes permite frutificar diferentemente na consciência do que permanece válido e de que todo o poder é relação.

Apesar de protagonista na política, Adriano Moreira não tinha uma prática facciosa no ensino. Abordava, com igual fleuma, a perspectiva neo-kantiana, estruturalista ou marxista promovendo a heterogeneidade no arco de «ensinados».

Era claro para cada um de nós o seu pensamento político, detectável por vezes na condução dos argumentos e acontecimentos apresentados nas aulas. Mas o alinhamento dos alunos pela mesma linha «ideológica» não era premiado. O professor preferia ser bem questionado a ser apenas bem lido. Gostava de provocar a aprendizagem para além dos completos manuais de Ciência Política que ensinava, favorecendo a autonomia do aluno. A aposta na geração que ali formava transmitia uma confiança inusitada aos alunos. Parecia que tudo nos era possível, desde que o estudo fosse um exercício honesto, abrangente, inteligente.

Lançava, logo no primeiro dia, uma lista de livros que, depois de lidos, mais abriam horizontes do que condicionavam ideias. Guardei-a até hoje num papel pautado, oito vezes dobrado, entre as páginas do seu livro «Ciência Política». Nessa bibliografia lê-se, à cabeça, o ensaio do antropólogo Jorge Dias sobre «O que é ser português», seguindo-se obras de Políbio, Simonne Weill ou Theilhard de Chardin. Destaque ainda para «O Príncipe» de Maquiavel; «A revolta das Salamandras» de Karel Capek; «L'Homme unidimensionel», de Herbert Marcuse; «A Utopia», de Thomas More; «Os nervos do Governo», de Karl Deustsch; «Crime e Castigo», de Dostoievski e, já no final, o «Legado Político do Ocidente», da autoria de Alexandre Bugalho, Celso Albuquerque e Adriano Moreira, entre várias revistas e dicionários de política.

Considerava que, para entender o Mundo, era imperativo conhecer documentos fundamentais como o Tratado de Tordesilhas, a Magna Carta, o «Bill of Rights», a Declaração de Independência dos Estados Unidos da América, a Conferência de Bandung, do Movimento dos Não Alinhados; o Discurso da Sala do Risco, de Oliveira Salazar; ou o Estatuto de Westminster (1931) que, entre outras matérias, estabelece iguais direitos entre territórios do Império Britânico e Reino Unido.

Homem do poder e do conhecimento, homem do conhecimento sobre o poder, Adriano Moreira/professor usava a antiga técnica das parábolas para ensinar: explicava a doutrina, contava a história concreta que lhe dava corpo mas não lhe anunciava o desfecho. Essa resposta ficou sempre entregue à liberdade esclarecida do aluno, em cada momento e lugar onde se encontre.

Janeiro de 2007

O QUE ME APRAZ DIZER
SOBRE UM GRANDE AMIGO

Prof. Doutor José Carlos Venâncio[466]

Uma advertência necessária: o "grande amigo" em apreço é uma figura pública, incontornável em vários sectores da vida política e intelectual portuguesa, uma das grandes referências do Portugal de hoje, pelo que, ao utilizar a expressão "um grande amigo", tenho em mente, sem falsas modéstias, que esse "grande amigo" fez o favor de ser meu amigo, o que muito me honra.

Mas vamos aos factos. O meu primeiro contacto pessoal com o Professor Adriano Moreira deu-se no início da década de 90, durante uma visita sua à Universidade da Beira Interior, a convite do Reitor de então, o Professor Cândido Passos Morgado. Tive a oportunidade de pertencer ao restrito grupo que o recebeu e assistiu a uma brilhante conferência sobre a problemática da globalização e do multiculturalismo, matéria a que, na altura, pouca importância era atribuída no mundo académico português. Valeu, assim, como uma antecipação.

Devo dizer que o tratamento de tais matérias, com o envolvimento teórico então apresentado, me deixou perplexo. Pensei ainda em formular uma questão, que seria seguramente fundamentada na teoria do sistema-mundo, peça de um quadro teórico que então partilhava e que, na verdade, me tem servido de matriz ao longo da minha carreira de investigador. Não o fiz pela simples razão de que Adriano Moreira, embora seguindo outro percurso, chegara aos mesmos resultados.

Dois ou três anos depois viajámos juntos para o Recife a convite da Fundação Joaquim Nabuco, para participarmos num seminário internacional pelos 60 anos do livro *Nordeste* de Gilberto Freyre. Aí tivemos a oportunidade de nos

---

[466] Professor Catedrático de Sociologia na Universidade da Beira Interior; Pró-Reitor para a Cooperação com os Países Lusófonos; autor de vários livros e artigos sobre questões sociais e culturais no mundo de língua portuguesa, mormente em Angola e Cabo Verde.

conhecermos melhor e de aprofundar pontos de vista sobre diversas matérias, nomeadamente sobre a presença portuguesa nos trópicos. Vale mencionar que, não obstante a diferença nas histórias de vida de cada um, os diferentes percursos políticos, os nossos pontos de vista coincidiam na especificidade (em termos de colonialismos europeus, claro!) dessa presença.

Talvez valha a pena explicitar o *item* "diferentes histórias de vida" (que começa por evidenciar um factor de ordem física: a diferença de idades), para que melhor se entenda a ênfase que coloquei no "encontro de perspectivas comuns sobre a presença portuguesa nos trópicos".

Nascido em Luanda, com uma infância repartida por três lugares [Luanda, Quilombo dos Dembos (concelho de Golungo Alto, terra de vários nacionalistas angolanos) e em Vale da Mula, uma aldeia raiana do concelho de Almeida, habituei-me a olhar Lisboa, a sede do poder, com algum distanciamento e, talvez, até com alguma sensação de inacessibilidade. Invocando um dos items da teoria pós--colonial, hoje em voga, diria que a minha infância se circunscreveu às margens do império. Entre a minha família, as questões políticas (como, aliás, acontecia com muitas outras famílias angolanas e portuguesas) não constituíam preocupação dominante. A preparação política dos meus familiares era, aliás, reduzida, pelo que apenas no liceu e, depois, na Universidade, fui ganhando consciência do sistema político em que vivia e, fruto provavelmente das ideias marxistas de que me fui apropriando, da sua não sustentabilidade em termos históricos.

Foi já na Universidade de Luanda, mais precisamente em Sá da Bandeira (actual Lubango), onde funcionavam os Cursos de Letras, que ouvi falar mais detalhadamente do Professor Adriano Moreira. Alguns professores meus haviam sido seus alunos. Entre eles, o Professor Luís Polanah, que veio a ser docente da Universidade do Minho e a reformar-se pela dita Universidade. Mais tarde, já em Lisboa, voltei a ouvir referências ao Professor Adriano Moreira, desta feita, por parte do Professor Joaquim Barradas de Carvalho, eminente historiador do Renascimento Português, que, sendo um homem convictamente de esquerda, não deixava de reconhecer no Professor Adriano Moreira a dimensão política e intelectual que hoje lhe reconhecemos.

Depois do nosso encontro no Brasil vários foram os projectos que viemos a implementar conjuntamente. Começou por um colóquio sobre a problemática do Luso-tropicalismo, realizado a propósito do centenário do nascimento de Gilberto Freyre e cujas actas, publicadas em livro (*Luso-Tropicalismo: uma teoria social em questão*", Lisboa: Vega 2000), vieram a ser granjeadas com o Prémio Gilberto Freyre da Fundação Oriente. Seguiu-se um projecto sobre a pertinência e o impacto da CPLP, de que resultou o livro *Comunidade dos Países de Língua Portuguesa. Cooperação* (Coimbra: Almedina 2001) e um projecto sobre a problemática do terrorismo, de que se publicou igualmente um livro: *"Terrorismo"* (Coimbra: Almedina 2004). Estes, entre outros eventos que temos realizado con-

Não há dirigente político, em Portugal ou nos restantes países lusófonos, que a esta se não refira. Cai bem no discurso político evidenciar a presença lusófona no mundo, contudo, na esmagadora maioria das vezes, a enunciação é difusa, senão confusa, predizendo, nessas circunstâncias, uma ineficácia eventualmente premeditada, de que a inoperância da CPLP (Comunidade dos Países de Língua Portuguesa) é exemplo cabal.

juntamente com a preocupação principal de contribuir para um entendimento mais completo da presença portuguesa nos trópicos e, consequentemente, contribuir para um melhor entendimento entre os povos que integram hoje a chamada *Lusofonia*.

Não há dirigente político, em Portugal ou nos restantes países lusófonos, que a esta se não refira. Cai bem no discurso político evidenciar a presença lusófona no mundo, contudo, na esmagadora maioria das vezes, a enunciação é difusa, senão confusa, predizendo, nessas circunstâncias, uma ineficácia eventualmente premeditada, de que a inoperância da CPLP (Comunidade dos Países de Língua Portuguesa) é exemplo cabal.

No que se refere especificamente a Portugal, por razões várias que não cabe aqui explicitar, mas que indicam indiscutivelmente o estado da nossa *pós-colonialidade*, as problemáticas da lusofonia, dos PALOP (Países Africanos de Língua Oficial Portuguesa), não têm merecido por parte das elites pensantes e dos decisores políticos a devida atenção. A conotação ou filiação política dos mesmos, se colocados à esquerda ou à direita, pouco tem importado para o caso.

Diferente, todavia, tem sido a posição do Professor Adriano Moreira. O sentido ecuménico que perpassa o seu pensamento político (no qual o pensamento do Padre António Vieira desempenha um papel de realce) levou-o, ainda nos anos 60, à realização dos dois congressos das Comunidades da Cultura Portuguesa, em 1964 e 1967 sucessivamente, e à co-fundação da Academia Internacional da Cultura Portuguesa, instituição única no género, cujo dinamismo muito tem contribuído para o esclarecimento e fortalecimento da lusofonia num mundo que tanto tem de globalizado como de anglo-saxonizado.

A sua acção e o seu pensamento têm, assim, contribuído, dentro dos limites da pós-colonialidade, para que uma outra atenção seja dedicada a problemas e a espaços que, sendo prioritários para Portugal em termos estratégicos, continuam a carecer, para bem de todos, de uma maior atenção por quem de direito. O Professor Adriano Moreira tem sido, a esse propósito, um actor com o olhar posto no futuro.

Janeiro de 2007

A DIMENSÃO ÉTICA

Prof. Doutor António Moreira Barbosa de Melo[467]

O Professor Doutor Adriano Moreira conta-se entre os melhores e mais brilhantes parlamentares da Assembleia da República no período em que exerci a presidência (1991-1995, VI Legislatura).

Deputado por várias legislaturas, Presidente do CDS e Vice-Presidente da Assembleia da República, o Professor Adriano Moreira, nas múltiplas actividades parlamentares, continuamente recebeu a admiração e o respeito da generalidade dos seus pares. De facto, ele marcou a vida parlamentar pela eloquência, clareza e vigor do seu discurso, pela oportunidade e elegância das suas intervenções, pela mestria e frontalidade no exame e observância dos deveres e exigências decorrentes do imperativo do bem comum, pelo apurado sentido de Estado, pela atitude serena e firme de filósofo e cientista, mantida, mesmo, no debate e discussão das mais árduas, complexas e apaixonantes matérias... Sei lá por quantas virtudes mais! Na sessão da Assembleia em que anunciou a sua retirada da vida parlamentar (22-06-1995), o Deputado Almeida Santos pôde dizer-lhe, de imediato e certeiramente: *"Sr. Deputado, Professor Adriano Moreira, nós devemos-lhe alguns dos momentos de maior prazer intelectual dos tempos modernos deste Parlamento"*, acrescentando: *"passaram por aqui grandes parlamentares, grandes oradores, António Cândido, António José de Almeida, José Estêvão de Magalhães... Meu Deus, tantos! /.../ Mas, em breve, terá passado mais um grande Deputado e grande orador, o Professor Adriano Moreira! /.../ Infelizmente, já não tenho idade para me inscrever na sua universidade para continuar a aprender consigo, mas espero continuar a receber os seus ensinamentos através dos textos que fizer chegar até nós"*[468].

---

[467] Professor Jubilado da Faculdade de Direito da Universidade de Coimbra; Deputado à Assembleia Constituinte e, em três mandatos, à Assembleia da República, da qual foi Presidente (1991-1995).

[468] *Diário da Assembleia da República*, VI, 04, n.º 091, pp. 3144.

Após a saída do Parlamento, o Professor Adriano Moreira prosseguiu sem interrupções o seu serviço à democracia portuguesa e às instituições fundamentais do País. Em questões decisivas para a modernização do Estado e para a recta inserção de Portugal na Europa em construção – questões do maior melindre para cuja solução se têm de convocar, obrigatoriamente, os ensinamentos da História, da Política e da Cultura, a vontade e as intuições essenciais deste Povo sobre si próprio, a sua vivência do passado e o seu desígnio de futuro – a palavra de Adriano Moreira, oral e escrita, continua a ser escutada com atenção e debatida com seriedade nos meios responsáveis pela, ou interessados na, boa governança de Portugal.

Destaco a este propósito os seus trabalhos sobre a avaliação nacional do sistema do ensino superior e suas instituições e os passos iniciais que deu para uma sua avaliação internacional, afinal frustrada por decisão, ou indecisão, do poder político; a sua insistência na necessidade de revisão e reforma do mesmo sistema de ensino à luz e em harmonia com a estratégia europeia indiciada pela "Declaração de Bolonha" (1999) e, depois, alargada ao campo da economia pela "Declaração de Lisboa" (2000); as suas frequentes e sábias reflexões acerca de uma ideia de Universidade ajustada ao nosso tempo e ao complexo contexto das Sociedades, dos Estados (a começar pelo chamado Estado Nação), das Comunidades Regionais (por exemplo, a União Europeia) e da Comunidade Internacional – quando cresce por todo o lado, nas palavras do Emérito Professor, "o efeito desagregador das solidariedades ocidentais na NATO, na União Europeia, no Conselho de Segurança da ONU, na opinião pública"[469]....

A experiência, a energia e o saber do professor e cientista, patentes na sua actividade política e parlamentar e nas suas meditações de Outono sobre a Universidade, passaram também para a actividade cívica que este Cidadão de tantas metrópoles, sempre atento e activo, traz ao espaço público nacional em frequentes aparições nos meios de comunicação social para comentar opiniões, apontar sentidos ou reflectir sobre os acontecimentos, com geral apreço dos que o ouvem, vêem ou lêem.

Aqui merece especial menção: a sua acutilante e reiterada crítica ao unilateralismo da política americana, sobretudo em relação ao Iraque e a todo o Médio Oriente; o seu insistente apelo ao retorno ao multilateralismo e ao papel regulador da ONU na área da segurança e no apoio ao desenvolvimento dos povos e regiões do Mundo mais carecidos, do ponto de vista económico, social e cultural, ou na resolução dos conflitos internacionais mais quentes; o seu esforço de mobilização

---

[469] Lembro, entre tantos, os excelentes *Bolonha e os Novos Caminhos de Santiago*, texto publicado no Boletim da Academia Internacional da Cultura Portuguesa, n.° 33-2006, de que há Separata, e *Oração de Sapiência*, que o Autor proferiu na Abertura do Ano Académico 2006/2007, 08.11, da Universidade Atlântica, e por esta publicada em opúsculo.

Anexo I 297

da opinião pública para o combate, decidido mas inteligente e justo, ao novo terrorismo internacional, organizado em redes inextricáveis, com graus de violência inesperados, e que já não "procura infligir *baixas* ao adversário, antes tem em vista a *liquidação de inocentes* para destruir a relação de confiança da sociedade civil para com o Estado que falha na sua função protectora".

As minhas relações pessoais com o Professor Adriano Moreira iniciaram-se, a bem dizer, em Setembro de 1970. Ambos participámos, então, no Congresso da Associação Hispano-Luso-Americano-Filipina de Direito Internacional, que se realizou em Lima (Peru). Estivemos instalados no hotel "Simón Bolívar" (se não me engano no nome). Durante uma semana conversámos amiúde sobre os problemas então maiores de Portugal – as guerras no Ultramar, a crescente pressão da opinião pública para o reconhecimento do direito à autodeterminação dos Povos Ultramarinos, a revisão da Constituição de 1933 anunciada pelo Presidente da Conselho Prof. Marcelo Marcello Caetano, etc.. Isto, sobretudo, durante os nossos passeios após o jantar em redor da "Plaza de San Quentin" ou a espiolhar as montras das ruas adjacentes.

Naturalmente, eu conhecia as medidas que o Ministro do Ultramar Adriano Moreira (13.04.1961 – 04.12.1962) tomara com grande impacto político e social nos principais territórios ultramarinos: a abolição do Estatuto dos Indígenas, com o consequente reconhecimento dos direitos de cidadania para todos os naturais do Ultramar; a criação de duas universidades, uma em Angola e a outra em Moçambique; e a publicação de um novo Código de Trabalho Rural, substituindo o absurdo Código do Trabalho Indígena. E conhecia também as resistências e reacções que a ala mais conservadora do regime político opusera a estas e outras medidas congéneres e que haviam impulsionado ou condicionado Salazar, segundo se dizia, a demitir o Ministro.

Nessas deambulações o Professor abria-se, agora e logo, sobre os seus anseios a respeito do futuro de Portugal mas nunca foi ao ponto de desenhar um modelo de compreensão ou de acção que eu pudesse claramente apreender. Na sua ideia sobre a evolução desejável da *res lusitana* incluo, conforme a minha lembrança brumosa desses diálogos, as três notas seguintes: (1) seria impossível construir uma unidade política duradoura entre a Metrópole e as Províncias Ultramarinas, se e enquanto esquecêssemos que a nossa expansão se fizera sob o signo da igualdade do género humano, da evangelização dos povos e em apelo permanente ao respeito pela dignidade de todos eles; (2) o futuro de Portugal passaria por uma cada vez mais intensa congregação das comunidades portuguesas espalhadas pelo mundo; (3) a sociedade civil teria de assumir um papel próprio, autónomo do poder político, na preservação do património moral e cultural dos portugueses. Por esta última nota explicava-me, eu a mim mesmo, o visível gosto com que o Professor Adriano Moreira, ao tempo presidente da Sociedade de Geogra-

298 *Adriano Moreira*

fia, me falava das iniciativas ali já institucionalizadas: a Academia Internacional da Cultura Portuguesa, a Revista das Comunidades Portuguesas, o Instituto Camões, e sei lá que mais! Decerto tinha alguma tristeza de como as coisas estavam a evoluir, mas nunca me revelou azedume por ter sido impedido de prosseguir no Ministério do Ultramar o programa de reformas que gizara e cuja execução encetara.

Convívio mais intenso tivemos ambos, depois, na Assembleia da República durante a VI Legislatura (1991-1995) O modo como o Professor Adriano Moreira exerceu o cargo de Vice-Presidente foi, mais uma vez, exemplar. Tinha sempre tempo para corresponder às colaborações que lhe pedia, fosse para dirigir os trabalhos do Plenário, fosse para participar nas recepções, mais ou menos formais, a personalidades que visitavam oficialmente o Parlamento ou as acompanhar a um ou outro ponto do território nacional, fosse para integrar delegações da Assembleia ou do Presidente em visita oficial a parlamentos de países amigos... E tudo isto sem esquecer, ao mesmo tempo, as tarefas de Deputado, como, por exemplo, a actividade na 6.ª Comissão Eventual para Acompanhamento da Situação em Timor Leste, a que presidiu, até 27.10.94. A riqueza da personalidade de Adriano Moreira surpreendia-me e surpreende-me constantemente: o seu saber sem fronteiras, o seu fino humor, as suas formulações lapidares, a sua precisão na abordagem de temas políticos, jurídicos, históricos ou literários, o sentido de oportunidade das suas reflexões e dos seus ditos, a sua capacidade de admirar os outros e o Mundo e de fazer e refazer a obra, sempre inacabada, que é a sua Vida...

Termino o meu testemunho com palavras que o Professor Adriano Moreira proferiu de improviso na última sessão parlamentar em que interveio como Deputado[470]. Elas exprimem, de forma eloquente, a dimensão ética, intelectual e política do Homem que tentei esboçar, a partir da sua actividade como Deputado e Vice-Presidente da Assembleia da República, no presente texto.

Ei-las:

"A Câmara, provavelmente, não avalia o significado que tem, para mim, a intervenção do Deputado Almeida Santos. Tivemos uma experiência, de que nem todos puderam, aqui partilhar, no período gravíssimo de mudança da história de Portugal, entendendo em comum muitas das circunstâncias, divergindo profundamente em muitos dos caminhos. Mas foi nessa altura que nos tornámos amigos e julgo que contribuímos para fazer entender que a divergência pode ser um sólido ponto de partida para a construção de um futuro comum.

Vivi com apreensão, sacrifício e tristeza o processo de mudança, mas senti-me recompensado com a entrada neste Parlamento, com a maneira como fui recebido, a autenticidade que verifiquei quer nos que concordam quer nos que se

---

[470] Em 22 de Junho de 1995, no seguimento da intervenção do Deputado Almeida Santos, atrás referida. Cfr., *Diário da Assembleia da República*, VI, 04, n.º 091, pp. 3144.

Anexo I

opõem às minhas intervenções e, sobretudo, o prazer, a alegria intelectual da contradição, do diálogo, do exercício da razão, que é a força em que sempre acreditei como capaz de animar a mudança que esteja ao nosso alcance.

Foi por isso que, na intervenção de hoje, me preocupei com o prestígio do Parlamento. Julgo que é uma instituição que convém ao País prestigiar. E uma instituição que interessa à comunidade internacional, à segurança da Europa, à participação de responsabilidades que temos nas várias assembleias parlamentares do mundo, interessa que ela própria seja um elemento sólido dessa cadeia nova que está a ser desenvolvida".

Março de 2007

ANEXO II
O Acervo Publicado

1943 – Apenas duas notas críticas, *in Jornal do Foro*.

1944 – Quatro publicações, *in Jornal do Foro*: três notas críticas e uma anotação.

1945 – Seis publicações, *in Jornal do Foro:* "Crimes políticos e Habitualidade", "Sobre o *Habeas Corpus*", "Registo Criminal e Reabilitação", em conjunto com Carmindo Ferreira, duas notas críticas e uma anotação.

1946 – Quatro publicações, *in Jornal do Foro*: duas notas críticas, "Conceito e valor da Reincidência", "A Sedução e a Pena Aplicável aos Menores de 18 anos" e uma "A Estrutura dos Crimes Habituais" *in O Direito*.

1947 – Quatro publicações: *Habeas Corpus*, Petição a favor do Coronel Celso Mendes de Magalhães, Lisboa, Papelaria Fernandes; "Regime Jurídico das Detenções", "A Jurisprudência do Supremo Tribunal de Justiça sobre Habeas Corpus", *in Revista de Direito e de Estudos Sociais* e "O Problema da Identificação", *in O Direito*.

1948 – Duas publicações: "Aspectos da Tutela Penal da Economia", *in Revista de Direito e de Estudos Sociais* e "A Reabilitação dos Condenados", *in A Vida Judiciária*.

1949 – Duas publicações: uma anotação *in O Direito* e "As Penas Convencionais e a Falência", *in Revista da Ordem dos Advogados*.

1950 – Três publicações: uma anotação *in O Direito* e "A Intervenção Judicial na Privação da Liberdade Física", *in Revista da Ordem dos Advogados* e "Critérios das Medidas de Segurança", *in Revista de Direito e de Estudos Sociais*[471].

1951 – Seis publicações: uma anotação *in O Direito*, dois apontamentos sobre aulas *Lições de Direito Privado* e *Direito Corporativo*, "a Estrita Legalidade nas Colónias" *in Estudos Coloniais* e "A Revogação do Acto Colonial" e "Direito ao Trabalho", *in Revista do Gabinete de Estudos Ultramarinos*.

1952 – Nove publicações: sete anotações *in O Direito* e "A Falsidade no Descaminho"*, in O Direito* e "A Administração da Justiça aos Indígenas", *in Revista do Gabinete de Estudos Ultramarinos*.

---

[471] As Publicações Dom Quixote também referem 1950 como ano de publicação em Lisboa de *Direito Corporativo*. Como muitos artigos, constam em mais do que uma publicação; refere-se sempre a publicação inicial e não são referidas as seguintes, a menos que se considere pertinente essa indicação.

304   *Adriano Moreira*

1953 – Cinco publicações: duas anotações *in O Direito*, "A Nacionalidade da Mulher Casada", "O Imposto do Pescado e as Câmaras Municipais" e "Condicionamento Comercial e Industrial", *in O Direito*.

1954 – Sete publicações: três anotações *in O Direito*, "Ofensas Cometidas por Mandatário Judicial" e "A Reforma do Código Penal" *in O Direito,* apontamentos das lições de *Princípios Gerais de Direito* dadas ao 1.° ano do Curso de Administração Colonial e *O Problema Prisional do Ultramar*[472], Coimbra Editora.

1955 – Seis publicações: uma anotação *in O Direito* e "Administração da Justiça aos Indígenas", "Imperialismo e Colonialismo da União Indiana", ambos *in Agência Geral do Ultramar*, "A Conferência de Bandung e a Missão de Portugal", *in Boletim da Sociedade de Geografia de Lisboa,* "A Traição à Pátria" *in Revista dos Tribunais*[473] e "O Sistema Francês de Protectorado", *in O Direito*.

1956 – Treze publicações: três anotações *in O Direito*, "Política Ultramarina Mundial – a Conjuntura Colonial Mundial", *in Anais da Marinha,* "The Formation of a Middle Class in Angola and Mozambique", *in Dévellopement d'une Classe Moyenne dans les Pays Tropicaux et Sub-Tropicaux.* Compte-Rendu dela XXIXe séssion tenue à Londres du 13 au 16 Septembre 1955[474], "Política Ultramarina" *in Estudos de Ciências Políticas e Sociais,* "A CCTA e a luta pela África" e "A Propriedade no Ultramar", ambas *in Revista do Gabinete de Estudos Ultramarinos,* "A Projecção Internacional de Goa" e "As Elites das Províncias Portuguesas de Indigenato", ambas *in Revista Garcia de Horta,* "A Convenção Suplementar Relativa à Abolição da Escravatura, do Tráfego de Escravos e das Instituições Análogas à Escravatura", *in O Direito,* "Portuguese Overseas Territories – 1955", *in Civilisations,* INCIDI, e um prefácio a Silva Rego – Curso de Missionologia, *in* Agência Geral do Ultramar.

1957 – Seis publicações: "Portugal e o Artigo 73 da Carta das Nações Unidas" *in Revista do Gabinete de Estudos Ultramarinos,* "Anti-Colonialism in the UNO" *in Enquête sur l'Anticolonialisme* e Introdução a *Colóquios de Política Internacional,* ambos *in* CEPS/JIU, "Jurisdição Interna dos Estados", *in O Direito,* "Pluralisme Ethnique et Culturel dans les Societés Intertropicales. Compte-Rendu de la XXXe séssion ténue à Lisbonne: Aspect Juridique et Politique-Rapport Général"[475] e a continuação de

---

[472] Esta obra também é referida pelas Publicações Dom Quixote como relativa a 1953 e tendo sido publicada em Lisboa.

[473] Também editado no Porto por Tipografia Martins & Irmão.

[474] Também existe a versão inglesa, INCIDI, Bruxelas, pp. 233-243.

[475] Existe igualmente a versão inglesa, INCIDI, Bruxelas, pp. 494-529.

Anexo II 305

"Portuguese Overseas Territories", *in Civilisations,* ambos em INCIDI, Bruxelas.

1958 – Nove publicações: "Portugal Ultramarino – Contribuição de Portugal para a Valorização do Homem no Ultramar" *in Portugal-Oito Séculos de História ao Serviço da Valorização e da Aproximação dos Povos,* Comissariado da Exposição Universal de Bruxelas, "De Bandung ao Cairo", *in Boletim da Sociedade de Geografia de Lisboa,* "Os Problemas Actuais do Racismo. De Bandung ao Cairo", *in Curso de Deontologia Ultramarina,* organizado pela JUC do ISEU, Agência Geral do Ultramar, "Relações entre a Técnica e a Administração", *in Anais do Instituto de Medicina Tropical,* "A Jurisdição Interna e o Problema do Voto na ONU" e "Prefácio" a *Colóquios de Política Ultramarina Internacionalmente Relevante,* ambos *in* CEPS/JIU, "Tendência Inquisitória do Processo Penal", *in O Direito,* "Le Regime Pénitentiale des Indigénes Portugais" *in Civilizations* e pela terceira vez "Portuguese Overseas Territories", ambos *in Civilisations,* INCIDI, Bruxelas.

1959 – Seis publicações: "Tendências Políticas do Direito Internacional Ultramarino", *in O Direito,* "Comissão Económica para a África" e "A África e o Ultramar Português na Conjuntura Internacional" e "Prefácio" a *Estudo sobre o Absentismo e a Instabilidade da Mão-de-obra Africana,* todos *in Estudos Ultramarinos* CEPS/JIU, "Five-Year Development Plan for the Portuguese Territories", *in Civilisations,* INCIDI, Bruxelas e "Relações entre a Técnica e a Administração", *in Sep. Anais Ins. Med. Tropical.*

1960 – Nove publicações: "A Unidade Política e o Estatuto das Populações" *in* Agência Geral do Ultramar, "Evolução das Relações Leste-Oeste" e "Problemas Sociais do Ultramar", *in Estudos Ultramarinos,* ocupando o último as páginas 7 a 17, "Problemas Sociais do Ultramar", *in Semana Médica,* pp. 3-4, "Portuguese Policy in the light of Recent Developments in Africa", *in Civilisations,* INCIDI, Bruxelas, "Ensaios" e "Estudos Jurídicos", ambos *in* CEPS/JIU, "O Pensamento do Infante D. Henrique e a Actual Política Ultramarina de Portugal"[476], Agência Geral do Ultramar e "Política Ultramarina" (4.ª edição), *in* Junta de Investigação do Ultramar.

1961 – Nove publicações: "Actualidades das Missões" e "Competição Missionária", "Provocação e Resposta" e "Política de Integração", todos *in Estudos Ultramarinos, Em Nome das Vítimas, Concentração de Poderes* e *Velada de Armas, in Agência Geral do Ultramar,* "On our Ways – Pelos nossos Caminhos" e "English Translation of the Speech Delivered by The

---

[476] Esta obra foi também editada em espanhol, francês, inglês e alemão e consta também no *Boletim da Sociedade de Geografia de Lisboa,* com tradução inglesa. Além disso, foi incluída em *Batalha da Esperança,* Lisboa, Edições Panorama, 1962.

Minister of Overseas, Prof. Adriano Moreira at the Closing Meeting of the Overseas Week", ambos *in Boletim da Sociedade de Geografia de Lisboa*.

1962 – Dezasseis publicações: *Batalha da Esperança,* Edições Panorama, *Espaço Europeu,* Agência Geral do Ultramar, *El Ultramar Português en la Presente Crisis de Occidente,* Instituto de Estudos Políticos de Madrid, *Portugal's Stand in Africa,* New York, University Publishers, *Geração Traída* e *Duplicidade,* ambos em Agência Geral do Ultramar, "Retaguarda" *in Estudos Ultramarinos,* "Posse da Comissão Instaladora dos Estudos Gerais Universitários em Angola e Moçambique" (Discurso) *in Estudos Ultramarinos, Revisão* (Comunicação), Agência Geral do Ultramar, *Continuidade* (Discurso), Agência Geral do Ultramar, *Intransigência* (Discurso), Agência Geral do Ultramar, *Partido Português* (Discurso de 23 páginas), Agência Geral do Ultramar, *Partido Português,* (174+2paginas), Bertrand, "Direito Corporativo", lições dadas no Curso de Administração Colonial e no 3.° ano do Curso de Administração Ultramarina, no ano lectivo de 1950-51, *The home front,* Agência Geral do Ultramar e Preâmbulo a Alberto Feliciano Marques Pereira *Índia Portuguesa: Penhores do seu Resgate.*

1963 – Oito publicações: quatro conferências: *Os Direitos do Homem e a Balança de Poderes, O Neutralismo, Os Grandes Espaços* e *Fronteira Ideológica,* todas *in* Companhia Nacional Editora, "A Tese do Apaziguamento Ideológico", *in Estudos Políticos e Sociais, Histórias das Teorias Políticas e Sociais –* lições dadas ao 1.° ano do Curso Complementar (1962-63), *A Autodeterminação e a Guerra Fria –* lição proferida na Universidade do Porto, *in* Companhia Nacional Editora e *Direito Corporativo,* Soc. Ind. Gráfica.

1964 – Oito publicações: *Aditamentos à História das Teorias Políticas e Sociais –* lições do 1.° ano do Curso Complementar (1963-64), texto policopiado, "Sobre as Ideologias Políticas" – Apontamento de parte do Curso de História das Teorias Políticas e Sociais (1963-64), *in Estudos Políticos e Sociais, Ideologias Políticas.* Introdução à História das Teorias Políticas. Ano lectivo de 1963-64, ISCSPU, "Towards na ecumenical Congregation of the Portuguese Communities/Congregação Geral das Comunidades Portuguesas", *in Boletim da Sociedade de Geografia de Lisboa,* "The First Congress of the Portuguese Communities/I Congresso das Comunidades Portuguesas", *in Boletim da Sociedade de Geografia de Lisboa,* "Intervenção do Serviço Social nas Comunidades Subdesenvolvidas", *in O Trabalho* e *Brotéria,* "Discurso" no Congresso Internacional de Etnologia de Santo Tirso, *in Revista de Etnografia*[477] e *A autodeterninação e a guerra fria,* Lisboa, Ed. Brotéria.

---

[477] As Publicações Dom Quixote também referem a publicação em Lisboa de *Ensaios*.

Anexo II 307

1965 – Quatro publicações: *Problemas do Estado* (2.º aditamento às lições do 1.º Curso Complementar, 1965-66), texto policopiado, UTL/ISCSP, "Fronteiras Ideológicas" *in África,* Madrid, "Academia Internacional da Cultura Portuguesa", *in Boletim da Sociedade de Geografia de Lisboa,* "Sobre o Estado Universal", *in Estudos Políticos e Sociais*[478].

1966 – Oito publicações: quatro discursos: 25 de Maio de 1965, 25 de Outubro de 1965, 3 de Novembro de 1966 e 11 de Novembro de 1966, todos *in Boletim da Academia Internacional da Cultura Portuguesa,* "As Novas Fronteiras e o Direito à Imagem Nacional" e "Para um Ministério da Ciência", ambos *in Estudos Políticos e Sociais* e "Pórtico", *in Boletim da Academia Internacional da Cultura Portuguesa* e *Academia Internacional da Cultura Portuguesa,* Lisboa: Emp. Tip. Casa Portuguesa Sucrs.[479]

1967 – Seis publicações: três discursos "Internacionalização da Vida Privada" e "O Homem Novo", *in Boletim da Academia Internacional da Cultura Portuguesa* e "Agradecimento no Acto do Doutoramento *Honoris Causa* pela Faculdade de Direito de São Paulo, "Aspectos Negativos da Imagem Recíproca de Portugal-Brasil" e "Neutralidade Colaborante", ambos *in Estudos Políticos e Sociais* e "Nota Prévia", *in Colóquios sobre o Brasil,* CEPS/JIU.

1968 – Onze publicações: "Para uma Convergência Luso-Brasileira", *in Boletim da Academia Internacional da Cultura Portuguesa,* "Os Fins do Estado" (Apontamentos de um capítulo da cadeira de História das Teorias Políticas e Sociais, 1966-67) e "Sistemas Políticos da Conjuntura" (Apontamentos de um capítulo da cadeira de História das Teorias Políticas e Sociais, 1967-68), ambos *in Estudos Políticos e Sociais,* "Agradecimento no Acto do doutoramento *Honoris Causa* pela Universidade Federal de São Salvador da Bahia", *in Boletim da Sociedade de Geografia de Lisboa, O Tempo dos Outros,* Bertrand, *Política Internacional* (Súmula do Curso do Instituto Superior Naval de Guerra, ano lectivo de 1967-68), texto policopiado, *in* Associação Académica do ISCSPU/ /UTL, "O Sentido do Anticolonialismo Moderno", *in Comunidades Portuguesa,* também publicado em espanhol na revista *África,* "Prefácio" a Óscar Soares Barata – *Introdução à Demografia, in* ISCSPU, "Nota Prévia", *in Colóquios Sobre as Províncias do Oriente,* CEPS/JIU e prefácio a *Brasil: Curso de Extensão Universitária: Ano Lectivo de 1966-1967,* ISCSPU.

---

[478] Esta publicação também existe em versão francesa sob o título "Sur l'État Universel", *in Teilhard de Chardin et l'Unité du Genre Humain,* ISCSPU.

[479] Também constava da *Separata do Boletim da Sociedade de Geografia de Lisboa,* Janeiro-Junho de 1965.

308   *Adriano Moreira*

1969 – Três publicações: "Emigração Portuguesa" e "A Marcha para a Unidade do Mundo: Internacionalização e Nacionalismo", ambas *in Estudos Políticos e Sociais* e "Novos Direitos do Homem", *in Boletim da Academia Internacional da Cultura Portuguesa*.

1970 – Cinco publicações: "Salazar" e "Acção Missionária", *in Boletim da Sociedade de Geografia de Lisboa*, "Variáveis do Espaço Ibero-Americano", *in Boletim da Academia Internacional da Cultura Portuguesa* e *Política Internacional*, Portucalense Editora, *A marcha para a unidade do mundo: internacionalismo e nacionalismo*, Emp. Tip. Casa Portuguesa, Separata do *Boletim da Sociedade de Geografia de Lisboa* e *Emigração portuguesa*, Inst. Sup. C. Sociais Política Ultramarina, Separata de *Estudos Políticos e Sociais*.

1971 – Sete publicações: *Tempo de Vésperas,* Sociedade de Expansão Cultural e Bertrand, "A Conjuntura de Gibraltar", *in Boletim da Sociedade de Geografia de Lisboa*, "Pluralismo Religioso e Cultural", *in Boletim da Academia Internacional da Cultura Portuguesa,* "Revisão Constitucional" (três páginas), *in Prisma,* Luanda e "Revisão Constitucional" (catorze páginas), *in* Tip.Silvas, Lisboa, *Variáveis do Espaço Ibero-Americano, Sep. Comunidades Portuguesas* e *Acção Missionária,* Sep. Bol. Soc. Geografia Lisboa.

1972 – Cinco publicações: "Cinquentenário da Primeira Viagem Aérea Lisboa-Rio de Janeiro-Sacadura Cabral-Gago Coutinho" e "O Manifesto d'Os Lusíadas", ambos *in Boletim da Sociedade de Geografia de Lisboa* e "O Sentido do Anticolonialismo Moderno", *in O Instituto* e "Pluralismo religioso e cultural" e "A Conjuntura de Gibraltar", ambos Separatas do *Boletim da Academia Internacional da Cultura Portuguesa*.

1973 – Cinco publicações: "Os Projectistas da Paz", "A Conjuntura Internacional Portuguesa" e "Atlântico Sul – Um Oceano Moreno", todas *in Boletim da Sociedade de Geografia de Lisboa* e "Os Legados da Europa", *in Colóquios sobre a Europa*, CEPS/JIU e *O manifesto d' Os Lusíadas,* Braga, Livraria Editora Pax.

1974 – Duas publicações: "Problemas Luso-Brasileiros". Acta da reunião de 15 de Junho de 1972 da Comissão de Educação e Cultura da Câmara dos Deputados do Brasil e "a Europa em Formação"[480], ambas *in Boletim da Sociedade de Geografia de Lisboa*.

1975 – Dois discursos proferidos nas Sessões Inaugural e de Encerramento do I Congresso das Comunidades Portuguesas, *in Boletim da Academia Internacional da Cultura Portuguesa*.

1976 – Quatro livros: *Saneamento Nacional,* Lisboa, Torres e Abreu Editores, *A Comunidade Internacional em Mudança,* S. Paulo, Co-edição da Ponti-

---

[480] Esta obra seria reeditada em São Paulo em 1976 e Lisboa em 1987.

fícia Universidade Católica do Rio de Janeiro, Departamento de Ciências Jurídicas e Instituto de Relações Internacionais e de Direito Comparado e Editora Resenha Universitária, *Nunca Tantos Governaram tão pouco... Carta Aberta do Prof. Adriano Moreira,* Barcelos e *O Drama de Timor: Relatório da O.N.U. sobre a Descolonização,* Intervenção.

1977 – Três livros: *O Novíssimo Príncipe – Análise da Revolução, O Drama de Timor. Relatório da ONU sobre a Descolonização* e *A Nação Abandonada e Nação Peregrina em Terra Alheia,* todos publicados pela Editorial Intervenção, Lisboa e um discurso "A Nação Abandonada", discurso proferido no Brasil em 10 de Setembro de 1977 no Liceu Literário Português e também publicado pela Editorial Intervenção.

1978 – Quatro publicações: *Legado Político do Ocidente (O Homem e o Estado)*[481], Coordenação com Alejandro Bugallo e Celso Albuquerque, Rio de Janeiro, "Os Cristãos e a Política", Braga, Vigararia de Acção Social e Caritativa, "Prefácio" a Silvino Silvério Marques: *Portugal e Agora?* Lisboa, Edições do Templo e *Tempo de Vésperas*[482], Braga Editora.

1979 – Cinco publicações: *Ciência Política,* Lisboa, Bertrand, "Poder Funcional – Poder Errático", *in Nação e Defesa,* "Prefácio" a *Dicionário Político do Ocidente,* de António Marques Bessa, Lisboa, Editorial Intervenção, "Estado, Igreja e Sociedade Civil", *in Revista de Filosofia,* Braga, "Prefácio" a Mário António Fernandes de Oliveira e outros *A Descolonização Portuguesa, Aproximação a um Estudo,* Lisboa, Instituto Democracia e Liberdade.

1980 – Dois artigos "Estratégias e Áreas Culturais" e "Poder Militar – Poder Civil", ambos *in Nação e Defesa.*

1981 – Duas publicações: "A Comunidade Internacional em Mudança", *in Estudos Políticos e Sociais* e "O Poder Cultural", *in Nação e Defesa.*

1982 – Quatro publicações: dois artigos: "O Papel das Pequenas Potências", *in Estudos Políticos e Sociais,* "O Franciscanismo e o Pacifismo Moderno", *in Itinerarium,* Montariol, Braga, as lições de 1978/1979 de "Direito Internacional Público" *in Estudos Políticos e Sociais* e "Prefácio" ao 2.° Volume de Mário António Fernandes de Oliveira e outros – *A Descolonização Portuguesa, Aproximação a um Estudo,* Lisboa, Instituto Amaro da Costa.

---

[481] Esta obra também é referida pelas Publicações Dom Quixote como editada em São Paulo em 1976.

[482] Esta obra surge também com o título *Tempo de Vésperas: a agonia do regime* e foi editada e reeditada por várias editoras: Braga Editora, Sociedade de Expansão Cultural e Gauge.

310 Adriano Moreira

1983 – Oito publicações: "Acção Política", "Apaziguamento Ideológico", "Ciência Política"[483] e "Conceitos Operacionais", todos *in Polis,* Enciclopédia da Sociedade e do Estado, Lisboa, "Factores de Coesão e de Dissociação da Nação Portuguesa" e "Política Internacional das Minorias e Comunidades", ambos *in Estudos Políticos e Sociais* e "Para uma Nova Estratégia Nacional". Compilação de três textos: I – "O Manifesto d'Os Lusíadas, II – "O Papel das Pequenas Potências" e III – "Factores de Coesão e Dissociação da Nação Portuguesa", *in Boletim da Academia Internacional da Cultura Portuguesa* e *Direito Internacional Público,* Universidade Técnica, Separata da Revista *Estudos Políticos e Sociais ISCSP*
1984 – Sete artigos: "Metodologia Gilbertiana", *in Estudos Políticos e Sociais,* "Hierarquia das Potências: Dependência e Alienação", *in Nação e Defesa,* "A Pedagogia de Raymond Aron" e "O Pacifismo" ambos *in Democracia e Liberdade,* Instituto Amaro da Costa, "De Bandung aos Problemas Norte-Sul", *in Estudos Políticos e Sociais* e "Portugal e as Relações Internacionais", *in* Nação e Defesa, nova publicação de *Factores de Coesão e Dissociação da Nação Portuguesa* e "Política Internacional das Minorias e Comunidades", ambas *in* Instituto Superior de Ciências Sociais e Políticas, Separata de *Estudos Políticos e Sociais.*
1985 – Sete publicações: *Condicionamentos Internacionais da Área Luso-Tropical,* Primeiras Jornadas de Tropicalogia – 1984, Recife, Fundação Joaquim Nabuco, "Imperialismo", "Instituição" e "Legitimação", todos *in Polis, Enciclopédia Verbo da Sociedade e do Estado, Saneamento Nacional,* 3.ª Edição acrescida de vários textos, Lisboa, Dom Quixote, *Os Transmontanos no Mundo – Luciano Cordeiro – Sarmento Rodrigues,* UTAD e "Comunicação" no Colóquio sobre o Acto Único Europeu, *in Estudos Políticos e Sociais.*
1986 – Oito publicações: *O Novíssimo Príncipe,* 4.ª edição com novo prefácio, Lisboa, Edições Gauge, "Moderador (Poder)", "Nação", "Neutralismo" e "Ocidente", todos *in Polis, Enciclopédia Verbo da Sociedade e do Estado,* "Notas sobre o Segredo de Estado", *in Estudos Políticos e Sociais* e *De Bandung aos problemas Norte-Sul,* Inst. Democracia e Liberdade e Prefácio a Manuel Gonçalves Martins, *A descolonização portuguesa: as responsabilidades,* Braga, Livraria Cruz.
1987 – Catorze publicações: "Relações entre as Grandes Potências", *in Boletim da Academia Internacional da Cultura Portuguesa,* "Uma Viragem Histórica", *in* "Colóquio Sobre o Acto Único Europeu" *in Boletim da Academia Internacional da Cultura Portuguesa,* "Razão de Estado",

---

[483] *Ciência Política* viria a ser reeditado em Coimbra em 1996, 1997, 2001 e 2003 (7.ª reimpressão).

"Regime Político", "Relações Internacionais", "Teoria Política" e "Totalitarismo", todos *in Polis, Enciclopédia Verbo da Sociedade e do Estado*, "1988 – Crise Cultural e Revolução Cultural", *in Estudos Políticos e Sociais*, "Os Projectos da Paz", *in Lições Inaugurais*, 2.º vol. Instituto Superior Naval de Guerra, *A Europa em Formação (A Crise do Atlântico)*, 3.ª edição com novo prefácio, Lisboa, Academia Internacional da Cultura Portuguesa, "Editorial" *in Roteiros*, "Em Lembrança de Gilberto Freyre", *in Ciência & Trópico*, Recife, "A Vigília Atlântica", *in Atlântida – Ciências Sociais*, Angra do Heroísmo e *Tempo de Vésperas*, Sintra, Minerva Comercial Sintrense.

1988 – Oito publicações: "O Regime: Presidencialismo do Primeiro-Ministro", *in Portugal, o Sistema Político e Constitucional, 1974/1987*, coordenado por Mário Baptista Coelho, Instituto de Ciências Sociais da Universidade de Lisboa, "Segurança e Defesa" *in Nação e Defesa*, "O Carisma e a Lei da Homologia", *in Boletim da Academia Internacional da Cultura Portuguesa*, "A Futura Carta Política da Europa", *in Estudos Políticos e Sociais*, "Editorial" e "Pensar Portugal", ambos *in Roteiros*, "Uma Cultura de Paz" *in Cadernos Políticos n.º 1 – Colóquio de Sintra – Uma Política para a Paz Mundial* e "Cumprir Portugal" encerramento por A.M. *in Cadernos Políticos n.º 2 – A Identidade Portuguesa – Cumprir Portugal*, Lisboa, Instituto Dom João de Castro.

1989 – Oito publicações: "Relações entre as Grandes Potências", Lisboa, ISCSP/ /IRI, "Comentários", Academia Internacional da Cultura Portuguesa, "Política Eclesiástica e o Fim da Constituição de 1933", *in Boletim da Academia Internacional da Cultura Portuguesa*, "A Frente Leste", *in Nação e Defesa*, "A Evolução do Regime", *in* Instituto Dom João de Castro, *Cadernos Políticos 3. A Constituição Portuguesa. Prática e Revisão Constitucional*, "Editorial", "A Conjuntura Estratégica" e "A Nova Ordem Mundial", todos *in Roteiros, Boletim Informativo do Instituto Dom João de Castro*.

1990 – Dez publicações: *Política Internacional*. Ano lectivo de 1967-68. Edição com novo prefácio, "Nota Prévia" *in Estratégia* e *Estratégia*, Coordenação com Pedro Cardoso, ambos *in ISCSP/IRI*, "O Futuro da População de Expressão Portuguesa (O Lusotropicalismo Hoje)", *in Ciência & Trópico*, Recife, *Notas Sobre o Último Plenário do Conselho Ultramarino*, Instituto Dom João de Castro, "Perspectivas Actuais da Evolução da Conjuntura Europeia: Reflexos para Portugal" e "Do Estado Corporativo ao Estado de Segurança Nacional", ambos *in Boletim da Academia Internacional da Cultura Portuguesa*, "De Novo os Nacionalismos", "Os Nacionalismos" e "A Queda de um Anjo e a Classe Política", todos *in Roteiros, Boletim Informativo do Instituto Dom João de Castro*.

1991 – Dez publicações: "Os Poderes dos Pequenos Estados em Tempo de Paz", "O Poder e a Soberania" e "A Nova Ordem Internacional", todos in *Nação e Defesa, Estratégia, Vol. II,* Coordenação com Pedro Cardoso, ISCSP/ /IRI, "Nota Introdutória" à 2.ª edição de *Documentação para a História das Missões do Padroado Português do Oriente,* Lisboa, Fundação Oriente – Comissão Nacional para as Comemorações dos Descobrimentos Portugueses, "A Dependência da Estrutura Internacional Violenta", *in Boletim da Academia Internacional da Cultura Portuguesa,* "Os Cem Anos da *Rerum Novarum"* e "Reflexões sobre a Comunidade Luso-Brasileira" (Cinco páginas) ambos *in Roteiros, Boletim Informativo do Instituto Dom João de Castro* e Prefácios a *Ensaios políticos* de Václav Havel, textos reunidos por Roger Errera, Jan Vladislav, Venda Nova, Bertrand e *A Santa Sé no Médio Oriente: o papel da Santa Sé no conflito árabo-israrelita (1962-1990)* da autoria de George Emile Irani, Lisboa, Rei dos Livros.

1992 – Nove publicações: "Nota Prévia – A nova Ordem: O Governo da Globalidade" e "A Ordem do Atlântico aos Urais", *in Estratégia, Vol. III, Estratégia, Vol. III e Vol. IV,* Coordenação com Pedro Cardoso, ISCSP/IRI, "Da Relação entre a Nação e o Estado" e "A Nova Europa", ambas *in Nação e Defesa,* "União Política da Europa" e "A Austrália Asiática", ambos *in Roteiros, Boletim Informativo do Instituto Dom João de Castro* e "A Nova Ordem Internacional", *in Boletim da Academia Internacional da Cultura Portuguesa.*

1993 – Seis publicações: Estratégia, Vol. V, Coordenação com Pedro Cardoso, ISCSP/IRI, "A Crise do Estado Soberano", *in Nação e Defesa,* "Perspectivas Actuais da Evolução da Conjuntura Europeia: Reflexos para Portugal" (Oração de Sapiência proferida na Universidade Internacional) *in Universidade e Desenvolvimento,* Lisboa, Universidade Internacional, "Interpelação sobre o Ensino" e "O Padroado e a Missionologia", ambos *in Roteiros, Boletim Informativo do Instituto Dom João de Castro* e "Reflexões sobre a Comunidade Luso-Brasileira" (doze páginas), *in Boletim da Academia Internacional da Cultura Portuguesa.*

1994 – Sete publicações: "A Vertente Atlântica", *in* Manuel Monteiro (Coordenação de) *Viva Portugal. Uma Nova Ideia da Europa,* Publicações Europa-América, "Introdução", *in Os Últimos Governadores do Império,* Edições Neptuno, "Nota Prévia", *in* Adriano Moreira e Pedro Cardoso (Coordenação de) *Estratégia, Vol. VI, Estratégia, Vol. VI.* Coordenação com Pedro Cardoso, ISCSP/IRI, "A Nova Mensagem de Assis – Cidade da Paz", *in Roteiros, Boletim Informativo do Instituto Dom João de Castro,* "Nota de Abertura" *in Sebastião Soares de Resende, Bispo da Beira – Profeta em Moçambique,* Difel, Linda-a-Velha e "Identidade Europeia

Anexo II   313

e Identidade Portuguesa", in *Conferências de Matosinhos,* 1.ª Série, Porto
e "O padroado e a missionologia", Separata de *Studia.*

1995 – Quatro publicações: "D. Sebastião de Resende, Profeta em Moçambique",
in Roteiros, Boletim Informativo do Instituto Dom João de Castro, "Horizontes da Europa", *in Verbo – Enciclopédia Luso-Brasileira da Cultura,*
"Estado da Nação", *in Roteiros, Boletim Informativo do Instituto Dom
João de Castro* e *Portugal Hoje,* Instituto Nacional de Administração.

1996 – Três publicações: *Teoria das Relações Internacionais*[484], Coimbra, *Notas
do Tempo Perdido,* Matosinhos e Prefácio a *Princípios de Ciência Política: introdução à teoria política* da autoria de José Adelino Maltez, Lisboa, ISCSP, Centro de Estudos do Pensamento Político.

1997 – Duas publicações: *A Viagem que Mudou o Mundo: Vasco da Gama 500
Anos Depois,* Comissão Cultural da Marinha e *Casos de Inovação de
Sucesso 5,* Linda-a-Velha, Controljornal.

1998 – Uma publicação: "Um Novo Conceito Estratégico Nacional", in *Portugal
na Transição do Milénio,* Colóquio Internacional, Lisboa, Fim de Século.

1999 – Duas publicações: *Estudos da Conjuntura Internacional,* Lisboa, Dom
Quixote e *O Português que Somos,* Verbo

2000 – Duas publicações: *Luso tropicalismo, uma Teoria Social em Questão,* Lisboa, Vega e *Estudos sobre as Campanhas de África,* Lisboa, Atena.

2001 – Quatro publicações: *Ciência Política,* Coimbra, Almedina, "As Solidariedades Horizontais", in *Comunidade dos Países de Língua Portuguesa-
Cooperação,* Coimbra, Almedina, *Ensino Superior e Competitividade,*
CNAVES (coord.) e Prefácio a *Comunidade dos Países de Língua Portuguesa: fundamentos político-diplomáticos,* da autoria de Maria Regina
Marchueta e José Fontes, Lisboa, Centro de Estudos Orientais da Fundação Oriente.

2002 – Duas publicações: Conferência "Sobre a Universidade", Conselho Cultural da Universidade do Minho e Prefácio a Luís Andrade, *Os Açores e os
Desafios da Política Internacional,* Ponta Delgada, Assembleia Legislativa Regional.

2003 – Quatro publicações: *Teoria do Estado Contemporâneo,* Lisboa, Verbo,
org. Paulo Ferreira da Cunha. Prefácios a Maria do Céu de Pinho Ferreira,
Infiéis na Terra do Islão: os Estados Unidos, o Médio Oriente e o Islão e
a Francisco Proença Garcia, *Análise global de uma guerra: Moçambique,
1964-1974,* Lisboa, Prefácio e coordenação de *Informações e segurança:
estudos em honra do general Pedro Cardoso,* Lisboa, Prefácio.

2004 – Quatro publicações: *Terrorismo* (coordenação), Coimbra, Almedina, *Relações Transatlânticas Europa-EUA,* Dom Quixote, Prefácios a *Igreja e o*

---

[484] Esta obra teria novas edições em Coimbra, em 1997, 1999 e 2005 (5.ª edição).

Estado: História de uma relação, 1443-1940 da autoria de António Maria M. Pinheiro Torres e a Manuel de Almeida Ribeiro, *A Organização das Nações Unidas,* Almedina.

2005 – Quatro publicações: Conferência "A autonomia das escolas", Fundação Calouste Gulbenkian, Prefácios a António Vasconcelos de Saldanha *Justum Imperium: dos Tratados como Fundamento do Império Português do Oriente: Estudo do Direito Internacional e do Direito Português*, ISCSP e a Fátima Roque (Coord) *O Desenvolvimento do Continente Africano na Era da Mundialização,* Coimbra, Almedina e "Políticas da Língua Portuguesa", *in A Língua Portuguesa: Presente e Futuro*, Lisboa, Fundação Calouste Gulbenkian.

ANEXO III

Decreto-Lei n.° 43 893 de 6 de Setembro de 1961
(revogação do Estatuto do Indigenato)

O problema do Estatuto dos Indígenas assume grande relevância na conjuntura política actual, e porque tal diploma nem sempre tem sido entendido de modo a fazer-se justiça às razões e intenções que o determinaram, há vantagem nalgumas considerações sobre os motivos que deram origem à já tradicional existência, no direito português, de um diploma que especialmente se ocupasse da situação jurídica dos chamados indígenas.

Em primeiro lugar deve salientar-se a tradição portuguesa de respeito pelo direito privado das populações que foram incorporadas no Estado a partir do movimento das descobertas e a quem demos o quadro nacional e estadual que desconheciam e foi elemento decisivo da sua evolução e valorização no conjunto geral da Humanidade.

A permanente atitude respeitadora do direito privado corresponde à convicção de que tal direito exprime os valores fundamentais de qualquer comunidade e nunca lhe pusemos outros limites que não fossem os derivados dos princípios superiores da moral que mais tarde foram reconhecidos pelas Declarações Universais dos Direitos do Homem. Nesta orientação, que é parte valiosa do nosso património histórico e antecedeu de muitos séculos as proclamações das organizações internacionais dos nossos dias, se filiam as codificações veneráveis do nosso Estado da Índia e o princípio em vigor no direito português actual que manda codificar, por preocupação da certeza de direito, os usos e costumes em vigor nas regedorias.

Mas foi sobretudo a implantação do conceito de Estado, a que eram alheios os territórios aonde, sem violência, se estendeu a soberania portuguesa, que levou a formular lentamente um conjunto de disposições que depois viriam a ser sistematizadas no Estatuto dos Indígenas. Dispersa a Nação por todos os continentes, entrando em contacto com as mais variadas gentes e culturas, acolhendo a todos com igual fraternidade, foi necessário estabelecer um conjunto de preceitos que traduzissem a ética missionária que nos conduziu em toda a parte com fidelidade à particular maneira portuguesa de estar no Mundo. Os imperativos legais destinados a proteger as populações que entravam no povo português vieram a constituir um todo harmonioso, onde o respeito pela dignidade do homem, expressa nas formas tradicionais da propriedade, da família e das sucessões, se tornou um imperativo para todos os agentes, públicos ou privados, da acção ultramarina portuguesa.

318   *Adriano Moreira*

Ainda na data em que foi promulgado o nosso Código Civil, tornado extensivo ao ultramar pelo Decreto de 18 de Novembro de 1869, nenhum equívoco se revelou possível sobre o alcance destas normas jurídicas, inspiradas pela ética mais inatacável, nem existia qualquer dúvida sobre a cidadania de todos os que prestavam obediência à soberania portuguesa, porque a cidadania tinha o significado de nacionalidade, e esta sempre foi adquirida por todos segundo as mesmas regras. Todavia, o racionalismo do direito público da época, que por todo o Mundo ocidental foi estabelecendo fórmulas equivalentes de organização política, suscitou um problema de fundo – o de proteger a estrutura dos agregados tradicionais nas regiões tropicais e subtropicais –, e suscitou um problema de técnica jurídica, que se traduziu na confusão do conceito de cidadania com a capacidade de gozo e exercício de direitos políticos relacionados com as novas formas dos órgãos de soberania.

O predomínio do espírito de missão, o sentido do essencial em prejuízo das fórmulas, o imperativo sempre observado de não fazer violência aos povos, levou entre nós a relacionar formalmente o estatuto de direito privado com o estatuto político e a fazer depender este da espécie de lei privada a que cada português estivesse subordinado, tudo sem prejuízo da nacionalidade comum, a todos atribuída segundo as mesmas regras jurídicas. Feito isto com intenção não susceptível de qualquer crítica válida, é, todavia, certo que se deu ocasião aos nossos adversários para sustentarem, com base no restrito conceito de cidadania antes referido, que o povo português estava submetido a duas leis políticas, e por isso dividido em duas classes praticamente não comunicantes. Foram mesmo mais longe algumas vezes, sustentando que não eram considerados portugueses todos os que viviam à sombra da nossa bandeira, porque a lei só a alguns conferia os direitos políticos relacionados com os órgãos da soberania.

Qualquer destas alegações traduz injúria grave à acção de Portugal no Mundo, e ignora que no direito português contemporâneo já nem sequer é regra geral a relação de dependência entre os estatutos de direito privado e o estatuto político. Sempre o Estado da Índia, Macau e Cabo Verde constituíram excepção a essa regra e, depois da Lei Orgânica do Ultramar, promulgada em 27 de Junho de 1953, tal dependência deixou de existir nas províncias de S. Tomé e Príncipe e Timor. De modo que o nosso direito tem revelado uma tendência firme no sentido de submeter toda a população ao mesmo estatuto político, de acordo com uma evolução só condicionada pelos nossos deveres missionários.

A composição heterogénea do povo português, a sua estrutura tradicional comunitária e patriarcal e o ideal cristão de fraternidade que sempre esteve na base da obra de expansão cedo definiram a nossa acção perante outras sociedades e culturas e impregnaram-na, desde logo, de um acentuado respeito pelos usos e costumes das populações que se nos depararam. Onde nos estabelecemos adaptámo-nos perfeitamente aos ambientes próprios e estilos de vida tradicionais, procurando que o exemplo e o convívio fossem os meios mais destacados da assimilação que se pretendia e nunca esquecidos de que «não ordenou o Senhor Deus tão maravilhosa coisa como é esta navegação para ser somente servido nos tratos e proveitos temporais de entre nós, mas também nos espirituais e salvação das almas que mais devemos estimar e de que ele é mais servido...». (Mensagem do rei D. Manuel para o samorim de Calecute, 1500). A mensagem com que, de súbito, iluminámos o Mundo até aos seus recantos mais longínquos proclamou ao mesmo tempo a igualdade do género humano e a dignidade do homem independentemente da sua cor, raça ou civilização, e impôs-nos uma maneira de estar no Mundo em que o respeito pelas culturas alheias foi traço característico que sempre prevaleceu.

A política da nação foi, neste aspecto como em muitos outros, admiravelmente secundada pelo comportamento dos indivíduos que a serviam – marinheiros, soldados, missionários, colonos e, até, simples aventureiros – e as relações de boa amizade imediatamente estabelecidas com os povos das terras descobertas ou abordadas asseguraram o ambiente de fraternal convívio que tão decisivamente viria a influenciar a organização jurídica e política portuguesa. A exigência da nossa actual Constituição, no que toca à contemporização com os usos e costumes locais, é regra que sempre se incluiu nos alvarás e provisões régias que acompanharam os nossos capitães-mores e governadores e foi expressamente incluída no Decreto de 18 de Novembro de 1869, que mandou aplicar no ultramar o Código Civil.

A consideração do homem, de cada homem, como fenómeno único levou a admitir um conjunto de direitos públicos em harmonia com o direito privado que se reconhecia e protegia, e pode-se dizer que foi a tradição portuguesa de reconhecer as culturas e instituições políticas tradicionais, de estender a todos os homens as garantias efectivas, e não aquelas que seriam inúteis pela diversidade dos esquemas políticos, que fez das garantias fundamentais a expressão da dignidade de todos, e das garantias instrumentais, estas adaptadas em função do pluralismo cultural, um sistema diversificado conforme a estrutura de cada sociedade tradicional. A esta inquebrantável linha de conduta se deve que seja antes de mais uma contribuição portuguesa a concepção dos Direitos do Homem como poderes efectivos, e não como simples faculdades abstractas. Deve-se-lhe realmente a formulação do único humanismo que até hoje se mostrou capaz de implantar a democracia humana no Mundo para onde se expandiu o Ocidente.

Esta, no entanto, não foi a única contribuição que os Portugueses deram na matéria, e a orientação por eles definida nos contactos que tiveram de manter com os povos mais diversos e de maior contraste cultural ou étnico serviu de guia a outros governos e instituições que, confrontados com problemas de ordem idêntica ou semelhante, buscaram na legislação portuguesa as fontes mais evidentes da sua própria legislação. As nossas fórmulas e soluções – ainda que, por vezes, mal aplicadas – são as que se adoptam em todos os países livres onde existe um problema de integração de populações (nomeadamente nos países da América do Sul), e, recentemente, a Organização Internacional do Trabalho, chamada a aprovar uma convenção sobre a protecção e integração das populações aborígenes nos países independentes, não fez mais do que seguir a par e passo, e apenas com algumas variantes de pormenor, o que entre nós estava legislado.

Foi exactamente da sábia e oportuna conjugação desses dois factores – respeito pelos usos e costumes locais e vincado propósito de assimilação – que resultou a harmoniosa sociedade multirracial que se contém nos limites do território português e que, mau grado as fáceis e interessadas críticas dos nossos detractores de hoje, constitui um dos maiores serviços jamais prestados à dignificação do homem. Continuá-lo representa imperativo de consciência a que não sabemos furtar-nos, e daí que, embora naturalmente preocupados com os escolhos e dificuldades que abundantemente se colocam no nosso caminho, persistamos em seguir a mesma linha de rumo, certos de que nesta matéria muito poderíamos ensinar e pouco teríamos de aprender.

Com o presente decreto procura-se, portanto, dar um passo mais em direcção aos objectivos anteriormente fixados, extraindo da obra feita as suas mais directas consequências e situando-a dentro das suas verdadeiras dimensões no que toca à evolução e progresso das populações ultramarinas. Considerou-se, na verdade, que o condicionalismo político e social das nossas províncias da terra firme de África permite já hoje dispensar muitas das normas que definiam um mecanismo de protecção das populações inteiramente confiado ao Estado, e que haveria vantagem em generalizar o uso de mais latos meios para a gestão e defesa dos seus próprios interesses e, também, para a participação na administração dos interesses locais. Sob este último aspecto, as providências agora tomadas integram-se num conjunto de medidas já iniciadas com a publicação dos decretos referentes ao revigoramento das instituições municipais e organização das regedorias, e que visam a tirar as consequências do preceito constitucional que garante a «interferência de todos os elementos estruturais da Nação na vida administrativa e na feitura de leis». Aliás, essa interferência processa-se já hoje em termos e extensão que muitas vezes se situam para além das disposições legais em vigor, e a experiência colhida no conjunto das províncias demonstra que é oportuno encarar o problema. Esta não é de modo algum uma situação extraordinária ou anómala, e o próprio princípio constitucional que assegura a transitoriedade das medidas especiais de protecção e defesa, como as que se consignaram no Decreto-Lei n.° 39 666 exige que frequentemente sejam revistas em ordem a harmonizá-las com as realidades que contemplam, tão certo é que a evolução das populações se faz em ritmo cada vez mais apressado por virtude das providências e recursos postos ao serviço dessa evolução. A decisão agora tomada baseia-se nas conclusões de trabalhos, alguns já publicados, dos centros de estudo especializados, e ainda

Anexo III

no voto unânime do plenário do venerando Conselho Ultramarino, que, há muito, pelas suas secções, estudava atentamente o problema. A revogação do Decreto--Lei n.º 39 666 surge assim como consequência lógica do processo evolutivo por que tem passado a nossa legislação nesta matéria.

Nestes termos:

Usando da faculdade conferida pela 1.ª parte do n.º 2 do artigo 109.º da Constituição, o Governo decreta e eu promulgo, para valer como lei, o seguinte:

Artigo único. É revogado o Decreto-Lei n.º 39 666, de 20 de Maio de 1954.

Publique-se e cumpra-se como nele se contém.

Paços do Governo da República, 6 de Setembro de 1961.

BIBLIOGRAFIA

AFONSO, Aniceto, 1996, "A Guerra Colonial" *in* João Medina, *História de Portugal*, Vol. XII, Amadora, Clube Internacional do Livro.

ANTUNES, José Freire, 1980, *O Império com Pés de Barro*, Lisboa, Dom Quixote.

ARRIAGA, Kaúlza de, 1977, *in* Luz Cunha e outros, *África: a Vitória Traída*, Lisboa, Intervenção.

BARATA, Óscar Soares, 1995, "Adriano Moreira: Quarenta Anos de Docência e Acção Pública", *in Estudos de Homenagem ao Professor Adriano Moreira*, pp. 15-120.

BENTO XVI, 2006, *Deus Caritas est*, Lisboa, Agência Ecclésia.

Bíblia Sagrada, 2001, Lisboa/Fátima, Difusora Bíblica, Franciscanos Capuchinhos.

BROSSIER, François, 1997, *Como Ler os Evangelhos*, São Paulo, Apelação.

CAPELA, José, 1977, *O Imposto de Palhota e a Introdução do Modo de Produção Capitalista nas Colónias*, Porto, Afrontamento.

CASAS, Bartolomé de las, 1552, *Las Obras Del Obispo D. Fray Bartolomé de las Casas, O Casaus*, Sevilha, Casa de Sebastian de Trujillo.

CHACON, Vamireh, 2002, *O Futuro Político da Lusofonia*, Lisboa, Verbo.

CUÉNOT, Claude, 1967, *Pierre Teilhard de Chardin: Las Grandes Etapas de su Evolución*, Madrid, Taurus.

FONTES, Paulo, 1994, "A Doutrina Social da Igreja numa perspectiva histórica", *in Questões Sociais, Desenvolvimento e Política*, Lisboa, UCP.

FRANÇA, António Pinto da, 2004, *Angola: Dia a Dia de um Embaixador, 1983-1989*, Lisboa, Prefácio.

GUEDES, Armando Marques, 2005, *Estudos Sobre Relações Internacionais*, Lisboa, Instituto Diplomático.

HAZARD, Paul, 1935, *La Crise de la Conscience Européenne 1680-1715*, Paris, Gallimard.

JOÃO XXIII, 1963, *Pacem in Terris*, Lisboa, União Gráfica.

KAGAN, Donald, 1995, *Sobre as Origens da Guerra e a Preservação da Paz*, Lisboa, Edições Temas da Actualidade.

KEY, Hugh, 1970, *Salazar and Modern Portugal*, Londres, Eyre & Spottis Words.

LÉONARD, Yves, 1999, "O Ultramar Português", *in* Francisco Bethencourt e Kirti Chaudhuri, *História da Expansão Portuguesa*, Vol. V, Lisboa, Círculo de Leitores, pp. 31-50.

MACHADO, Luís, 2001, *A Última Conversa com Agostinho da Silva*, 8.ª Edição, Lisboa, Notícias Editora.

MAQUIAVEL, Nicolau, 2000, *O Príncipe*, Mem Martins, Publicações Europa-América.

MARX, Karl, 1974, *O Capital*, Lisboa, Edições 70.

MENDES, Nuno Canas, 1995, "A Projecção do Pensamento de Adriano Moreira no Instituto Superior de Ciências Sociais e Políticas", *in Estudos de Homenagem ao Professor Adriano Moreira*, Lisboa, ISCSP, pp. 773-782.

MONTELLO, Josué, 1994, "Um Intérprete da Crise Europeia", *in* Adriano Moreira, *A Europa em Formação*, 4.ª edição, Lisboa, Instituto Superior de Ciências Sociais e Políticas.

MOREIRA, Adriano, 1957, "Portugal e o Artigo 73 da Carta das Nações Unidas", Separata n.º 15 da *Revista de Estudos Políticos e Sociais da Junta de Investigação do Ultramar*, pp. 1-134.

MOREIRA, Adriano, 1960a, "A Unidade Política e o Estatuto das Populações", Lisboa, Edições Panorama, Companhia Nacional Editora.

MOREIRA, Adriano, 1960b, "Problemas Sociais do Ultramar", Lisboa, Agência-Geral do Ultramar.

MOREIRA, Adriano, 1960c, "Actualidade das Missões", Lisboa, Agência-Geral do Ultramar.

MOREIRA, Adriano, 1961a, "O Pensamento do Infante D. Henrique e a Actual Política Ultramarina de Portugal" – Separata do Vol. I das Actas do Congresso Internacional de História dos Descobrimento, Lisboa.

MOREIRA, Adriano, 1961b, "Competição Missionária", Lisboa, Agência-Geral do Ultramar.

MOREIRA, Adriano, 1961c, *Provocação e Resposta*, Lisboa, Agência-Geral do Ultramar.

MOREIRA, Adriano, 1961d, *Providências Legislativas Ministeriais tomadas em Angola de 4 a 19 de Maio de 1961*, Lisboa, Agência-Geral do Ultramar.

MOREIRA, Adriano, 1962, *Nova Legislação Ultramarina*, Vol. VII e VIII, Lisboa, Agência-Geral do Ultramar.

MOREIRA, Adriano, 1976, *Carta Aberta – Nunca Tantos Governaram Tão Pouco*, Barcelos, Companhia Editora do Minho.

MOREIRA, Adriano, 1977a, *O Novíssimo Príncipe*, Braga-Lisboa, Intervenção.

MOREIRA, Adriano, 1977b, *A Nação Abandonada*, Braga-Lisboa, Intervenção.

MOREIRA, Adriano, 1985 (reedição), *Saneamento Nacional*, Lisboa, Dom Quixote.

MOREIRA, Adriano, 1989, *Comentários*, Lisboa, Academia Internacional da Cultura Portuguesa.

MOREIRA, Adriano, 1990, *Notas sobre o Último Plenário do Conselho Ultramarino*, Lisboa, Instituto D. João de Castro.

MOREIRA, Adriano, 1994, "Identidade Europeia e Identidade Portuguesa", in *Conferências de Matosinhos*, 1.ª Série, Porto, Página a Página, pp. 5-31.

MOREIRA, Adriano, 1998, "Um Novo Conceito Estratégico Nacional", in *Portugal na Transição do Milénio*, Colóquio Internacional, Lisboa, Fim de Século, pp. 49-67.

Bibliografia

MOREIRA, Adriano, 1999, *Estudos da Conjuntura Internacional*, Lisboa, Dom Quixote.
MOREIRA, Adriano e VENÂNCIO, José Carlos (Orgs.), 2000, *Luso-tropicalismo, uma Teoria Social em Questão*, Lisboa, Vega.
MOREIRA, Adriano, 2001a (reedição), *Ciência Política*, Coimbra, Almedina.
MOREIRA, Adriano, 2001b, "As Solidariedades Horizontais", in *Comunidade dos Países de Língua Portuguesa-Cooperação*, Coimbra, Almedina, pp. 9-20.
MOREIRA, Adriano, 2004 (reedição), *A Europa em Formação (A Crise do Atlântico)*, Lisboa, Instituto Superior de Ciências Sociais e Políticas.
MOREIRA, Adriano, 2005 (reedição), *Teoria das Relações Internacionais*, Coimbra, Almedina.

NEVES, Fernando, 1975, *Negritude, Independência, Revolução*, Paris, Edições etc.
NEVES, Fernando (Org.), 1992, *O Lugar e o Papel das Ciências Sociais e Humanas*, Lisboa, Edições Lusófonas.
NEVES, Fernando, 2004, "Lusofonia e Estratégia Geopolítica", Lisboa, Comunicação ao Congresso da Associação Portuguesa de Ciência Política (texto policopiado).
NOGUEIRA, Eurico Dias, "Singelo Depoimento Sobre o Primeiro Bispo da Beira", *in Villa da Feira*, ano IV, número 12, Fevereiro de 2006.

PATRÍCIO, Manuel Ferreira, 1996, *O Messianismo de Teixeira de Pascoaes e a Educação dos Portugueses*, Lisboa, Imprensa Nacional – Casa da Moeda.
PATRÍCIO, Manuel Ferreira e SEBASTIÃO, Luís Miguel, 2004, *Conhecimento do Mundo Social e da Vida – Passos para uma pedagogia da sageza*, Lisboa, Universidade Aberta.
PINTO, José Filipe, 2005, *Do Império Colonial à Comunidade dos Países de Língua Portuguesa: Continuidades e Descontinuidades*, Lisboa, Instituto Diplomático.

SANTOS, António de Almeida, 2006, "A Hora da Lusofonia", in *O Dia da Universidade Lusófona de Humanidades e Tecnologias*, Lisboa, Edições Lusófonas.
SARAIVA, José Hermano, 1963, *Formação do Espaço Português*, Lisboa, Empresa Tipográfica Casa Portuguesa Sucessores.
SERRÃO, Joaquim Veríssimo, 1994, *Correspondência com Marcello Caetano*, Lisboa, Bertrand.
SIEGFRIED, André, 1935, *La crise de l'Europe*, Paris.
SILVA, Agostinho da, 1992, "Identificação de um país...chamado Portugal: quinze princípios portugueses", *in* Fernando dos Santos Neves (org.), *O Lugar e o Papel das Ciências Sociais e Humanas*, Lisboa, Edições Lusófonas.
SILVA, Agostinho da, 2001, *Ensaios sobre Cultura e Literatura Portuguesa e Brasileira*, Vol. II, Lisboa, Âncora Editora.
SOUSA, Marcelo Rebelo de, 1983, *O Sistema de Governo Português antes e depois da Revisão Constitucional*, Lisboa, Cognitio.

TAYLOR, Arthur, 1962, *As Grandes Doutrinas Económicas*, Lisboa, Publicações Europa--América.
TORRES, Adelino, 1991, *O Império Português Entre o Real e o Imaginário* (Prefácio de Alfredo Margarido), Lisboa, Escher.

Adriano Moreira

UNIVERSIDADE DE ÉVORA, 2006, *Doutoramento Honoris Causa de Sua Alteza o Aga Khan* e Simpósio Internacional *"Sociedade Cosmopolita, Segurança e Direitos Humanos em Sociedades Pluralistas e Pacíficas"*.

WARD, Bárbara, 1962, *The Rich Nations and the Poor Nations,* New York.

Manuscritos

– "Sobre o último Presidente do Conselho da Constituição Portuguesa de 1933", comunicação feita em Mérida por Adriano Moreira, em Outubro de 2006, no âmbito da Universidad Nacional de Educación a Distancia, de Madrid.
– "Nordeste", conferência proferida por Adriano Moreira na Casa de Trás-os-Montes, em 12 de Maio de 2006.
– Manuscrito da autoria de Adriano Moreira e destinado a posterior publicação como *Memórias.*

Publicações Oficiais e Periódicas

– *Boletim da Sociedade de Geografia de Lisboa,* série 82, n.° 1-3, Janeiro-Março de 1964.
– *Boletim da Academia Internacional da Cultura Portuguesa,* n.° 9, Lisboa.
– *Diário da Assembleia da República Electrónico,* 1.ª Série.
– *Diário Popular:*
  – Da edição n.° 7958, de 8 de Dezembro de 1964, à edição n.° 7966, de 16 de Dezembro de 1964.
  – Da edição n.° 8887 de 14 de Julho de 1967, até à edição n.° 8896, de 23 de Julho de 1967.
– *Diário de Lisboa*:
  – Da edição n.° 15080, de 8 de Dezembro de 1964, à edição n.° 15088, de 16 de Dezembro de 1964.
  – Da edição n.° 16009, de 14 de Julho de 1967, à edição n.° 16016, de 21 de Julho de 1967.
– *Diário de Notícias*:
  – Desde a edição n.° 35478, de 8 de Dezembro de 1964, à edição n.° 35486, de 16 de Dezembro de 1964.
  – Desde a edição n.° 36406, de 13 de Julho de 1967, até à edição n.° 36416, de 23 de Julho de 1967.
– *O Século:*
  – Desde a edição n.° 29691, de 8 de Dezembro de 1964, até à edição n.° 29699, de 16 de Dezembro de 1964.
  – Desde o n.° 30619, de 13 de Julho de 1967, até à edição n.° 30629 de 23 de Julho de 1967.
– *República*:
  – Do n.° 12178, de 8 de Dezembro de 1964, ao n.° 12186, de 16 de Dezembro de 1964.
  – Da edição n.° 13102, de 14 de Julho de 1967, à edição n.° 13111, de 23 de Julho de 1967.

ÍNDICE

Dedicatória 5

Epígrafe 7

Sumário 9

Prefácio 11

Introdução 15

Capítulo I: Contextualização

   1.1. Dados biográficos 29
   1.2. Dados bibliográficos 39

Capítulo II: O pensamento e a obra científica de Adriano Moreira

   2.1. As Características 49
   2.2. As Influências no Pensamento de Adriano Moreira 71
      2.2.1. Os Mestres Portugueses 71
      2.2.2. Os Mestres Estrangeiros 81
      2.2.3. O Factor Religioso 90

Capítulo III: A Acção Legislativa

   3.1. Produção na Metrópole 111
   3.2. Produção nas Províncias Ultramarinas 130

Capítulo IV: Os Congressos das Comunidades de Cultura Portuguesa

   4.1. A Génese 139
   4.2. O I Congresso 142
      4.2.1. Organização, Participantes e Temáticas 142
      4.2.2. Os Resultados ou Avaliação 159

328 *Adriano Moreira*

4.3. O II Congresso 162
    4.3.1. Estrutura, Participantes e Temáticas 162
    4.3.2. O Balanço 165
4.4. A Cobertura Mediática dos Congressos 168

Capítulo V: A Acção Pós-exílio 181

5. A acção legislativa ao longo dos vários anos 188
    5.1. 1980: I Legislatura – 4.ª sessão legislativa e II Legislatura – 1.ª sessão legislativa 188
    5.2. 1981: 1.ª e 2.ª sessões legislativas da II Legislatura 189
    5.3. 1982: II Legislatura – 2.ª e 3.ª sessões legislativas 190
    5.4. 1983: 1.ª sessão legislativa da III Legislatura 193
    5.5. 1984: 1.ª e 2.ª sessões legislativas da III Legislatura 194
    5.6. 1985: 2.ª sessão legislativa da III Legislatura e 1.ª sessão da IV Legislatura 198
    5.7. 1986: IV Legislatura – 1.ª e 2.ª sessões legislativas 202
    5.8. 1987: 2.ª sessão legislativa da IV Legislatura e 1.ª sessão legislativa da V Legislatura 206
    5.9. 1988: 1.ª e a 2.ª sessões legislativas da V Legislatura 209
    5.10. 1989: V Legislatura – 1.ª e 2.ª sessões legislativas 211
    5.11. 1990: V Legislatura – 3.ª e 4.ª sessões legislativas 218
    5.12. 1991: 4.ª sessão legislativa da V Legislatura e 1.ª sessão legislativa da VI Legislatura 229
    5.13. 1992: VI Legislatura – 1.ª sessão legislativa 237
    5.14. 1993: VI Legislatura – 2.ª e 3.ª sessões legislativas 247
    5.15. 1994: VI Legislatura – 3.ª e 4.ª sessões legislativas 253
    5.16. 1995: 4.ª sessão legislativa da VI Legislatura e 1.ª sessão legislativa da VII Legislatura 256

Nótula Final 259

Anexos
    Anexo I: Os Depoimentos 265
    Anexo II: O Acervo Publicado 301
    Anexo III: Decreto-Lei n.º 43 893 de 6 de Setembro de 1961 (revogação do Estatuto do Indigenato) 315

Bibliografia 323